T0243863

Dominando la magiak

MAT AURYN

Dominando la magiak

*Un curso de lanzamiento de hechizos
para la bruja psíquica*

EDICIONES OBELISCO

Colección Magia y Ocultismo
Dominando la magiak
Mat Auryn

Título original: *Mastering Magick*

1.ª edición: septiembre de 2023

Traducción: *Bárbara Pesquer*
Maquetación: *Juan Bejarano*
Corrección: *Sara Moreno*
Ilustraciones: *Laura Tempest Zakroff,
Benebell Wen y Llewellyn*

© 2022, Mat Auryn
(Reservados todos los derechos)
Publicado por Llewellyn Publications, USA.
www.llewellyn.com
© 2023, Ediciones Obelisco, S.L.
(Reservados los derechos para la presente edición)

Edita: Ediciones Obelisco, S.L.
Collita, 23-25. Pol. Ind. Molí de la Bastida
08191 Rubí - Barcelona - España
Tel. 93 309 85 25
E-mail: info@edicionesobelisco.com

ISBN: 978-84-1172-040-3
DL B 11936-2023

Impreso en SAGRAFIC
Passatge Carsí, 6 - 08025 Barcelona

Printed in Spain

En memoria de Scott Cunningham
(1956-1993)

Este arte, entonces, es más que un arte manual. Es una conexión con nosotros mismos; una valiosa herramienta que podemos utilizar para modificar nuestras vidas. El arte de la faceta artística del oficio la dominará cualquier persona con voluntad de aprender y un profundo deseo de autotransformarse.

Scott Cunningham
Spell Crafts: Creating Magical Objects

DEDICATORIA

Este libro está dedicado a esos individuos especiales, sin los cuales este libro jamás habría existid; o al menos, no habría existido tal como es.

Jason Mankey, tú fuiste la primera persona que creyó en mis escritos y me dio la oportunidad de bloguear en una plataforma importante. Te mantuviste firme en tu decisión incluso cuando otros blogueros paganos escribieron públicamente en otras páginas que a nadie le importaba lo que yo tenía que decir y que debías estar desesperado si estabas recurriendo a mí. De no haber sido por esa oportunidad, para empezar, no estaría escribiendo libros. Nunca lo olvidaré.

Laura Tempest Zakroff, no eres sólo una de mis brujas, artistas, y autoras de las ciencias ocultas favoritas; también eres uno de mis seres humanos favoritos. Tu amistad y tu asistencia en la vida del autor, desde la propuesta de mi primer libro, hasta el ayudarme a navegar por los elementos que conlleva ser un escritor público, tiene un valor incalculable. Incluido el hecho de ser un oído con el que desahogarme. Ojalá manifiestes todos los abedules para siempre.

Elysia Gallo y Holly Vanderhaar, vosotras no sois únicamente editoras, sois santas, en términos de paciencia, dedicación y de vuestra habilidad milagrosa para tomar mis escritos y ayudarme a aclararlos y a hacerlos más comprensibles. Os tengo muchísimo aprecio a las dos. Elysia, no sólo has sido increíblemente servicial, sino que también me has cubierto las espaldas en todo momento, has ido a batear en mi lugar, y me has ayudado a representar mis ideas y preocupaciones de formas que me aseguran que Llewellyn es donde quiero estar.

Ivo Dominguez Jr., a menudo digo (medio) en broma que cuando «sea mayor» quiero ser como tú. Te tengo muchísimo amor, admiración y respeto a todos los niveles. Tú viste algo en mí desde el primer día, y tu fe en mí ha sido una fuerza impulsora motivadora para este trabajo cuando me he sentido abrumado. Sin tus libros, tus enseñanzas y tu generosidad atendiendo mis llamadas telefónicas para comentar y ayudarme a aclarar conceptos, gran parte de este libro no podría ser lo que es. Para mí, tu orientación, tu mentorización informal, y por encima de todo, tu amistad no tienen precio.

Mortellus, tu sensibilidad al leer este manuscrito, tus consejos, la paciencia y tus orientaciones para navegar entre lenguaje enrevesado para garantizar que este manuscrito resulte acogedor para todo el mundo ha supuesto una gran bendición, así como lo es tu amistad. Gracias por ayudarme a mejorar el carácter inclusivo y la integridad de este libro.

Chas Bogan, Devin Hunter y Storm Faerywolf –las otras tres partes de *House Fourlocks*–, os quiero muchísimo a todos vosotros. Muchas gracias por ser pacientes cuando estoy estresado con mis manuscritos y me aíslo. Espero impaciente nuestro futuro juntos y no me lo puedo imaginar sin ninguno de vosotros. Un agradecimiento especial para ti, Storm, por tu ayuda descomunal al ayudarme a pulir la poesía de mis hechizos y al ayudarme a elaborar el viaje elemental de las meditaciones.

Por último, que no menos importante, a mis lectores. Nada de esto sería posible sin vosotros. Incluso como autor, se me hace difícil expresar con palabras lo que siento cuando leo u oigo hablar sobre cómo el libro anterior os ha cambiado la vida y ha mejorado vuestro arte y vuestro psiquismo. Vuestro apoyo, vuestras reseñas asombrosas y vuestras recomendaciones de mi trabajo significan mucho para mí. Todos vosotros hacéis que sienta una gran honra, humildad y agradecimiento. Vosotros sois la razón por la que hago esto.

ADVERTENCIA

La editorial y el autor no asumen ninguna responsabilidad por cualquier lesión o daños que sufra el lector como resultado del uso que haga del contenido de este libro y se recomienda aplicar el sentido común cuando se contemplen las prácticas descritas. El material contenido en este libro no pretende sustituir el asesoramiento médico o psicológico de profesionales cualificados. Se recomienda a los lectores que consulten a sus médicos profesionales en lo que concierne a los tratamientos pertinentes. Las hierbas, plantas y aceites esenciales deberían ser empleados con precaución y el lector debería investigar a fondo cualquier planta mencionada en este libro antes de trabajar con ella. Ni la editorial ni el autor se hacen responsables de cualquier posible consecuencia derivada de algún tratamiento, acción, o aplicación de una medicina, suplemento, hierba, aceites esenciales o preparación que recaiga sobre cualquier persona que lea o que siga la información contenida en este libro. Te rogamos que te asegures de poner en práctica las precauciones contra incendios apropiadas cuando trabajes con fuego y velas, y que no dejes nunca velas o cualquier otro tipo de fuegos desatendidos.

CONSAGRACIÓN

Este libro está consagrado al Alma con alas de mariposa nocturna que ha alcanzado la apoteosis. Ella, que es la esposa resurrecta del Amor en sí mismo, la que moró en el palacio de la oscuridad, recolectó las aguas del Mundo Inferior y ascendió a la sala del Olimpo.

Este libro está consagrado al rústico caramillero que baila en las grutas. Él, que es el fauno de la luz que muestra las profecías y el sátiro sombrío del terror mortal. Él, que incita la gnosis extática y cuyo cuerpo compone la totalidad de todos los reinos.

Este libro está consagrado a la primera de nuestra estirpe, a la Bruja de Aeaea. La hija liminar de Helios que blande la varita mágica, la tejedora de la magiak,[1] la que canta hechizos y amante misteriosa de la transformación.

Salve al alma humana, a la divinidad de la naturaleza y a todo lo que se encuentra en medio.

---

1. En el original, *magick*. El propio autor tiende añadir una *k* a la palabra *magic* (magia) y a sus derivaciones y lo diferencia del término *magic* (magia) que únicamente emplea en unas pocas instancias. Aleister Crowley, fundador de la religión Thelema, consideraba que lo que denominaba *magick* movía a la persona a satisfacer su Auténtica Voluntad y añadió la letra k por el valor numérico de los hexagramas entre otros motivos. Asimismo, esa denominación también remite a una forma arcaica de denominar a la magia. *(N. de la T.)*

OTROS AGRADECIMIENTOS

Ante todo, un agradecimiento especial para mis lectores con una sensibilidad especial y a mi grupo de ensayo de gente con TDAH,[1] afantasia,[2] y neurodivergencia: Mortellus, Elizabeth Autumnalis, Rowan, Jade, Flora, Merc, Aaliyah, Imani, Josh, Mark, Sara, y aquéllos de vosotros que me habéis pedido que no os reconozca u os mencione: sabéis quién sois y os tengo mucho aprecio.

Otro agradecimiento especial a todos los asombrosos colaboradores de este libro: Judika Illes, Madame Pamita, Juliet Diaz, Jake Richards, Durgadas Allon Duriel, Kate Freuler, Melanie Barnum, Lilith Dorsey, Devin Hunter, Storm Faerywolf, Benebell Wen, Christopher Penczak, Adam Sartwell, Theresa Reed, Astrea Taylor, Skye Alexander y Laura Tempest Zakroff.

Un agradecimiento a Hannah Cartwright de *Snow Ghosts*, a Chelsea Wolfe, a los Boulet Brothers, a Rachel True, a Eliza Rickman y a Nika Danilova (Zola Jesus). Contar con el apoyo de personas a quien admiro inmensamente es aleccionador y un honor extraordinario a la vez. Muchas gracias por el arte y el entretenimiento que ha enriquecido mi vida profundamente.

Un agradecimiento a la Modern Witch University,[3] al Temple of Witchcraft,[4] a la Sacred Fires Tradition of

---

1. Trastorno por déficit de atención e hiperactividad. *(N. de la T.)*
2. Trastorno en el que una persona no puede elaborar ni visualizar imágenes en la mente, aunque sí percibirlas a través de otros sentidos. *(N. de la T.)*
3. La Universidad de la Bruja Moderna. *(N. de la T.)*
4. Templo de la Brujería. *(N. de la T.)*

Witchcraft,[5] a la Black Rose Witchcraft,[6] a la Assembly of the Sacred Wheel,[7] a The Cabot Tradition of Witchcraft,[8] a Coven of the Crown,[9] al Black Flame Council,[10] a Nick Dickinson y la Circe Academy of Feral Witchcraft,[11] a Matthew Venus y a Spiritus Arcanum, y por supuesto, a Llewellyn Worldwide.

Sobre todo, un agradecimiento a Kai por enviarme sus cartas, por su trabajo artístico asombroso y por la roca especial. Me recuerdas a mí mismo cuando era un niño y le escribía cartas a Silver RavenWolf después de leer sus libros. No te puedes ni imaginar lo mucho que me conmovió y deseo que todo sean bendiciones en tu vida.

---

5. Tradición de la Brujería de los Fuegos Sagrados. *(N. de la T.)*
6. Brujería de la Rosa Negra. *(N. de la T.)*
7. Asamblea de la Rueda Sagrada. *(N. de la T.)*
8. Tradición de la brujería Cabot. *(N. de la T.)*
9. Aquelarre de la Corona. *(N. de la T.)*
10. Consejo de la Llama Negra. *(N. de la T.)*
11. Academia Circe de la Brujería Salvaje. *(N. de la T.)*

PREFACIO

de Silver RavenWolf

E l viaje de la transformación personal empieza con «yo elijo». Elijo abrir mi mente. Decido explorar las respuestas a los misterios —de la vida, de las posibilidades, de mí misma—. Busco la realización, el cambio, el éxito, la libertad, el conocimiento, la sanación, la paz...

Yo elijo.

Decido conectar con otra gente a lo largo de mi camino. Mentores, autores, amigos, artesanos, artistas, músicos, poetas, visionarios, compañeros, propietarios de negocios, ritualistas y aquellos que ofrecen más amabilidad que discordancias.

Yo elijo... hacer bailar a la red de nuestras conexiones, para equilibrar las hebras de luz que me conducen a las herramientas que puedo emplear para elevar mi espíritu.

Y a medida que yo aprendo, aquellos que me rodean se elevan con mi éxito y también logran tener éxito, o se alejan al vuelo.

Ellos eligen lo que creen que les va bien y lo respeto.

Las adopto.

Adopto nuevas experiencias, nuevas ideas, nuevas formas de desempeño personal. Estoy embelesada de gratitud por los milagros que he experimentado.

La sanación. El amor. El júbilo. El éxito.

Y aprendo que el momento es la magiak. Que el aliento es el poder de la conexión. Que la llave... soy yo.

Descubro que mi auténtico triunfo reside en que aquéllos a quien ayudo se realicen. ¿Y cuándo elijo abrirle la puerta a otra persona? Ése es un poder insuperable.

Y gracias a los esfuerzos de Mat, a su amor por sus lectores, y a su respeto por su camino, encontrarás en este libro las herramientas para alcanzar ese poder ilimitado. Su trabajo te ayudará a forjarte a ti misma; tu encarnación de la maravillosa y rutilante llave que irá avanzando con confianza, júbilo y éxito.

De ti depende cómo integrarás su información cautivadora en tu vida y de adónde la llevarás en último término. No sólo ha proporcionado técnicas valiosas a las que volverás cada dos por tres, sino que también ha añadido contribuciones de algunas de las mentes mágickas más relevantes de hoy en día, que han proporcionado generosamente añadidos apasionantes a este libro en sus esferas de especialización. Estas personas incluyen al encantador y culto Christopher Penczak, al dinámico Jake Richards, a la prodigiosa Laura Tempest Zakroff y a la poderosa Madame Pamita, así como a la sabiduría de Storm Faerywolf, y mucho más.

Desde adoptar tu propio poder hasta preparar tu mente, desde reconocer la ciencia de la energía inteligente hasta alinear tu espacio sagrado para obtener un éxito óptimo, despertar tus herramientas rituales y fortalecer tu voluntad; este libro proporciona un camino bien construido con espacio de sobra para la exploración personal.

¡La ciencia! ¡El instante! Blindar y repeler y una potente protección mágicka: un compendio de temas relevantes para acentuar tus prácticas y elevar la esencia vibratoria de tu trabajo. ¡Qué incorporación tan maravillosa a tu biblioteca mágicka! ¡Estoy segura de que este libro pronto se convertirá en un valioso recurso al que acudir en tu viaje espiritual!

¡No esperes! ¡Zambúllete! Esto es un prefacio, al fin y al cabo. Así que, ¡sigamos adelante con júbilo y adoptemos la inspiración divina de Mat en relación al dominio de una misma! ¡El próximo capítulo apasionante de tu vida te está esperando!

Paz con los dioses.

Paz con la naturaleza.

Paz interior.

Que así sea.

Silver RavenWolf

INTRODUCCIÓN

Ya siendo un crío, cuando vivía en una pequeña ciudad del norte de California, devoré todo libro sobre brujería al que podía echar mano. Ahorraba una pequeña parte del dinero que me daban en los cumpleaños y en las vacaciones e iba a la librería que había en el centro comercial; y uno a uno, poco a poco adquirí una selección reducida de libros que me resultaron atractivos. Era lo suficiente para sumergirme concienzudamente en mi aprendizaje del mundo de la magiak,[1] y lo suficientemente reducida para esconderlos con éxito de mis abuelos, estrictos y muy religiosos, con quienes estaba viviendo en aquel momento.

En secundaria, me mudé al sur de California para vivir con otros familiares, y lamentablemente, tuve que dejar atrás mis libros de brujería. Sin embargo, me hablaron de una tienda junto a la playa conocida como una «tienda de brujería». En realidad, era una tienda metafísica, pero pronto descubrí que efectivamente, estaba muy enfocada en la Wicca, la brujería y otras modalidades de magiak. Con el tiempo empecé a hacer viajes en autobús para ir allí, y recuerdo vivamente lo mágicka que me parecía esa tienda siendo como era un crío.

Con emoción, curiosidad y nerviosismo, abrí la puerta de la pequeña tienda. Unas campanillas tintinearon en el picaporte de la puerta, anunciando mi llegada. Una exótica mezcla de aromas me saludó de inmediato. Se percibía el aroma del humo del incienso y de los aceites fragantes repletos de notas de olíbano, lavanda, nag champa, sándalo y

---

1. *Véase* nota al principio del libro, en el apartado «Consagración». *(N. de la T.)*

cedro, fundiéndose en una cornucopia aromática[2] que creaba el aroma distintivo de la tienda. La fragancia se entretejía en el aire con la música que sonaba en la tienda; una música diferente a todo lo que había escuchado antes. Era exótica, reconfortante y, sobre todo, creaba un aura de misticismo.

Saludándome desde detrás del mostrador, una mujer amistosa me dio la bienvenida con un toque de reticencia y una pizca de desconfianza, lo cual tenía sentido, puesto que pronto descubrí que siempre fui el cliente más joven que entraba en la tienda sin supervisión. Aun así, exploré la tienda con asombro y reverencia, asimilando sus bonitas estatuas, objetos rituales y selección de cristales. Recuerdo que leí cuidadosamente cada uno de los carteles que había a la vista, aprendiendo todo lo que podía en el poco tiempo que pasaba allí.

De vez en cuando, la lectora de tarot psíquica salía de la cabina que había detrás, venía y hablaba con la mujer que trabajaba en la caja registradora. Recuerdo que la lectora psíquica me tenía fascinado y aterrado. ¿Podía ella leer mi mente? ¿Conocía todos mis secretos? Mejor intentar no llamar la atención y permanecer cabizbajo sin más. Las dos mujeres charlaban un rato antes de que ésta volviera a su cabina, lo cual significaba que ya podía respirar tranquilo puesto que no iba a proclamar públicamente cualquiera de los secretos que a mi cerebro infantil le parecía tan importante salvaguardar.

A medida que me fui convirtiendo en un cliente más habitual de la tienda, pese a que sólo podía permitirme cosas pequeñas como unos pocos cristales pulidos u otros objetos pequeños y baratos, empecé a sentirme más cómodo allí. Poco a poco la tienda se convirtió en un refugio para todos mis intereses, que le parecían tan raros a cualquier otra persona que conocía por aquella época. Pero aquí, esos intereses no los consideraban extraños en absoluto –los aceptaron–. Poco a poco

---

2. También conocida como cuerno de la abundancia, la cornucopia es un símbolo de prosperidad y abundancia que contiene varios elementos procedentes de la naturaleza (ya sean frutos, como flores, por ejemplo). En este caso el autor está empleando el término a forma de metáfora. *(N. de la T.)*

me sentí más cómodo y constantemente le hacía a la mujer del mostrador todas las preguntas posibles, al tiempo que intentaba impresionarla con mis limitados conocimientos de lo oculto, e intentaba aprender todo lo que podía de ella.

Han pasado muchos años desde que era ese niño curioso e inquisitivo en una librería. Seguí aprendiendo tanto magiak como desarrollo psíquico de cada profesor reputado que podía encontrar y de cualquier libro del que podía echar mano; aún lo hago hoy en día. Si hay algo que sé sobre las artes mágickas o sobre la habilidad psíquica, es que cuando crees que ya lo tienes todo claro, te acabas dando cuenta de que la madriguera de la experiencia y del conocimiento se va haciendo más y más honda. Estos temas guardan relación con la mecánica y los misterios del universo en sí mismo. De por sí, siempre hay un terreno que explorar, incluyendo el revisitar y reexaminar las cosas que vemos como fundamentales y fundacionales.

El foco de mi primer libro, *Brujería psíquica: Una guía metafísica para la meditación, la magiak y la manifestación*, estaba puesto en el despertar de todos nuestros sentidos interiores y en hacer una ingeniería inversa de ese proceso para crear magiak con sólo tu mente, cuerpo y espíritu, que afecte e influya en los cambios que se producen. La meta era desarrollar unos fundamentos fuertes para la percepción de la energía y la manipulación de energía para que tu mundo interior pueda hacer cambios sustanciales en tu mundo exterior. Si bien, lo opuesto es igual de cierto; podemos llevar a cabo hechizos externos y magiak que ayudan a la hora de despertar, agitar y aumentar nuestras habilidades psíquicas. El desarrollo de las facultades psíquicas hará que estés más versado al hacer magiak e incrementar la sensibilidad psíquica. Tal como Christopher Penczak escribe en *Magick of Reiki*, «Para el practicante de la magiak, hay pocas diferencias entre la realidad interna y la realidad externa. Simplemente son dos puntos de vista distintos. Para hacer un cambio en uno, debes hacer un cambio en el otro».[3]

---

3. Penczak, *Magick of Reiki*, 5.

He escrito este libro a modo de continuación de *Brujería psíquica;* como tal, repasaré unos pocos temas y prácticas clave de aquel libro con una perspectiva distinta. En primer lugar, ese libro se centraba en construir unos fundamentos sólidos de psiquismo y de magiak, a fin de emplear las menos herramientas externas posibles aparte de de tu mente, cuerpo y espíritu. En segundo lugar, omití los hechizos tradicionales en bloque para que el lector no se desviara del trabajo interno que tiene a mano en el libro. Pero con eso no pretendo sugerir que los hechizos convencionales no puedan ser una herramienta poderosa para el despertar psíquico.

A las brujas les encanta lanzar hechizos, a mí incluido. Si estás leyendo este libro, hay muchas probabilidades de que a ti también te encanten los hechizos. No hay nada como encender esas velas en la oscuridad y observar el humo de tu incienso juguetear con la llama titilante en cuanto empiezas tu trabajo. Hay algo realmente fascinante en lanzar hechizos que involucran a los sentidos físicos primarios y crean una atmósfera propia de otro mundo. Mi intención con este libro es compartir la mecánica y la teoría de la magiak e incluir varios de mis hechizos, trabajos mágickos, plegarias, y fórmulas dirigidas directamente hacia el empoderamiento psíquico. También sentía curiosidad sobre qué hacen otras brujas y practicantes de la magiak en lo relativo al lanzamiento de hechizos para el psiquismo. Así que me puse a buscar y les pedí a una amplia variedad de makgos amigos míos a quienes respeto que compartieran algunos de sus propios secretos, hechizos y recetas para este libro.

Creo firmemente que la magiak (emparejada con la acción) puede sanar y salvar nuestro mundo. Creo que esto es sumamente necesario. Pero para hacerlo, necesitamos reencantarla. Con reencantarla no me refiero a emplear la magiak como una forma de escapismo o de fantasía. Con reencantar quiero decir que necesitamos reconectar con el mundo y verlo como lo que es antes de avanzar para sanarlo. Ver el mundo como lo que es no significa simplemente ver a la gente tal como es. Significa ver verdaderamente a la naturaleza como lo que es, para conectar de forma genuina con su espíritu, con la ecología espiritual de donde vivimos, y con todos los habitantes que allí existen. Significa crear vínculos con esas fuerzas y espíritus. Y sobre todo, significa recordar quienes somos.

El camino de la bruja siempre ha sido el de la soberanía. Con soberanía me refiero a asumir una responsabilidad personal para contigo misma, tu vida y tu impacto sobre el mundo. Una de mis citas favoritas, que llega al meollo de esto, es de Devin Hunter de su libro *The Witch's Book of Power*; él escribe: «Creemos que si tienes la habilidad y los medios para hacer de tu vida algo mejor, entonces tienes la obligación espiritual de hacerlo. Por eso, nuestras prácticas están concentradas en torno a obtener poder e influencia personales y emplearlos para mejorar el mundo».[4]

La soberanía también consiste en alzarte con tu poder personal y emplearlo para ayudar a otros que también se introduzcan en su poder. Como personas en sí, tenemos una relación terrible con el concepto del poder. A menudo vemos cómo abusan de él quienes, en posiciones de autoridad, intentan dominar a otros causando efectos espantosos y devastadores en la gente, en los animales y en la naturaleza. El auténtico poder personal no busca dominar a otros porque el empoderamiento de otros no se contempla como una amenaza para el de una misma.

Para cambiar el mundo, necesitamos empoderarnos espiritualmente y lanzar magiak para que el mundo mejore, empezando por nosotros mismos y nuestras vidas. Por esas razones, mi primer libro está tan sumamente centrado en fortalecer la habilidad psíquica y la meditación. No sólo porque los actos mágickos quedan sumamente fortalecidos cuando puedes ser consciente de la energía con la que estás trabajando, sino también porque la habilidad psíquica nos permite ver las cosas como son, poco a poco: a nosotros, a cada uno y al mundo como un todo. Nos permite dar los primeros pasos al ejecutar el Gran Cometido de la transformación, de volvernos completos, empoderados y equilibrados. El viaje nos llevará a los pozos más oscuros de nuestra psique y a las experiencias más trascendentes y divinas de nuestras almas. Pero primero, aprendemos a hacernos frente a nosotros mismos para sanarnos. No es tarea fácil, pero es un trabajo esencial; es el Gran Cometido.

---

4. Hunter, *The Witch's Book of Power*, 4.

Mucha gente se lanza a hacer magiak a toda velocidad pensando que los hechizos pueden arreglar sus problemas inmediatamente. A primera vista, en cierta forma es cierto. Los hechizos pueden solucionar problemas de nuestras vidas y hacerlos más fáciles de gestionar. Sin embargo, la mayoría de ellos a menudo se centran en abordar situaciones en nuestras vidas, ya sea de dinero o lidiar con gente y con circunstancias difíciles. La magiak más potente, la más efectiva que puedes formular es la que lances sobre ti misma para propiciar tu propio despertar, sanarte y crecer en sabiduría. Cuando despiertas tus sentidos psíquicos, te abres a tener una experiencia directa con la divinidad. Esa divinidad puede presentarse bajo la forma de otros espíritus y dioses y diosas. Sin embargo, también se da una percepción creciente de la divinidad en el interior de toda la gente y de todas las cosas, y de lo que es más importante, en el interior de ti misma. Para hacerlo, tenemos que quitarnos nuestras anteojeras. Reencantar el mundo consiste en hechizarnos a nosotros mismos primero para despertar verdaderamente, a fin de poder darle una respuesta al mundo en lugar de reaccionar ante él. Reencantar al mundo consiste en ver verdaderamente, en soñar de nuevo y en tomar el control del discurso a través de la magiak emparejada con la acción.

La magiak me ha transformado por completo a mí y a mi vida de formas irreconocibles, y asimismo, he sido testigo del mismo efecto en otras personas. Me ha ayudado a encontrar un sentido más profundo de mí mismo, así como un sentido más profundo de conexión con el mundo que me rodea. Me he visto a mí mismo más abierto a ideas y a formas de pensar que son nuevas y distintas. Tengo más confianza en mí mismo y, he encontrado mi propia voz, lo cual me ha ayudado a ser más firme en lo que en otro tiempo era un pusilánime. Me ha abierto a nuevas y emocionantes oportunidades que no podría haber obtenido sin ella. He descubierto que soy más compasivo con los demás, y soy más consciente de mi poder. Me ha ayudado a sobreponerme a mis miedos e inseguridades, y me ha apartado de relaciones y de situaciones volátiles. Me ha ayudado a sanarme a mí y a otros, interna y externamente. También ha alterado el curso de situaciones en mi vida de una forma que roza lo milagroso.

Algunos dirán que la magiak no tiene nada que ver con la autoayuda, la automejora, la psicología o la autotrasformación. Estoy rotundamente en desacuerdo. ¿Son esas cosas todo lo que constituye la magia? No. Pero prácticamente cada camino mágicko que se me pasa por la cabeza se centra en mejorar y sanar al individuo para prepararlo para trabajos mágickos y experiencias más y más grandiosas. En el ocultismo, todo esto es la Obra Magna, el Gran Cometido, que es el único trabajo que merece la pena hacer. En *Brujería psíquica* escribí que «la magiak cambia todo lo que toca». Un buen reflejo y barómetro de tu camino es detenerse con frecuencia y evaluar quién has sido, quien eres y en qué te estás convirtiendo, y ver si estás creciendo o no. El cambio tiene que empezar internamente a fin de que tu vida y tu mundo cambien externamente. «Como es dentro, es fuera». Esto no consiste en ser perfecto, o neurotípico,[5] ni nada por el estilo. Consiste en esforzarse en ser una persona mejor, un ser humano mejor. No me importa cuánto tiempo hayas estado estudiando o practicado. Los seres humanos amables, afectuosos y empáticos son lo más radicalmente mágicko del mundo. Este tipo de gente es tan excepcional como lo eran las brujas siglos atrás. Necesitamos más. Enfocarte en mejorarte a ti mismo te ayuda a estar mejor equipado para mejorar el mundo y eso es sumamente impresionante. Eso me impresiona bastante más que cualquier tipo de conocimiento del ocultismo o de experiencia que uno pueda tener. Con autotransformación, no me refiero a evitarte espiritualmente a ti o a los demás. Me refiero a un desarrollo y a una transformación real y genuina, que a menudo es fea, embrollada, incómoda y a veces dolorosa.

La maestría

El término «maestría» en la magiak significa muchas cosas distintas para mucha gente distinta. Para mí, la maestría significa una acumulación de conocimiento, sabiduría y de experiencia gradual y continua en un campo específico que a menudo resulta difícil de comprender o de

---

5. Término que denomina a personas que no presentan ni rasgos del espectro autista ni condiciones neurológicas. *(N. de la T.)*

expresar con palabras debido a su naturaleza subjetiva. Dominar la magiak no consiste en aprender todo lo que se tiene que saber y no tener nada más que aprender o experimentar. Te diré ahora mismo que eso es imposible durante la existencia en esta vida. El callejón sin salida del estancamiento llega cuando paramos de buscar la sabiduría y las experiencias para crecer en conocimiento y espíritu. El sentido de dominar la magiak es continuar creciendo y expandiéndose; a medida que lo hacemos, nos empezamos a transformar en la propia fuerza mágicka mediante su reconocimiento.

El objetivo de la maestría no es hacer los hechizos y rituales más ostentosos e impresionantes, o tener la colección más extensa de libros sobre ocultismo o el surtido más caro de herramientas de brujería. Aunque esas cosas no están inherentemente mal en sí mismas, no son el objetivo de seguir este camino. Dominar la magiak no es algo que simplemente haces. Es un estado de la existencia, de conocerte a ti misma, a otros y a tu realidad como algo mágicko. Es algo de lo que empiezas a darte cuenta poco a poco mediante las prácticas mágickas. Empiezas a ver la magiak en todo y en todo el mundo, al igual que empiezas a verla en tu interior.

Aún no me considero a mí mismo un maestro en el sentido que la mayoría de la gente interpreta la palabra; principalmente, como alguien que ha llegado al punto final del aprendizaje. Pero me podría considerar a mí mismo el maestro de la magiak de mi propia vida. Soy un maestro en lo que se refiere a comprender cómo la magiak ha cambiado mi vida, cómo he llegado a comprender cómo funciona, y cómo he integrado este conocimiento en mi vida hasta la fecha. Pero la maestría no es un destino; más bien, es perseguir durante toda la vida el camino interminable de la evolución personal. Libros, profesores y tradiciones son una ayuda en este camino, pero sólo pueden llevarte hasta cierto punto en tu experiencia y crecimiento. Una queja habitual es que no hay suficientes libros de brujería «avanzada» disponibles. Eso se debe a que los libros sólo pueden llevarte hasta cierto punto. En un momento dado debemos perseguir la conexión con el poder de la magiak y ésta empieza a guiarnos y a enseñarnos. Scott Cunningham escribe, brillante, «Busca sabiduría en libros, en manuscritos raros y poemas crípticos si quieres, pero búscala también en piedras sencillas, y en hierbas frágiles, y en los gritos de las aves salvajes. Escucha los susurros del viento y el rugido del agua si quieres descubrir la magia, puesto que es aquí donde están preservados los antiguos secretos».[6]

Aunque anime a la gente a aprender de todas las fuentes de las que le sea posible, a través del entrenamiento formal y del estudio informal de libros y otros medios, el camino para dominar la magiak siempre será el camino de la bruja solitaria. El camino de la brujería es uno por el que viajas forjándotelo por ti misma. En este camino, la bruja siempre está sola y, sin embargo, en realidad nunca está sola. Eso es porque dominar la magiak consiste en cómo conectas personalmente con el poder de la magiak, y cómo eliges incorporarlo a tu propia vida. Consiste en cómo te relacionas con los espíritus, con lo divino, con los demás y contigo misma, y cómo experimentas los Misterios de la brujería.

En este sentido, no hay una respuesta única para todo, puesto que todos nosotros somos entidades espirituales únicas y expresiones de la fuerza vital.

A lo largo de este libro verás que un concepto clave para mí es que el núcleo de la brujería es conectar. Éste es el motivo por el que puse tanto énfasis en la habilidad psíquica y la meditación en el libro anterior, y aquí intentaré centrarme en enseñar magiak mediante ese punto de vista. Mucha gente ha comparado las plegarias con hablar y la meditación con escuchar. Yo hago la misma equiparación entre la magiak y a la habilidad psíquica. Las cuatro se aúnan para crear una conversación genuina con el univers en la que estamos cocreando en plena soberanía y prestando servicio.

En el *Rede Wicca*[7] se da el consejo: «De suave mirada y toque gentil, mucho escucha y habla poco». Este pasaje parece decirnos que procu-

---

6. Cunningham, *Wicca*.

7. También conocido como *Credo de las brujas*. Poema que presenta diversos aspectos de la religión neopagana Wicca escrito por Lady Gwen Thompson, fundadora de la tradición The New England Coven of Traditionalist Witches y más tarde extendido por Doreen Valiente. *(N. de la T.)*

remos no juzgar o ser duros con los demás, ser gentiles en nuestras acciones y dedicarnos más a escuchar que a hablar. Quizá ése sea exactamente su significado y todo lo que significa. Al meditar sobre este pasaje, sin embargo, he obtenido otras percepciones sobre él. Para mí, este pasaje también trata sobre tener una aproximación equilibrada a la habilidad psíquica (la mirada suave empleada cuando observamos la energía o adivinamos el futuro) y a la magiak (tocar y manipular energías sutiles) para alcanzar el camino de la maestría de la bruja. Consiste más en escuchar conscientemente que en hablar en nuestra conversación con el universo. Por supuesto, esto sólo es una interpretación mía, y *Rede* simplemente significa «consejo». Sin embargo, considero que esta interpretación tiene mérito. Por eso, la mayoría de los hechizos y de la magiak contenidos en este libro tienen por objetivo las artes psíquicas de un modo u otro, para hacer más profunda nuestra conexión con el universo que nos rodea, visible e invisible, y llegar a conocer nuestra Auténtica Voluntad y el rol que cumplimos en la intricada red de la existencia.

Como continuación de *Brujería psíquica*, seguiré compartiendo mi comprensión, conocimiento, experiencia, percepciones, prácticas, meditaciones y hechizos. A saber, éstas son mis aproximaciones personales y mi comprensión de las cosas; no son necesariamente las de cada bruja o practicante de la magiak. Busca lo que resuene contigo e incorpóralo en tus prácticas; modifícalas y ajústalas; haz que reflejen tu camino espiritual, tu relación con la magiak y tu conexión con el mundo de los espíritus. Encuentra prácticas clave que realmente te digan algo y distingue cuáles de ellas han de ser integradas como prácticas a realizar diariamente, semanalmente, mensualmente o estacionalmente. Espero que el hecho de compartir cómo me aproximo yo a la magiak te inspire a empezar a formular tu propia práctica mágicka o a incorporar nuevas aproximaciones a tu práctica existente, y por supuesto, para ser más competente a la hora de lanzar hechizos que funcionan.

En varios sentidos, hoy en día no soy tan distinto de ese chiquillo que deambulaba por esa tienda metafísica años atrás. Estaba famélico de conocimiento sobre lo oculto y los poderes del universo. Devoré libros, practiqué hechizos y experimenté con mis poderes siempre que tuve la oportunidad. Estoy aprendiendo y creciendo constantemente, y tengo la esperanza de que siempre seguiré haciéndolo. Cuando miro lo que había sido mi vida, puedo ver que mi apetito voraz por el conocimiento ha sido la fuerza que me ha guiado; me ha llevado hasta donde estoy hoy día y no tengo la menor duda de que seguirá haciéndolo. Esta atracción hacia la magiak es un sentimiento familiar entre la mayoría de las brujas en sus vidas, tanto si actuaron de forma temprana o tardía en la vida. Si estás leyendo este libro, entonces es muy probable que también sientas esa atracción.

A menudo comparo el camino del dominio de la magiak al de una oruga hambrienta. Finalmente, llegará el momento en que la simple acumulación de conocimiento y de entrenamiento será insuficiente por sí misma. Debes empezar a aplicar todo ese conocimiento obtenido poniéndolo en práctica, hilándolo y tejiéndolo como un capullo de seda a tu alrededor y centrarte en el interior. Haciendo eso, la visión que tienes de ti misma, de los demás y del mundo empieza a dar un vuelco absoluto, al igual que en la carta del Colgado del tarot, suspendido al igual que el capullo de una mariposa nocturna colgando del Árbol del Mundo como un ornamento. La brujería es inherentemente un proceso de transformación, pero al igual que la oruga en el interior del capullo, es un proceso que consiste en una experiencia del todo solitaria y única para cada persona. Espero proveerte de unos fundamentos suficientemente sólidos como para ayudarte a tejer tus propias prácticas en la creación y en el lanzamiento de hechizos con la esperanza de que te embarcarás en el proceso de transformación para desbloquear el misterio de la magiak dentro de tu propia vida, guiado por la sutil y la sagrada luz de la Luna de tu intuición.

CÓMO EMPLEAR ESTE LIBRO

Enseñar magiak y el lanzamiento de hechizos de un modo que te preparen para obtener resultados competentes al tiempo que también toque los Misterios es una tarea abrumadora, especialmente porque muchos de los conceptos que aprendemos no se pueden enseñar de forma lineal. Nuestra educación secular está montada de forma que aprendemos de una manera progresiva: empezamos con un concepto sencillo y se construye a partir de ahí. El ocultismo es un campo donde estás volviendo constantemente a conceptos previos e ideas, y vas encontrado nuevas capas de profundidad y de comprensión a medida que progresas, experimentas y aprendes durante el camino. Pese a que la comprensión del ocultismo se va construyendo definitivamente sobre sí misma a medida que avanzas, se da un retorno constante a los conceptos y las prácticas fundacionales, los cuales toman un nuevo significado cuando se los revisita; esto cambia la comprensión que se tiene de las ideas que en un momento dado parecían básicas.

Éste también era mi mayor obstáculo con *Brujería psíquica*: cómo enseñar estas cosas de la forma más lineal posible, sin tener que ir yendo y viniendo. Con este libro, es un poco más complicado que con *Brujería psíquica*. He decidido quedarme con el proceso primario que enseño en *Brujería psíquica*, el cual empleo en mis prácticas personales. Éste usa los siete planos de realidad, y las Tres Almas, los Tres Mundos y los Tres Calderos. Mientras nos elevamos a través de los planos de realidad a lo largo de este libro, iré enseñando aspectos de la confección y del lanzamiento de hechizos mediante esa infraestructura. Eso significa que la primera vez que pases por este libro es posible que lances un hechizo, pero que cuando pases por él una segunda vez estarás equipada con más herramientas y conocimiento para relanzar el mismo hechizo con más eficacia todavía. Puesto que mi magiak y los contenidos de este libro dependen en gran medida de la cosmología espiritual de mi propio ser y universo, así como de conceptos y técnicas previas exploradas en *Brujería psíquica* por ser fundamentales, he creído que sería una ayuda revisar algunos de los conceptos primarios, aportar algo más de información y hacerlos más comprensibles. Verás que los conceptos empiezan a entretejerse unos con otros y empezarán a formar un tapiz con una comprensión más intrincada y competente en relación a cómo funciona la magiak. Si eres una bruja principiante, a veces, alguna de la información contenida en este libro te puede parecer un poco avanzada, o puede hacer referencia a algo con lo que no estás familiarizada. Si eso sucede, limítate a seguir leyendo, puesto que todo tendrá una explicación. Por ejemplo, un hechizo puede hacer referencia a un signo zodiacal o a un signo planetario antes de que ese tema se explore en profundidad. Me he esforzado al máximo en intentar explicarlo todo de una forma considerada con el principiante en el lenguaje más sencillo y accesible posible sin caer en la condescendencia o simplificándolo. Independientemente del nivel de tu experiencia, espero que leas este libro más de una vez y que captes nuevas percepciones con cada lectura.

Capítulo 1
ADOPTAR EL PODER
DE LA BRUJA

S i hay algo que quiero inculcarte es que tu eres poderosa por encima de cualquier medida, incluso en los momentos en que aparentemente hayas tocado fondo en tu vida. A veces la magiak viene a nosotros cuando más la necesitamos, cuando estamos en los instantes más aciagos de nuestras vidas. Al menos, conmigo, lo hizo. Cuando era un renacuajo de unos seis años, finalmente pasé a vivir con mis nuevos guardianes. Durante tres años antes de que esto sucediera, estuve viviendo con varios familiares distintos, en instalaciones de acogida y con familias de acogida. Tras años de cuidadores que cambiaban con tanta frecuencia como se cambiaba de zapatos el señor Rogers[1] en su programa de televisión, empecé a sentir que no se me quería, que era una carga para los demás. Ahora, por fin, tenía un lugar al que podía llamar hogar. Sin embargo, pese a lograr finalmente algo de estabilidad, estaba en el momento más impotente de mi vida. Mi abuelo y su nueva esposa habían ganado la custodia de mi hermano mayor y la mía tras una disputa legal considerable. Si bien pronto aprendería que pese a todas las mejoras que experimentó mi vida, mi abuelo era un hombre controlador y abusivo; física, mental y emocionalmente hablando.

---

1. Fred McFeely Rogers (1928-2003), presentador de televisión, autor, productor y pastor presbiteriano norteamericano que presentó el programa *Mister Rogers' Neighborhood* (1968-2001). En dicho programa, dirigido principalmente a un público infantil, el presentador hablaba sobre varios temas dirigiéndose al espectador y solía cambiarse de calzado al principio y al final de cada programa. *(N. de la T.)*

Mi abuelo, un hombre muy robusto y amenazador pese a su edad, me adiestró rápidamente para que silenciara mi voz; su lema era «a los niños hay que verlos; no oírlos». Cada vez que nos dirigíamos a un adulto, debíamos llamarle señor o señora, romper cualquiera de estas reglas acarreaba graves consecuencias. Mi hermano mayor no recibió un trato tan severo porque era más tradicionalmente masculino, mientras que yo era un crío con actitudes tradicionalmente más femeninas, más interesado en jugar con los Treasure Trolls y los Pequeños Ponis que con pistolas de juguete y camiones. De niño, yo mismo llegaba a presentarme ante la gente como «un chico sensible» con frecuencia. Él a menudo me decía (con un tono de desdeño en la voz) que yo le recordaba a mi madre. Así que aprendí a ser invisible y silencioso; a achicarme ante la presencia de otras personas.

Tengo un recuerdo clavado en la memoria como si hubiera sucedido ayer, y que cambiaría mi vida y crearía el marco de la persona que iba a ser. No recuerdo las circunstancias exactas, pero mi profesor llamó a mi abuelo para llamarle la atención por mi comportamiento en la escuela, ya que como es comprensible me estaba costando adaptarme. Sin embargo, recuerdo vívidamente lo que ocurrió cuando bajé del autobús escolar ese día y entré en mi casa. Después de pegarme con un cinturón, mi abuelo me informó de que iba a avisar a la escuela de que yo no iría los próximos días por enfermedad. Durante esos días, tenía que quedarme en la cama en mi cuarto. No podía recurrir a la electricidad, luces incluidas. Para asegurase de eso, mi abuelo desconectó los fusibles que daban corriente a mi dormitorio. No se me permitía comer a menos que se me invitara a hacerlo, y no se me permitía levantarme para ir al baño a no ser que él entrara y me permitiera hacerlo. Él me advirtió con toda franqueza que más me valía no hacer absolutamente nada más que quedarme quietecito en la cama, y dejó muy claro que vendría periódicamente a echarme un vistazo.

Como bien debéis saber, a esta edad los niños rebosan energía, así que esto me resultó particularmente difícil, sobre todo porque en cierta forma aún me daba miedo la oscuridad. Así que durante varios días, permanecí ahí estirado con nada excepto mi mente haciéndome compañía y sufriendo un ayuno forzoso en el que comía algún que otro día. Pese a que esto es algo por lo que ningún niño debería pasar, eso provocó que algo despertara en mi interior. Me di cuenta de que podía hacer fluir algún tipo de poder por mis manos, y que si las juntaba, ellas creaban una energía invisible. Era como si mis manos fueran los extremos opuestos de un imán repeliéndose, empujándose la una a la otra. Empecé a sentir y a ver presencias en mi habitación; la mayoría de ellas simplemente pasaban de largo, pero algunas de ellas también se detenían y me observaban un instante antes se seguir su camino.

Soñar se convirtió en mi refugio durante ese tiempo; en un medio para escapar del confinamiento solitario de mi cama. Empecé a preguntarme qué sucedía cuando me quedaba dormido. ¿Cómo podía pasar de esta consciencia despierta a estar en un sueño? Reflexionar sobre esto me llevó a prestar más atención y a volverme lúcido durante la transición entre los estados de consciencia. En mis párpados cerrados, veía manchas de color en movimiento como si se las estuviera pintando con acuarelas. Esas formas se arremolinaban y finalmente creaban lo que parecía un mandala caleidoscópico que entonces empezaba a apoderarse de mi campo de visión con los ojos cerrados, hasta que soñaba. Si necesitaba ir al baño, ya que no me podía levantar o llamar a mi abuelo, le visualizaba entrando en mi cuarto y diciendo que podía ir al baño. Con la práctica, esta habilidad se volvió más y más efectiva hasta el punto que podía llamarle en mi mente y entonces entraba al cabo de unos minutos. Aún no me había percatado, pero yo toqué la magiak, y la magiak me tocó a mí y nunca más volvería a ser el mismo.

Al cabo de dos años, a través de una serie de sincronicidades, conseguí un ejemplar de *Montarse en una escoba de plata* de Silver RavenWolf. Empecé a devorar cualquier libro suyo al que podía echar mano. Puesto que mis abuelos eran muy estrictos, conservadores y religiosos, tenía que mantener esta parte de mi vida en secreto. De no haberlo hecho, mi historia sería completamente diferente, y es muy probable que este libro y el anterior nunca hubieran existido. Me estremezco al pensar qué me podría haber pasado si hubieran descubierto mis libros y mis herramientas secretas de brujería, o si hubiera sido tan necio como para ser honesto en relación a mis intereses en aquella época de mi vida.

Cuando pienso en retrospectiva en la primera atracción que sentí por la brujería a esa edad, veo que existen varios motivos por los que me sumergí por completo en ella. Al principio, me di cuenta de que tenía experiencias que no encajaban en mi adoctrinamiento religioso, el cual ya había cuestionado. Segundo, la magiak se había convertido en una forma de escapismo para mí, de la misma manera que mucha gente se refugia en la ficción y las aficiones. Pero sobre todo, es probable que en el momento más impotente de toda mi vida, la fascinación por el poder fuera el aspecto más seductor de la brujería para mí. La magiak me permitió escapar, y me empoderó, pero no de las formas que me esperaba cuando empecé mi exploración temprana sobre ella.

Aunque no recuerdo el primer hechizo que intenté lanzar formalmente, o cuál de mis hechizos se manifestó primero en mis escarceos durante mi infancia, recuerdo el primer hechizo que lancé donde mi fuerza de voluntad era del todo inamovible y que innegablemente funcionó. Pasaron unos cuantos años y entonces lancé un hechizo a fin de que no volvieran a intimidarme nunca más con mi abuelo en mente; era una especie de adaptación del «Hechizo de expulsión de la rana abusona» proporcionado en el libro *Teen Witch* de Silver RavenWolf.[2] Al cabo de una semana, se manifestó. Mi abuelo vino a darme una paliza y recuerdo que, mientras él estaba en pie sobre mí y yo estaba acobardado en el suelo junto a mi cama frente a este hombre adulto alzándose imponente sobre mí con un cinturón en la mano, algo cambió repentinamente en él. Se quedó bloqueado por un instante, suspiró y dijo: «Eres incorregible. Ni siquiera puedo hacerte entrar en razón». Se dio la vuelta, se marchó de mi cuarto y fue a sentarse en su butaca reclinable en la sala de estar. Hoy día, todavía no comprendo cómo

---

2. RavenWolf, *Teen Witch*, 208. (Hay traducción española: *Jóvenes y brujas*, Ediciones Obelisco, Barcelona, 2006).

actuó de esa forma tan inesperada impropia de su comportamiento. Más tarde, aquella noche, soltó la perorata de la manipulación emocional que me decía a menudo para tenerme ahí como rehén. «Te lo juro, si no te pones las pilas, llamaré a tu asistente social y haré que se te lleven de aquí de nuevo». Esta táctica funcionó durante años, ya que lo único que me aterraba más que mi abuelo era la idea de volver al sistema de acogida de nuevo.

Sin embargo, esta vez no funcionó. Recuerdo que algún tipo de fuerza se apoderó de mí de forma palpable, y el espíritu del coraje me colmó repentinamente. Al igual que David intimidó a Goliat mirándolo directamente los ojos, con una voz con una fuerza calmada y centrada que jamás había experimentado en mi vida, dije: «Hazlo». Cada gramo de mi ser hablaba en serio y expresó esa convicción firme. Recuerdo el estupor en su mirada y en su expresión. Poniéndome a prueba de nuevo, dijo: «La llamaré ahora mismo». Lo hizo mientras iba a por el teléfono, mirándome a los ojos desplegando un beligerante enfrentamiento de voluntad, esperando que diera mi brazo a torcer. No cedí. Furioso ante mi reacción, la llamó delante de mí. Recé en silencio a la Diosa en mi cabeza para poder escapar sin acabar en el programa de acogida. Un par de días más tarde, mi asistente social vino a hablar conmigo. Me informó de que el padre de mi hermano desde el sur de California se había puesto en contacto con ellos sincrónicamente sin mi conocimiento; él y su mujer le propusieron acogerme hasta que mi padre acabara con las batallas legales por las que estaba pasando para obtener mi custodia de nuevo.

El hechizo del abusón funcionó. Mi plegaria a la Diosa funcionó. La magiak funciona. Aprendí que sirviéndome de la brujería, no tengo por qué ser un personaje pasivo en mi historia, una víctima de las circunstancias. Descubrí que yo podía ser su autor y dirigir el curso y la dirección que toma la narración de mi vida. La brujería me ha transformado a mí y a mi vida continuamente. También puede hacer todo esto por ti. Por eso mismo me apasiona tanto enseñar y compartir la brujería con otras personas. Ésa también es la razón por la que he escrito este libro: para compartir contigo lo que he aprendido desde mi interés inicial en la brujería y cómo interpreto que trabaja la magiak, junto con mis observaciones, trucos y resolución de problemas. Quiero que tomes el control de la narración de tu vida cuando parece que todo sea irremediable y que está en tu contra. Quiero que os empoderéis a través de la brujería del mismo modo que yo lo he hecho.

Los Misterios de la magiak

En la brujería tenemos un término llamado «los Misterios». Los Misterios son grandes verdades que vas actualizando mediante la experiencia. De algún modo, puedes comprender racionalmente los Misterios hasta cierto punto, pero no se los puede conocer como verdades hasta que los experimentas directamente. Una de las mejores citas en relación a los Misterios como algo experiencial proviene de un lugar inverosímil: la novela *Dune* de Frank Herbert. En la novela, el protagonista Paul Atreides está hablando con Thufir, un Mentat y el jefe de seguridad de la familia Atreides. En el universo de *Dune*, un Mentat es una persona que ha desarrollado la habilidad de emplear sus facultades mentales para realizar cálculos complicados, dado que la humanidad prohibió los ordenadores y las «máquinas pensantes». En la novela y en sus secuelas hay una organización muy reservada de una especie de monjas llamada Bene Gesserit. Ellas han pasado por un acondicionamiento físico y mental para desarrollar poderes sobrenaturales y habilidades similares a la magiak y la habilidad psíquica, motivo por el que otra gente las llama brujas. Paul le explica la conversación que ha mantenido con la reverenda madre de la Bene Gesserit: «Ella ha dicho que el misterio de la vida no es un problema que solucionar, sino una realidad que experimentar. Así que cité la Primera Ley del Mentat: "A un proceso no se lo puede comprender deteniéndolo. La comprensión debe moverse con el flujo del proceso, debe unirse a él y fluir junto a él". Aparentemente, eso le pareció satisfactorio».[3]

---

3. Herbert, *Dune*, 40.

Un dicho sabio entre los veteranos de la brujería es «Custodia los Misterios. Revélalos constantemente». Así que, antes de que exploremos la magiak más a fondo, quiero revelar uno de los Grandes Misterios del camino de la brujería que repetiré varias veces a lo largo de este libro. ¿Estás preparada? Quizá quieras tomar asiento para esto. Ahí va. Todos somos Uno y el Todo eres tú misma. Eso es todo. ¿Ha sido eso decepcionante? Estoy seguro de que estás esperando algo bastante más profundo que eso. Algo más misterioso y secreto. Sin embargo, he llegado a la convicción de que toda la brujería y la magiak están basadas en ese Misterio. Así pues, ¿qué significa eso exactamente? Para desentrañarlo, hablemos sobre qué es la brujería. Siempre que me entrevistan, lo que me preguntan más a menudo es qué es la brujería y qué no lo es. Debes pensar que ésa debería ser una pregunta fácil, pero no lo es; esto se debe a las numerosas prácticas distintas que emplean la brujería y el hecho de que no haya un papa de la brujería que nos diga qué es oficialmente y qué no lo es. Pero tiene que haber algo que unifique la brujería. Para mí, esa respuesta implica el Misterio que acabo de revelar. He llegado a percibir la brujería como el arte de la conexión y de las relaciones, y de trabajar con esa conexión y esa relación mediante la causa-efecto para crear cambios internos y externos.

La brujería forja relaciones mediante la conexión. A la realidad se la puede ver como algo que existe en capas. A las formas más básicas de esta idea en el ocultismo se las denomina macrocosmos y microcosmos, el gran universo y el pequeño universo. Echemos un vistazo al cuerpo humano y a la mente para ilustrar esto. Yo, Mat Auryn, soy una persona individual y autónoma. En mi interior hay un microcosmos de células individuales vivas. Si pudiéramos hablar con una de esas células de mi interior, estoy convencido de que ésta no tendría noción alguna de quién soy en conjunto. Seguramente también refutaría la idea de que ésta y otra célula son las mismas células o el mismo ser, al igual que tú y yo coincidiríamos en que somos individuos distintos y no el mismo ser humano. Sin embargo, las células forman parte de un sistema intrincado que me componen a un nivel más grandioso, tanto si ellas mismas son conscientes de ello como si no.

Asimismo, tú y yo formamos parte de unos sistemas que constituyen formas mayores de consciencia a altos niveles. Ésta es una verdad para todas las cosas del universo, visibles e invisibles, físicas y no-físicas; no consiste sólo en las células de mi cuerpo ni consiste en sólo los humanos en conjunto. Todo está interconectado con todo lo demás. A medida que alejamos el zum del macrocosmos, todo se unifica. A medida que aplicamos el zum sobre el microcosmos, todo se diferencia y se separa. Sin embargo, en el nivel más fundamental de la realidad, todos somos Uno; Todas las cosas. Esta individualización y unificación ocurre siguiendo un patrón que se repite a lo largo de diferentes niveles de realidad y de consciencia. Esta idea es el corazón del postulado hermético «Como es arriba, es abajo; como es dentro, es fuera».

La brujería, entonces, consiste en orientarnos para abordar y conectar todas las cosas en el universo, tanto si son fuerzas individuales pequeñas como si son fuerzas cohesivas de gran escala, incluidas las de nuestro interior. Nosotros construimos y fortalecemos relaciones para beneficiarnos a nosotros mismos y a otros de forma mutua, y para influir a fin de que se produzcan cambios en el microcosmos y en el macrocosmos. Insisto, este concepto es fácil de entender racionalmente, pero afronta nuevos niveles de significado una vez que esta orientación espiritual se pone en práctica, conduciendo hacia la experiencia. Por esta razón, la mayoría de las brujas son animistas activas. Nos relacionamos con todas las cosas tratándolas como espíritus individuales de pleno derecho, tanto si es una hierba, una piedra, una inteligencia incorpórea o incluso un par de zapatos. Esta aproximación al animismo reconoce la esencia animada única e inherente a todas las cosas. A ojos de la bruja, todo tiene conciencia en algún nivel; a todo se puede conectar uno, y se puede forjar una relación en la cual uno ayuda al otro.

Técnica de arraigue del anclaje

Ejercicio 1

Anclaje (una técnica de arraigue)

Antes de que sigamos con cualquier labor futura, es importante que cubramos una técnica de anclaje. El anclaje nos ayuda a asegurarnos de que no estamos sobrecargando de energía nuestro sistema. Nos mantiene saludables, equilibrados y seguros antes de participar en cualquier tipo de meditación, magiak o ejercicios energéticos. Esta técnica también es buena para cualquier situación en la que estés un poco abrumado o exhausto a causa de tu entorno, tal como ocurre al estar en lugares ruidosos, o que te sientas un poco disperso. El anclaje se debería ejecutar antes y después de cualquier técnica energética, desde el lanzamiento de hechizos hasta la meditación o las lecturas psíquicas. Pasar por alto esto creará problemas con el tiempo.

Empieza relajándote lo máximo posible. Visualiza un tubo de energía descendiendo desde la planta de cada uno de tus pies. Si estás sentado en el suelo, puedes imaginártelos descendiendo desde cada uno de los muslos. Estos dos tubos de energía se meten en la tierra y se conectan creando un bucle. A partir de ahí se va formando una cadena que desciende metiéndose profundamente en la tierra. Visualiza un ancla al final de la cadena. Siente cómo el ancla se hunde en una parte de la tierra muy sólida y robusta situada debajo de ti, manteniéndote seguro y amarrado y estable. Asevera para ti misma que cualquier exceso de energía que vaya más allá de lo apropiado y saludable para ti está fluyendo fuera de tu cuerpo automáticamente y creando un campo de energía hacia abajo en la cadena de oro y en el ancla, al igual que la electricidad va descendiendo por un pararrayos. Si en algún momento notas que la energía o la emoción te abruma, expúlsalas de tu cuerpo a través de tus pies, enviándola hacia la cadena que tienes debajo, fortaleciendo y empoderando dicha cadena.

Cuando hayas terminado con la técnica mágicka de turno, meditación o trabajo energético que hayas realizado, ánclate de nuevo aseverando y visualizando salir de tu cuerpo y de tu campo energético cualquier exceso de energía que esté más allá de lo apropiado y saludable, para que ésta entre de nuevo en tu cadena de anclaje. Luego visualiza la cadena de energía disolverse en la tierra, que ayuda a sanarla y a que esté disponible para quienes puedan necesitarla.

Ejercicio 2

El corazón de la presencia
(una técnica de centrado)

La segunda técnica energética más crucial después del anclado es centrarse a una misma. A centrarse y anclarse se las tiende a agrupar, dado que con buen criterio, a menudo se las utiliza juntas. Sin embargo, comprender sus diferencias es esencial, y me gusta separar las técnicas cuando enseño cualquier tipo de meditación o trabajo energético para sentir y comprender mejor los procesos. El centrado consiste en enfocar tu conciencia y energía en tu centro espiritual en ese momento. El propósito es, esencialmente, tomar conciencia de dónde estás en relación con la gran realidad metafísica para que cuentes con una atalaya desde la que trabajar. Eso garantiza que tus pensamientos y tu energía estén enfocados y bien afinados para el aquí y el ahora, y no dispersos y distraídos.

Una vez que te hayas anclado, cierra los ojos y presta atención a tu respiración.

Visualiza tu campo áurico a tu alrededor con la forma de un huevo de luz blanca. A medida que inspires, visualiza esta energía encogiéndose y condensándose en el centro de tu corazón en medio de tu pecho. A medida que espires, visualiza tu aura expandiéndose partiendo del corazón y volviendo a esa aura en forma de huevo que te rodea. Con cada inspiración, sentirás cómo se enfoca tu mente; con cada espiración, sentirás cómo te relajas. Continúa esta respiración y esta visualización durante treinta segundos. Toma conciencia de que desde tu punto de observación privilegiado, tú eres el centro de tu realidad en el espacio físico y que tu corazón es el centro de tu esencia física y espiritual dentro del espacio metafísico de tu realidad. Declara que estás ahí mismo, ahora mismo. Toda tu atención la tienes puesta en el momento actual, en este instante y en este lugar.

¿Son los objetos físicos necesarios para la magiak?

En *Brujería psíquica*, sugería que todo lo que necesitas para lanzar una magiak efectiva es el poder de tu mente. A menudo me preguntan por qué alguien tendría que usar velas, hierbas y otros objetos físicos tangibles si podemos lanzar hechizos con efectividad sirviéndonos sólo de nuestras mentes. La respuesta sincera es que es más fácil hacerlo con objetos (a los cuales llamamos materia cuando trabajamos con ellos).

Aprender a trabajar con energía y realizar magiak sin objetos físicos hará que tu lanzamiento de hechizos sea más fuerte cuando lo hagas.

Sin embargo, la mente consciente sólo tiene una capacidad de almacenamiento limitada, al igual que la RAM en un ordenador. A cuantas más cosas se esté aferrado mentalmente, más difícil puede ser concentrar nuestra energía mental y psíquica para lanzar un hechizo. Cuando empleamos materia en nuestra magiak, liberamos parte de nuestra RAM interna y empleamos el espacio de los datos liberados para llevar a cabo rituales y hechizos más elaborados.

Otra razón es que estamos compuestos de múltiples secciones; muchas tradiciones de la brujería denominan a estas partes las Tres Almas, comprendidas por el Yo Inferior, el Yo Intermedio y el Yo Superior. Cuando nos movemos de una forma ritual, sostenemos objetos de hechizos, trabajamos con herramientas y encendemos velas, involucramos a nuestro Yo Inferior. Le estamos dando a nuestro propio aspecto animal físico algo en lo que estar absorto y alineado con el propósito del trabajo, por lo tanto, ayuda a que todas nuestras partes se pongan manos a la obra con las labores de la meta mágicka en cuestión.

Ejercicio 3

Comulgar andando

Ésta es una meditación que se realiza andando y el ejercicio energético que he estado haciendo durante dos décadas. Es tan simple que parece ridículo, pero algunos de los ejercicios y prácticas más simples pueden ser los más poderosos. Este ejercicio establece una conexión con una misma y con el otro mediante el reconocimiento, el paso más básico para formar una relación. Una bruja psíquica hábil puede intercambiar perspectivas pasando de la unidad a la separación y puede trabajar en concordancia basándose en los propósitos mágickos o psíquicos de uno. En este ejercicio bendeciremos sirviéndonos de nuestro propósito y nuestra gratitud.

A medida que vas caminando, procura hacerlo despacio y tómate tu tiempo. Saluda mentalmente a cada planta, animal y persona con quien te cruces. Agradéceles el rol que representan en el gran sistema de nuestro planeta. Bendícelos mentalmente con riqueza, fortaleza y felicidad. No te limites a pensar estas cosas mentalmente de ellos, procura encontrar un espacio en tu interior donde sientas gratitud y amor de forma genuina y proyéctalo.

Una adaptación que merece la pena incorporar a tu vida es pasar tiempo reconociendo cosas con las que te topas a diario en tu hogar y en el trabajo como entidades individuales. Agradéceles el rol que representan en tu vida y cómo te ayudan. Al principio te puede parecer que esto es superidiota, pero estás reconociendo y abordando las cosas de tu vida como expresiones del Espíritu separadas de ti misma con las que interactúas a diario. Éste es un gran paso a la hora de encantar tu vida.

Hechizos contra plegarias

A veces, a los hechizos se los compara con las plegarias. Existe una cierta verdad en esto y hay un solapamiento. Sin embargo, yo las defino de un modo un poco distinto. Comprender la diferencia entre una plegaria y un hechizo puede ayudarte a comprender el misterio del lanzamiento efectivo de hechizos. Empecemos con las semejanzas. Tanto las plegarias como los hechizos son métodos para manifestar un resultado o una meta sirviéndose de medios metafísicos y espirituales. Para mí, ahí es donde terminan las semejanzas.

Para hacerlo todavía más enrevesado, resulta que lo que un grupo contempla como una plegaria, otro grupo lo contempla como un hechizo y viceversa. Por ejemplo, un cristiano devoto puede emplear un salmo de la Biblia como una plegaria, mientras que un practicante de la magiak popular puede emplear el mismo salmo como un hechizo. Así pues, ¿qué hace de una cosa una plegaria y de otra un hechizo? Recurriremos a una metáfora para ayudar a aclarar la diferencia.

Digamos que tanto las plegarias como los hechizos consisten en emplear un coche para llegar a tu destino. La plegaria es solicitarle a una entidad espiritual –ya sea una deidad, un espíritu, un santo o quien sea– que conduzca el coche, y confiar en que ellos conozcan la mejor ruta para llegar. ¿Conoces la expresión «Jesús, lleva el volante»? Ése es el ejemplo perfecto para una plegaria y encaja a la perfección con nuestra metáfora. Con una plegaria, le estás pidiendo a otra entidad que haga el trabajo duro por ti y confías en que éste conocerá la mejor forma de llegar ahí. Tú eres un receptor pasivo en el proceso. Siguiendo con nuestra metáfora, estás sentado en el asiento del pasajero del coche y simplemente pides adónde querrías que fuera tu coche.

Con los hechizos, te estás convirtiendo en un partícipe activo a la hora de alcanzar tu meta. Metafóricamente, estás integrándote en el asiento del conductor, asumiendo una responsabilidad y una implicación directa. Incluso cuando implicas a deidades y espíritus en el lanzamiento de hechizos, la meta sigue siendo asociarte involucrándote directamente en el trabajo energético. En este sentido, la deidad es tu GPS; te guía, pero no te lleva.

Dicho de otra forma, la plegaria a menudo implica suplicar, es una petición hecha desde una posición humilde y sumisa; estás pidiéndole a los poderes animados, sean espíritus o dioses, que lleven a cabo su voluntad en lo que atañe a tu petición. Esencialmente les estás pidiendo que hagan ese trabajo para ti siguiendo su criterio, confiando en que éstos saben cómo conseguirlo de la forma que a ti te irá mejor. Hasta los hechizos que solicitan la ayuda de esos poderes superiores implican unir tu voluntad con la suya, y por lo tanto no son asuntos pasivos como lo serían las simples plegarias.

Hay mucha más voluntad y energía de una bruja en un hechizo que en la mayoría de las modalidades de plegaria. Pero a un nivel más profundo, la bruja comprende que ella misma forma parte de la Mente Universal, de la Diosa Estrella,[4] o como éstas definan la realidad

---

4. Deidad central feérica. Según esta tradición, es un punto unificador con el gran Vacío en la que el tiempo y el espacio son insignificantes. *(N. de la T.)*

animada definitiva; incluso en los hechizos que implican reverencia y adoración por ese poder. La bruja se integra en su divinidad y soberanía, y entreteje su voluntad y energía con cualquier deidad o espíritu que invoque durante el lanzamiento de hechizos. No estoy diciendo que las plegarias no tengan un lugar en la vida de una bruja o que no sean potentes. Lo tienen y lo son absolutamente. Simplemente ocurre que la plegaria no se atiene a tus términos en relación a qué sucederá y cuándo.

Sin embargo, esta frontera entre la plegaria y los hechizos puede desdibujarse entre el trabajo enérgico pasivo y el activo. Por ejemplo, en las tradiciones mágickas folklóricas de los Apalaches, existe una técnica para rezar que Orion Foxwood denomina «plegaria sincera». Esta práctica se da cuando uno se une con la divinidad como «creador y creación».[5] Nosotros también vemos esta técnica de la plegaria sincera en acción en modalidades de plegaria como las del Cristianismo Carismático,[6] donde se emplea al orante para invocar al Espíritu Santo y donde se da autoridad a los fieles como instrumentos del Espíritu Santo para realizar milagros en su nombre. Eso también lo vemos en tradiciones mágickas folklóricas como la de Braucheri[7][8] y la de American Conjure,[9] donde a la plegaria y a los salmos se los suele emparejar con actos simbólicos, desdibujando la frontera entre una plegaria y lo que llamaríamos hechizos.

Para mí, la diferencia principal reside en la relación entre la unidad y la separación, y los diversos puntos de vista de cada una. La plegaria

---

5. Foxwood, *Mountain Conjure y Southern Rootwork*, 79-80.

6. Movimiento religioso surgido a mediados del siglo XX a partir de iglesias de corte protestante. Dentro del propio movimiento existen las ramas del pentecostalismo, el movimiento carismático y el movimiento neocarismático. *(N. de la T.)*

7. RavenWolf, *HexCraft: Dutch Country Magick*.

8. También denominado Powwow o Brauch. Modalidad de magia popular originada en los grupúsculos de población de Pensilvania que descienden de los emigrantes alemanes que llegaron a Estados Unidos entre los siglos XVII y XVIII. Toca aspectos como los rituales curativos, la protección espiritual o la buena fortuna. *(N. de la T.)*

9. Bogan, *The Secret Keys of Conjure*.

parte del punto de vista de pedir algo a poderes que reconoces como algo separado de ti misma; estás solicitando cosas partiendo de una necesidad a fin de que éstos pongan en práctica tus peticiones del modo que consideren apropiado. Tú estás en el microcosmos dirigiéndote al macrocosmos. Los hechizos parten del punto de vista de actuar desde tu propia posición divina, de verte a ti y al macrocosmos divino como algo que está unido. Los hechizos de intercesión donde se invoca a las deidades y a los espíritus desdibujan las fronteras, trabajando con frecuencia desde una posición de autoridad personal y poder, pero pidiendo y trabajando con poderes que reconoces como algo externo a ti misma, y reconociendo su divinidad, pero diciéndoles exactamente qué es lo que quieres y cómo deseas que eso se despliegue. En la historia que cuento al principio del capítulo, recurrí al lanzamiento de hechizos y a las plegarias en momentos diferentes para metas similares. Para ilustrar las semejanzas y las diferencias entre la plegaria y el lanzamiento de hechizos, realizaremos uno de cada para que veas qué sensación te transmite cada cual.

Ejercicio 4

Plegaria para obtener bendiciones

«Guías espirituales, aliados, ancestros y divinidad.
Os solicito que me guiéis con lo que sea apropiado para mí.
Os pido vuestras bendiciones en este día.
Os pido que deis a conocer el camino de mi Auténtica Voluntad.
Bendecidme con protección, bendecidme con riqueza.
Bendecidme con felicidad, bendecidme con salud.
Bendecidme con sabiduría, bendecidme con paz.
Bendiciones del norte, del oeste, del sur y del este.
Para que el trabajo de mi voluntad no encuentre impedimentos.
Para que mi impacto sea beneficioso donde se lo necesita».

Ejercicio 5

❧

Hechizo para reclamar tu poder como bruja psíquica

Instante mágicko: De noche, preferiblemente durante la Luna llena. Tu cumpleaños también es un momento excelente para esto.

Materia:

- Una vela blanca cónica
- Potentilla

Finalidad: Éste es un hechizo que reclama tu poder como bruja psíquica. En la vida es habitual encontrarnos con que alguien nos ha arrebatado nuestro poder. También es habitual haberse desprendido de facetas de nosotros mismos y de nuestra energía deliberadamente o involuntariamente en beneficio de otros, de lugares o de ciertos acontecimientos en la vida. Con este hechizo, reclamarás la totalidad de tu poder, atrapándolo y proclamando tu habilidad para ser la autora de la narrativa de tu vida y para convertirte en su soberana en el curso que tome. Este hechizo tan sólo emplea una vela blanca y potentilla. La potentilla a menudo se emplea en la magiak para agarrar cosas con sus «cinco dedos».

Instrucciones: Empleando un clavo u otro objeto punzante, talla tu nombre en un lado de la vela blanca. Si también tienes un nombre mágicko, u otros nombres por los que te han conocido en tu vida, un «necrónimo» o tu nombre de soltera, o nombres de matrimonios previos, también puedes tallarlos en tu vela junto con tu nombre actual. Forma un anillo sólido de potentilla alrededor de la vela a unos cinco centímetros de la propia vela. Ánclate y céntrate. Enciende la vela y di:

«Por la llama de la vela encendida esta noche
reclamo el poder innato al que tengo derecho.
En este lugar, en esta hora
convoco a mi poder como bruja.

Al igual que la suave luz de la Luna atrae a la polilla,
yo atraigo a mi poder y a mi segunda visión.
Convoco a mi fuerza vital dondequiera que esté.
En una persona, en un objeto, en tierra o en el mar.
Atrapo el poder de dar forma a mi destino.
Acepto la corona de mi propia soberanía».

Ejercicio 6

Sigilo para desbloquear la visión interior
de *Laura Tempest Zakroff*

Instante mágicko: En la Luna nueva o en la Luna llena.

Materia:

- Una vela azul o violeta (se recomienda que sea de tamaño votivo, corta o larga)

- Un rotulador para dibujar o un instrumento para tallar el sigilo en la vela

- El aceite que prefieras para ungir la vela y a ti misma

Finalidad: Este sigilo está diseñado para ayudarte a eliminar tus barreras emocionales o mentales que puedas tener bloqueando tu habilidad para acceder a tu visión interior. Te ofrece fundamentos, protección, apoyo, claridad y dirección al tiempo que te ayuda a quitar obstáculos del medio.

Instrucciones: Existen muchas formas de trabajar con este sigilo (se puede aplicar sobre el cuerpo, depositar en tu altar, emplearlo como foco para la meditación, hacerlo trabajar en otros hechizos o en cualquier otra cosa que parezca estar alineada con tu propósito y tu enfoque. Una de las cosas más simples y fáciles que puedes hacer es incorporarlo a un hechizo con una vela. Éste puede ser un trabajo que se haga sobre una misma, o se lo puede emplear como preparación para la adivinación o una actividad similar.

Sigilo para desbloquear la visión interior de Laura Tempest Zakroff

Aunque puedes fotocopiar el sigilo y pegarlo en el soporte de la vela, es mejor dibujarlo o tallarlo directamente en la vela de forma que puedas sentir la energía en las formas y las líneas. Empieza con el círculo, luego con la Luna creciente, el triángulo y la línea de la doble espiral, luego con el asterisco que se deriva de la parte superior del triángulo y en último lugar los tres puntos. Coloca la vela en un soporte robusto. A continuación, toma el aceite que has seleccionado y úngete tu tercer ojo, el interior ambas muñecas y el sigilo en la vela. Toma asiento ante la vela y enciéndela. Mira fijamente la vela de forma que tengas tanto la luz como el sigilo en tu campo de visión, y deja que tu vista se desenfoque. Entonces cierra los ojos y observa esa luz en tu interior, haciéndose cada vez más brillante, expandiéndose hasta que se extienda por todo tu cuerpo. Si vas a llevar a cabo alguna adivinación a continuación, cuando estés preparada, abre los ojos y empieza con ese trabajo. Deja que la vela arda durante todo el tiempo que estés haciendo ese trabajo o cuanto te parezca necesario.

Ejercicio 7

⚜

Sigilo de la Rueda de la Bruja para obtener sabiduría

Instante mágicko: En cualquier momento.

Materia:

- Un trozo de papel

- Un utensilio para escribir

- Un calco, impresión o fotocopia de la Rueda de la Bruja (la puedes encontrar fácilmente en una búsqueda *online)*

Finalidad: La rueda de la bruja es un método sencillo para crear un sigilo. En este ejercicio crearemos un sigilo para adquirir sabiduría. Puedes emplear este método para crear un sigilo de cualquier cosa que desees. Pese a ser menos intuitivo y artístico que algunos métodos, fue el primero que aprendí y, como tal, quiero compartirlo contigo, puesto que probablemente es el método más rápido que hay.

Instrucciones: Lo primero que tienes que hacer es escribir un enunciado breve y sencillo que declare qué intención tienes. Cuanto más claro, sucinto y corto sea, mejor. Nuestra intención es incrementar nuestra sabiduría; así pues, el sencillo enunciado «INCREMENTA SABIDURÍA» es perfecto. Empieza encontrando la «I» y dibuja un pequeño círculo en ese espacio. A partir de ese círculo, traza una línea recta hasta cada una de las letras, omitiendo los espacios entre las palabras. En la última letra, «A»,[10] traza una línea horizontal para terminarlo.

---

10. En el original, INCREASE WISDOM. Por lo tanto, la última letra que se ve en el gráfico es la M. *(N. de la T.)*

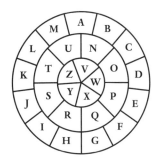  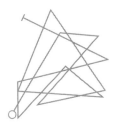

Crear un sigilo con la Rueda de la Bruja

El método del sigilo Spare para el empoderamiento mágico

Instante mágicko: En cualquier momento, pero preferiblemente con la Luna llena.

Finalidad: Ésta es una de las técnicas más famosas para crear un sigilo. Esta técnica la creó el artista y ocultista Austin Osman Spare. Spare, que se ha convertido en una gran influencia en el caoísmo,[11] afirma que él se inició en la magiak con una anciana llamada señora Patterson, que decía provenir de una línea de brujas de Salem a quienes no capturaron durante los juicios de las brujas. Es muy probable que esto no sea históricamente cierto, puesto que sabemos que las víctimas de los juicios de las brujas de Salem no eran brujas, sino más bien, víctimas de la histeria colectiva y del fanatismo de otra gente. Tampoco se tienen pruebas de que esa mujer existiera. Al igual que otras reivindicaciones históricas de brujas y magos, existen dos posibilidades predominantes,

---

11. Variación de la magia del caos tradicional y una metapráctica mágica desarrollada en Inglaterra en la década de los 1970, basándose en gran medida en la filosofía del artista y ocultista Austin Osman Spare. *(N. de la T.)*

la primera y la más obvia, que se la inventó, quizá debido a la necesidad legitimar sus prácticas mágickas. Otra posibilidad, y me parece completamente posible, es que la señora Patterson (a quien se refería cariñosamente como la Bruja Madre) efectivamente existiera, pero que más que una persona que interactuara con él, fuera o bien un espíritu o la manifestación de unos pensamientos. En cualquier caso, los métodos mágickos de Spare han sido populares durante tanto tiempo porque funcionan, y las brujas usan lo que funciona.

Instrucciones: A diferencia del método de la Rueda de la Bruja, quieres ser muy clara respecto a tu enunciado y debería ser una frase completa que empiece con las palabras: «Declaro mi voluntad...». Sé muy concreta en relación a lo que deseas, evitando cualquier palabra negativa como «no» o «nunca». En este método también es importante asegurarte de que tu enunciado sea tan claro, que no resulte contraproducente o que se manifieste de formas indeseables. Así que en este ejemplo haremos un sigilo para el empoderamiento mágicko. Pero queremos asegurarnos de que este empoderamiento mágico no nos perjudica o se manifiesta de formas negativas. Así pues, puesto que hay cosas que queremos que nuestro sigilo evite, tendremos que reestructurarlo en una declaración que sea positiva y escribirla. De modo que si empezamos con la frase «Declaro mi voluntad de empoderarme mágickamente de una forma que sea segura, saludable y equilibrada» podríamos tachar todas las letras que se repiten hasta quedarnos con las letras VPKF.[12]

---

12. De elaborarse el sigilo a partir de su traducción correspondiente, el sigilo se elabora con las letras VPKF (DECLARO MI VOLUNTAD DE EMPODERARME MÁGICKAMENTE DE FORMA QUE SEA UNA SEGURA, SALUDABLE Y EQUILIBRADA). *(N. de la T.)*

DECLARO MI VOLUNTAD DE EMPODERARME MÁGICKAMENTE DE FORMA QUE SEA UNA SEGURA, SALUDABLE Y EQUILIBRADA

~~DECLARO MI VOLUNTAD DE EMPODERARME MÁGICKAMENTE DE FORMA QUE SEA UNA SEGURA, SALUDABLE Y EQUILIBRADA~~

VPKF

Determinar las letras de tu sigilo

Entonces tomamos esas letras que nos queden y empezamos a conformar un solo símbolo con ellas. Una vez que lo hayamos hecho, entonces las estilizamos como un solo símbolo completo recurriendo a nuestra creatividad artística hasta que sus letras sean irreconocibles. Cuando creamos el sigilo al principio, es importante pasar por el proceso completo de escribir la declaración e ir eliminando letras. El motivo es que estás involucrando activamente el hemisferio izquierdo de tu cerebro, el lado lógico y analítico, y luego se hace su conversión al hemisferio derecho de tu cerebro y se involucran tus facultades artísticas e intuitivas, traduciendo la declaración de algo que puede ser conscientemente comprendido a algo que involucra el inconsciente. Después de haberlo creado esa primera vez, no tendrás que repetir el proceso. Limítate a dibujar el sigilo en sí mismo.

Ejemplo de cómo transformar tus letras en un sigilo

El alfabeto de las brujas

La escritura tebana es un alfabeto mágico conocido habitualmente como «el alfabeto de las brujas». El alfabeto se publicó por primera vez en el libro *Polygraphia,* un libro sobre alfabetos mágickos escrito por Trithemius el año 1518. Más tarde se presentó en *The Three Books of Occult Philosophy* de Cornelius Agrippa, donde se lo atribuye a Honorius de Tebas, que es de donde proviene el término «tebano». Honorius de Tebas es una figura legendaria, posiblemente mítica, de la Edad Media. La leyenda cuenta que durante la época en la que la Iglesia católica estaba destruyendo todas las obras sobre magiak a lo largo y ancho de Europa, un círculo de magos y hechiceros aunó sus esfuerzos para traducir sus textos sagrados y sus grimorios[13] a un código secreto a fin de que estuvieran a salvo de los inquisidores. Eligieron a un maestro entre todos ellos, Honorius, para crear el nuevo código, y él escribió siete volúmenes sobre las artes mágickas más elevadas en este nuevo alfabeto con la ayuda de un ángel llamado Hocroell. La leyenda afirma que la magia contenida en esos volúmenes era tan poderosa que sólo se podía confiar esos libros a unos pocos.[14]

El ocultista David Goddard, en su libro *The Sacred Magic of the Angels,* también sugiere que el escrito es de origen angelical y que parece conectarlo con una naturaleza lunar. Más tarde se publicó en *The Magus* de Francis Barrett en el año 1801; Barrett revivió el interés en el trabajo de Agrippa y a partir del trabajo de Barrett, varias tradiciones de la brujería y de órdenes ocultistas empezaron a incluirlo en su magiak. Desde entonces, grimorios enteros y libros de las sombras[15] se han escrito en tebano y las brujas lo emplean en buena parte de su magiak, inscribiéndolo en herramientas y velas, así como en las peticiones por escrito que hacen a las diversas deidades y espíritus. Aunque

---

13. Textos que presentan descripciones de un conjunto de símbolos mágicos y de cómo combinarlos. *(N. de la T.)*

14. Jenkins, *The Theban Oracle,* 23-31.

15. Libro encontrado habitualmente en la religión pagana de la Wicca que engloba contenidos religiosos e instrucciones para rituales mágicos. *(N. de la T.)*

nunca lleguemos a conocer el auténtico origen de este alfabeto, sí que sabemos que innumerables practicantes de la magiak lo han estado empleando al menos a partir del año 1528, cuando aparece en *Polygraphia*. Eso no sólo muestra que emplear estas letras tiene una efectividad detrás, sino que también significa que están muy cargadas mágickamente en tanto que son formas de pensamiento a raíz de su uso mágicko repetido.

A	B	C	D	E	F
G	H	I/J	K	L	M
N	O	P	Q	R	S
T	U/V/W	X	Y	Z	Final de fase

La escritura tebana – El alfabeto de las brujas

Ejercicio 9

Crear un monigote de una misma

Instante mágicko: En cualquier momento, pero preferiblemente en una Luna llena.

Materia:

- Tela y algodón (otras alternativas: puedes comprar un monigote nuevo *online* o en la mayoría de tiendas metafísicas enfocadas en la brujería o en tiendas de artesanía por un precio bastante económico)
- Hilo y aguja
- Un pedazo pequeño de papel cuadrado
- Vínculos personales de ti misma
- Un sigilo para desbloquear tu visión interior
- El sigilo de la Rueda de la Bruja para obtener sabiduría
- Tu nombre (o tu nombre mágicko) escrito en tebano

Finalidad: «Monigote» es otra palabra para referirse a un muñeco. Seguramente, el uso de muñecas en la magiak es algo tan antiguo como la propia práctica mágicka y se extiende por el antiguo Egipto, Caldea, Grecia, Roma, China y por áreas de África y Europa. Crear un monigote de una misma es una de las formas más eficientes de lanzar magiak sobre tu propia persona. El monigote se convierte en el sustituto de un individuo específico y en este caso eres tú misma, de forma que cualquier cosa que le hagas mágickamente a ese monigote te lo estarás haciendo mágickamente sobre ti misma. En muchos casos, lanzar un hechizo sobre un objetivo es más fácil que lanzarlo sobre nuestra propia persona. El monigote nos ayuda a remediarlo, al ser un espejo energético de nosotros mismos. El monigote emplea una magiak empática; una magiak donde tú declaras que una cosa es otra distinta. También emplea la «magiak por transferencia»; una magiak que crea un vínculo energético entre dos cosas porque emplea algo de esa persona, como, por ejemplo, pelo, sangre, saliva, una firma o un objeto que le pertenecía a la persona. También se suele denominar a estos objetos «referencias personales», «lazos de personalización» o «vínculos personales». Puesto que esto es un monigote de ti misma, debes asegurarte de que cuidas bien de él y de que se encuentra en un lugar bien protegido donde otros no puedan interferir. También te querrás asegurar de que los diversos trabajos mágickos que lleves a cabo sobre tu monigote, los realices uno a uno cada vez. No quieras sobrecargar tu monigote con diferentes instrucciones mágickas al mismo tiempo; más bien procura que permanezca enfocado en sus labores.

Instrucciones: Empieza creando un espacio sagrado ya sea un círculo o, preferiblemente, empleando la formulación del Espacio Triple que se enseña más adelante en este libro. Si eres una persona con sensibilidades artísticas, monta tu monigote sin coserlo por completo. Si has comprado un monigote nuevo, córtalo para abrirlo (habitualmente por la espalda o por la zona del trasero). Introduce dentro del monigote tus vínculos personales junto con tu nombre escrito en tebano, el sigilo para desbloquear tu visión interior, y el sigilo de la Rueda de la Bruja para obtener sabiduría y entonces cóselo para cerrarlo. Todo el tiempo que estés trabajando con tu monigote deberás ser muy consciente de qué estás haciendo y de qué intención tienes. Cuando tu monigote está listo para empoderarlo, sostenlo con la mano y di las palabras siguientes al mismo tiempo que lo visualizas brillando con fuerza vital:

«Con el aliento de la bruja sobre tu forma,
ya no eres una muñeca, sino que ahora, transformada
por el aire y el fuego, el agua y la tierra,
despierta ahora pequeña, recién nacida.

Por el poder de la divinidad
que hay fuera y dentro de mí,
por la palabra de la bruja, ahora decreto
que para mí, tú eres (nombre).

En esta hora, en esta noche
se forja un fuerte vínculo entre nosotros.
Lo que te haga a ti, me lo hago a mí,
hechizándonos a ambos por igual».

Respira sobre la cara del monigote nueve veces. Ahora cualquier magiak que hagas sobre el monigote, la harás sobre ti.

Para desmontar la muñeca, declara lo siguiente viendo cómo su brillo energético se va atenuando:

«Antes tuviste un nombre.
Antes éramos lo mismo.
Retiro mis vínculos energéticos.
Ahora simplemente sólo eres una muñeca».

Entonces la abres y la desmontas, extrayendo todos los vínculos personales que colocaste dentro.

Los restos de un hechizo

¿Qué haces con tu materia después de haber lanzado un hechizo? Bueno, eso depende. La consideración principal a tener en cuenta es la naturaleza del hechizo lanzado. ¿Ha sido para atraer algo hacia ti? ¿Ha sido para proscribir o deshacerse de algo? Lo siguiente que necesitas tener en consideración es si el hechizo es un trabajo a corto plazo o a largo plazo. Por ejemplo, un hechizo para obtener un nuevo trabajo seguramente será un hechizo a corto plazo, mientras que un hechizo para obtener sabiduría o claridad psíquica será más bien un hechizo a largo plazo. La consideración siguiente es qué objetos fueron usados en su lanzamiento. La última, aunque no la menos importante, consideración a tener en cuenta es el impacto medioambiental de deshacerse de la materia.

Si lanzo un hechizo para atraer algo hacia mí, querré aferrarme a la materia del hechizo todo lo que pueda. Tomaré la materia, incluidos los restos de cera, y los depositaré o bien en un bolsa de hechizos o en una botella de hechizos y lo haré a manera de hechizo final para darle un impulso adicional y mantener la energía del hechizo en mi hogar. Esto es particularmente cierto si este hechizo está pensado para funcionar a largo plazo o ser permanente. Si el hechizo es transitorio, intento deshacerme de los restos después de que el hechizo haya dado fruto.

Si la materia es reutilizable, como ocurre con los cristales u otras herramientas, la reciclaré energéticamente empleando la técnica de compostaje energético que se enseña en este libro más adelante. Si quiero deshacerme de la materia, colocaré mis manos sobre los objetos, les agradeceré su ayuda y realizaré una declaración de que su finalidad mágica ha concluido. Habitualmente digo algo como: «Espíritu de la albahaca, gracias por tu ayuda en este trabajo. Nuestra labor ya está resuelta por ahora. Te envío mis bendiciones como agradecimiento. Espero que siempre hay paz entre nosotros».

La materia que sea comida la depositaré en el contenedor del compost y cualquier vaso de cristal (como las velas) o el papel lo reciclaré, a no ser que el papel fuera para eliminar algo; entonces lo quemaré en mi caldero. Las hierbas las enterraré o las esparciré por el jardín frontal si es para un hechizo para atraer o manifestar algo o si ofrece protección. Las hierbas usadas en hechizos de larga duración la esparciré o las enterraré en el jardín de atrás. Ten en consideración el medio ambiente de tu zona antes de ir esparciendo hierbas; debes asegurarte de que son seguras para la vida silvestre local. Indistintamente de dónde coloque las hierbas en mi patio, las bendeciré de cara a futuras tareas. Por ejemplo, si he hecho un hechizo por temas de dinero y me estoy deshaciendo de las hierbas, diré algo en esta línea: «Que estas hierbas bendigan esta familia con la energía de la prosperidad».

Si se han empleado las hierbas para expulsar algo las tiraré en el compost. Sea poca o mucha, la sal hay que tirarla toda. Por favor, nunca pongas la sal sobre o entre la tierra, puesto que echará a perder el terreno; esto es especialmente cierto al formular círculos de sal. Por favor, nunca formules un círculo de sal sobre ningún tipo de tierra. Todo lo demás también lo tiraré, pero intentaré que queden los menos desperdicios posibles. En conclusión; que te interesa ser ingenioso y reutilizar todo lo que te sea posible y desperdiciar lo menos posible, física y energéticamente.

Capítulo 2
COMPRENDER EL LANZAMIENTO DE HECHIZOS

P ese a no existir necesariamente una forma incorrecta de lanzar un hechizo si quieres alcanzar los resultados deseados, decididamente hay formas más efectivas de lanzarlos. Con esto quiero decir que la magiak puede funcionar independientemente sin necesidad de hacerla de una forma específica ritualizada. Mucha gente puede lanzar hechizos y manifestarlos sin tener que pasar necesariamente por algún procedimiento tradicional. Aproximaciones específicas como transformar tu consciencia, encontrar formas de involucrar tu imaginación, tu sinceridad, tu entusiasmo y tu inmersión, tener unas metas mágickas sólidas, aprovechar tu fuerza de voluntad y tus intenciones, asociarte con tu materia y permanecer en silencio son cosas beneficiosas para lanzar hechizos con éxito. Pese a que te parezca abrumador al principio, te ayudaré a avanzar a través de estos aspectos. Procura que estas diversas aproximaciones no te abrumen. En lugar de eso, intenta abordar la información como algo que integrar en tus prácticas a un ritmo que te resulte cómodo y ver cómo mejora tu magiak.

La improvisación intuitiva

A veces tampoco va todo tal como has planeado durante el ritual del lanzamiento de hechizos. Es posible que olvides ciertas palabras o que pases por alto un paso durante el proceso, o puede suceder cualquier otra cosa impredecible. A mí me ha sucedido, y seguro que te pasará a ti si no lo ha hecho ya. No te preocupes, el tejido de la realidad no empezará a deteriorarse porque algo fuera mal en tu ritual. Cuando algo va mal, te sugiero que simplemente te adaptes a las circunstancias adversas. Un ritual, en parte, es una representación teatral, aunque su única audiencia seas tú y los espíritus. Al igual que cuando se representa una obra teatral frente al público en directo, confía en tu intuición e improvisa cuando te olvides de una línea o cuando algo va ya mal. Un par de años atrás, fui uno de los ponentes de la Pantheacon, una de las mayores convenciones de lo pagano y de la brujería en Estados Unidos del momento, celebrada en California. Gente procedente de todo el país y a veces del mundo viene en avión para asistir a la Pantheacon para participar en talleres y en rituales grupales realizados por profesores y autores del mundo de la brujería y del mundo pagano. En este acontecimiento en concreto, además de enseñar, también tuve que ayudar a dirigir un ritual para la Black Rose Whitchcraft.[1]

Estaba bastante nervioso, ya que este grupo era más numeroso que el de cualquier ritual al que había asistido en la vida, y eso por no mencionar que tenía que ayudar a liderarlo. Había estado en rituales bastante grandes donde había cantidad de participantes, pero éste era todavía más grande, puesto que los rituales de la Black Rose Witchcraft siempre han sido famosos en la Pantheacon. Como si no estuviera lo suficiente intimidado, resulta que entre la audiencia de los participantes no sólo había instructores y mentores que tenía en ese momento y que había tenido en el pasado procedentes de diversas tradiciones, sino que Selena Fox también estaba allí, lo cual me intimidaba hasta decir basta. Selena resultaba intimidante no porque sea una persona que intimide —todo lo contrario, ella es una de las personas más accesibles y amistosas que he tenido el placer de conocer—. Más bien me intimidaba que, en cierta forma, sea alguien legendario en el mundo de la brujería. Selena fue decisiva al hacer que el público tomara conciencia de qué es la brujería en realidad, ayudando así a disipar las horribles concepciones erróneas que se tenían de ella. También es una figura histórica de la lucha por los derechos legales y la igualdad de las brujas modernas de Estados Unidos, incluido, pero no limitándose sólo a eso,

---

1. Para saber más acerca de la Black Rose Witchcraft visita la Modern Witch University en www.modern witchuniversity.com

que se pudiera incluir el pentáculo como símbolo religioso en las tumbas de las veteranas que eran wiccanas, brujas o paganas. No sólo eso, sino que también ha estado dirigiendo rituales y practicando la brujería durante mucho más tiempo del que yo he vivido. El nivel de respeto que tengo por esta legendaria veterana dentro de nuestra comunidad es monumental.

Aquí tenéis una pequeña historia para haceros ver lo intimidado que llegaba a estar ante su presencia. En la convención de la Pantheacon del año anterior, estaba en un ascensor, bajando hacia el recibidor del hotel donde se estaba celebrando. El ascensor se detuvo en otro piso durante su descenso y Selena se subió. Entró alegremente, mostró una sonrisa amistosa y presionó el botón de su planta. Seguramente fue el único momento de mi vida en que la presencia de alguien me arrebató por completo la capacidad del habla. Mi mente cabalgaba entre «Hostia, ¡ésa es Selena Fox!» e intentar pensar en qué podía decir para presentarme. Ella abandonó el ascensor antes de que mi cerebro decidiera recobrar mi capacidad del habla. Ahora, un año después, aquí estoy yo ayudando a liderar un ritual en el que ella iba a participar sin saber de antemano que ella iba a asistir. Cero presiones, ¿verdad?

El ritual de la Black Rose que habíamos planeado implicaba una música que se tenía que reproducir por la megafonía. La música era un elemento crucial en el propio ritual, puesto que iba a ayudar a generar energía durante una parte del ritual en la que los participantes tenían que andar por un círculo situado alrededor del altar central. Teníamos cartas de tarot de varias barajas mezcladas y esparcidas a lo largo del altar boca abajo; uno a uno, los participantes tenían que tomar una carta cualquiera para recibir un mensaje. Por desgracia, como ya había experimentado en rituales, cuando hay varias personas elevando gran cantidad de energía mágicka, los aparatos electrónicos pueden volverse locos. Eso fue precisamente lo que sucedió.

En cuanto la gente empezó a andar por el círculo para generar poder, el sistema de sonido decidió apagarse por completo, ¡y ni siquiera estábamos en un Mercurio retrógrado! Todo el mundo se paró exactamente donde estaba y empezó a mirar a su alrededor. El estado de ánimo ritual estaba en peligro, y la elevación de energía se había detenido con esa sacudida. Afortunadamente, en un momento de pánico, me sintonicé y recibí un empujoncito en relación a qué debía hacer; fue una suerte, ya que tenía que actuar con rapidez o me arriesgaba a que todo el ritual se fuera al garete. Levantando la voz para que todo el mundo me oyera, grité: «Muy bien, escuchadme todos. ¡Hagamos un IAO rápido para elevar un poco de energía!». La habitación se llenó de un IIIIIIIII AAAAAAA OOOOOO atronador, y entonces empecé a dar palmas a un ritmo al que todo el mundo se unió, y seguimos nuestro paso alrededor del altar y fuimos capaces de acabar el ritual. ¡Buff! ¡Crisis sorteada! Mucha gente vino a felicitarnos por el ritual a continuación, incluida Selena. Independientemente de qué contratiempos imprevistos ocurran durante tus propios hechizos y rituales, es importante dedicar unos instantes a afinarse, a escuchar a tu intuición y a hablar de corazón tal como tu espíritu te mueve a que lo hagas.

Ejercicio 10

∾

Hechizo del *collage* para aumentar la intuición de *Skye Alexander*

Instante mágicko: Cuando la Luna está en Cáncer, Escorpio o Piscis.

Materia:

- Tijeras

- Un trozo de cartulina o de cartón

- Revistas u otras fuentes de imágenes coloridas

- Pegamento

- Lápices de colores, rotuladores, ceras de colores, pintura, etc. (opcional)

- Un vaso de agua (el vaso debería ser transparente, sin ninguna palabra o dibujo)

- Una tela de color azul marino o negro

Finalidad: Todo el mundo ha oído la expresión «una imagen vale más que mil palabras». Para hacer un trabajo mágicko eficaz, es esencial ser capaz de visualizar claramente tu objetivo. Con este hechizo, creas una imagen que representa el poder psíquico para ti a fin de incrementar tu intuición. También involucra a ambos hemisferios de tu cerebro y fortalece tu imaginación. Mientras vas trabajando, mantén tu mente bien enfocada en tu propósito; el proceso forma parte de la magiak y cuanta más atención pongas en él, mejor.

Instrucciones: Recorta un cuadrado, un rectángulo o un círculo de una cartulina o de un cartón. Esto te servirá de soporte para tu diseño, así que procura que sea lo suficientemente grande para que sirva a su propósito (que sea al menos de 10 x 12 centímetros). Recorta imágenes que representen el poder psíquico, la intuición o el conocimiento interior de revistas y otras fuentes. Pueden ser imágenes de la Luna brillando sobre el océano, formas sombrías en un bosque oscuro, paisajes surrealistas, símbolos oníricos, búhos, gatos negros o cualquier cosa que resuene contigo.

Coloca las imágenes elegidas en la cartulina dándoles el diseño que te parezca bien. No te preocupes por tu talento artístico, lo que importa es conectar con tu fuente de percepción, tu conocimiento y tu habilidad psíquica innata. Cuando estés contenta con el diseño, pega las imágenes en su sitio. Si quieres, puedes escribir palabras o dibujar símbolos que describan qué intención tienes en el *collage* que has creado. Pinta, aboceta o adorna el diseño; pega cuentas de gemas, conchas u otros objetos que estén relacionados con tu objetivo.

Cuando hayas acabado, abre el círculo y deposita el *collage* boca arriba en tu altar (o en otra superficie plana) donde pueda permanecer por lo menos durante una hora. Llena un vaso de agua y colócalo sobre el *collage*, para que las imágenes que has reunido dejen huella en el agua. Cubre el vaso y el *collage* con una tela de color azul marino o negra para evitar que las energías ambientales afecten a tu hechizo. Déjalo reposar durante una hora por lo menos, preferiblemente durante la noche. Retira la tela. Bébete el agua imprimada para incorporar la magiak que has creado a tu persona. Expón el *collage* donde lo veas con frecuencia para recordar tu intención.

Lograr un equilibrio correcto

¿Recuerdas cuál fue la primera vez que intentaste cocinar? Yo sí. Iba a la escuela secundaria, e íbamos a celebrar una fiesta en clase. Decidí que hornearía galletas. ¿Qué complicación tendría prepararlas? Abrí uno de los enormes libros de cocina de mi tía y leí por encima los ingredientes y las instrucciones. Me confié demasiado y reuní todos los ingredientes. Bueno, casi todos. Hubo dos cosas que no pude encontrar: extracto de vainilla y bicarbonato sódico. No importa. De todas formas, a mi mente adolescente le pareció que ponerle bicarbonato sódico a una galleta era una asquerosidad. Me imaginé que simplemente podría añadir refresco con gas con sabor a vainilla en su lugar; a mí ya me pareció bien. Decidí que simplemente añadiría azúcar extra y trocitos de chocolate sin más, para que estuvieran aún más buenas. Tampoco me di cuenta de que el azúcar era azúcar en polvo hasta que lo añadí. Me encogí de hombros, dando por hecho que el tipo a emplear era irrelevante. Así que volqué toda la bolsa de azúcar glas en el recipiente de la mezcla.

Cuando llegó el momento de añadir las gotas de chocolate, me di cuenta de que tampoco quedaban. Seguramente había sido cosa mía por haberme dedicado a colarme en la cocina cuando estaba solo en casa y haber estado birlando puñados de ellas para comérmelas. Aun así, tenía que haber otro tipo de chocolate. Después de rebuscar por todos los armarios, al final encontré una caja antigua de bombones escondida detrás. Nunca había oído hablar de los bombones laxantes, pero supuse que el chocolate sería chocolate. ¿No? Sintiéndome victorioso por mi descubrimiento, lo trituré y lo agregué al recipiente de la mezcla. ¿Qué venía a continuación? Oh. ¡La harina! Volqué la mitad de la bolsa de la harina en el cuenco de la mezcla a lo bestia. ¡Hacer unas galletas está chupado! ¿Qué otra cosa necesitaban las galletas según la receta? ¡Oh, claro! Huevos. Otro ingrediente que me parecía una asquerosidad poner en la masa, puesto que mi mente se fue directamente a los huevos revueltos. Pero la receta lo requería, así que quizá podría añadir sólo uno para no sobrecargar la hornada con sabores propios del desayuno.

Ahora había llegado el momento de removerlo todo. No había ninguna cuchara mezcladora limpia para hacerlo, ya que estaban todas en remojo en el fregadero para lavarlas luego. Sumergí la mano en el fregadero, agarré una cuchara mezcladora y la sacudí hasta que se secó. A mí ya me pareció bastante limpia. Procedí a remover mi mezcla para galletas con mi insalubre cuchara para mezclarlo todo. Sabía que impresionaría a toda mi clase en cuanto probaran mis deliciosas galletas. Cuando acabé de removerlo hasta formar una masa, tomé varios pegotes de ese mejunje y los aplané con la mano sobre la bandeja del horno.

A continuación, las instrucciones indicaban que tenía que precalentar el horno a ciento noventa grados centígrados y esperar unos diez minutos. Necesitaba ir mucho más deprisa, así que supuse que si colocaba la temperatura al máximo en el horno, se cocinarían mucho más rápido. Eso tenía lógica, ¿verdad? Mientras esperaba, decidí ponerme a jugar con la consola Nintendo 64 de casa unos minutos y volver a comprobarlas más tarde. Así que dejé ese desastre caótico en la cocina y me dirigí hacia la sala de estar para jugar con mi videojuego. El juego al que estaba jugando era brutal. Tan brutal que, de hecho, al igual que los abducidos de los extraterrestres, perdí la noción del tiempo mientras estaba inmerso en el juego. Quizá pasaran diez minutos, o quizá fueran horas. Nunca lo sabré con seguridad, dado que cuando un crío está absorto en un videojuego, el tiempo deja de existir.

Hasta que la alarma antiincendios no empezó con su chillido aterrador, no me dio por ir a la cocina para encontrármela llena de humo negro que salía del horno. Cuando me apresuraba a apagar el horno, mi tío y mi tía volvieron a casa del trabajo en ese preciso momento. Me pasé el resto de la noche limpiando la cocina, castigado con razón por haber montado tal desbarajuste. Huelga decir que nadie llegó a probar mi intento abominable de galletas. Acabamos haciendo una incursión de emergencia por las tiendas locales por las galletas y eché mano de unas cuantas de la panadería para llevarlas a la escuela al siguiente día. ¡Me alegro de que esa tanda se quemara, o probablemente habría sido el crío más impopular de la escuela después de dar a mis compañeros de clase un buen puñado de laxantes para comer!

Con esta experiencia, podría haber llegado a la conclusión de que intentar hacer unas galletas no tiene sentido, o que simplemente era algo que otra gente podría hacer y yo no, dado que mi primer intento había fracasado. El problema, sin embargo, fue que no seguí las instrucciones correctamente, y que no tenía a un repostero con experiencia que me asistiera. Tampoco hice las sustituciones apropiadas para los ingredientes que me faltaban. En mi arrogancia, simplemente supuse que hornear unas galletas era fácil, y que la receta en sí misma no era tan crucial como para seguirla.

Seguir una receta al pie de la letra tampoco da resultados espectaculares. Desde luego, un plato habría que crearlo tal como se supone que tiene que ser. Eso no significa que tenga que estar siempre a mi gusto. Pero con la práctica, la experimentación, el ajustarla a nuestras preferencias y haciendo las sustituciones apropiadas, al final puedo adaptarla a mi gusto. La magiak, al igual que la cocina, requiere un equilibrio a la hora de seguir los procedimientos, de modificarla y de adornarla siguiendo tus preferencias. Eso también requiere la ayuda de alguien con más experiencia que te guíe a lanzar hechizos con éxito. Eso no significa que tengas que buscar una tradición de la brujería establecida formalmente y que te enseñen en persona. Si bien hacerlo tiene mérito y se obtiene un beneficio significativo. Eso significa pedirle a alguien que sepa qué está haciendo que te guíe, incluso por medio de libros, y yo espero poder ser un buen guía para ti.

La ciencia y el arte de la magiak

«La magiak es una ciencia y un arte». Esta afirmación del ocultista Aleister Crowley es el denominador común de nuestras definiciones estándar, con diversas variaciones y adaptaciones desde que él ofreció la suya. Él definió la magiak como «la ciencia y el arte de provocar que los cambios se produzcan de acuerdo con la Voluntad».[2] La ciencia en este contexto es el estudio de la teoría, la mecánica y de la experimentación basadas en una sabiduría del pasado. Plantéatelo como las ins-

---

2. Crowley, Waddle y Desti, *Magick: Liber Aba*, 126.

trucciones de una receta. La faceta artística es la experiencia, el misterio, la expresión del alma espiritual y la conexión con la magiak. Plantéatelo como modificar, adornar y presentar del plato a tu gusto.

La bruja busca equilibrar el pensamiento y la acción, el estudio y la práctica, la investigación y la experiencia, la comprensión y la aplicación. Si únicamente acumulamos conocimiento y nunca lo aplicamos o lo practicamos, ese conocimiento no hace gran cosa y nunca se transforma en sabiduría mediante la experiencia. Supón que nos fiáramos exclusivamente de la experiencia y de la gnosis personal (revelación espiritual directa) y descuidáramos la sabiduría y el entendimiento de los libros ocultistas más antiguos. En ese caso, somos propensos a toparnos con las misma trampas y barreras que los ocultistas del pasado se encontraron, y perderemos siglos de sabiduría y de entendimiento que podrían ayudarnos a ser más competentes con nuestra magiak. Es como intentar realizar un experimento científico sin comprender la ciencia aparecida previamente. Por otra parte, si descuidamos la lectura de libros nuevos sobre el ocultismo, nos perdemos la innovación, el progreso y el crecimiento que se dé en las artes del ocultismo. Recurriendo a la metáfora de la ciencia de nuevo, sería como quedarse clavado en la ciencia de la época de Isaac Newton y perderse los avances científicos modernos.

En *Magiak sin lágrimas*, Aleister Crowley responde a una carta donde se le pregunta por qué ella, la lectora, debería estudiar la magiak en profundidad. Crowley responde escribiendo: «¿Por qué deberías estudiar y practicar la magiak? Porque no puedes evitar hacerlo, y más te vale hacerlo bien que hacerlo mal».[3] Entonces emplea una metáfora muy árida con el golf que resulta confusa si no eres un golfista experto. Quizá tú lo seas, pero yo no lo soy. Así que permíteme emplear una metáfora distinta que arroje cierta luz respecto a esto. Digamos que quieres cultivar un manzano. Tú puedes tirar las semillas al suelo, y existe la posibilidad de que con el tiempo, eso se convierta en un manzano. Sin embargo, mediante la observación y el estudio de la mecáni-

---

3. Crowley, *Magick Without Tears*, 42-43.

ca y de los procesos que hay detrás de cómo crecen los manzanos, como especie, nosotros hemos entendido cómo garantizar los mejores resultados cuando se cultivan manzanos. La comprensión de los diversos factores y condiciones que un árbol necesita puede hacer que se alcancen los resultados deseados con mucho más éxito. Por ejemplo, cuando conocemos el equilibrio necesario del pH del suelo, la luz del Sol, la sombra, los niveles de riego, y cuándo y cómo podar el árbol, aplicamos esos conocimientos a través de los procedimientos. Del mismo modo, en la magiak, empleamos técnicas específicas, procedimientos y pasos para asegurarnos de que nuestra magiak será la más eficiente dentro de sus resultados.

Ejercicio 11

Hechizo de la vela para escuchar a tu intuición
de *Astrea Taylor*

Instante mágicko: En cualquier momento que tengas que contactar con tu intuición.

Materia:

- Un aceite esencial que despierte tu intuición
- Una vela cónica de un color que asocies con tu intuición
- Un soporte para la vela
- Cerillas o un encendedor

Finalidad: A mucha gente le parece que a veces no puede acceder a su intuición, o le resulta confuso qué les está diciendo. A menudo, esto sucede cuando nuestra intuición no está a la par con la forma en la que la sociedad nos dice que deberíamos comportarnos. Este hechizo de la vela elimina los bloqueos que sufre la intuición y facilita una relación más estrecha con el cuerpo intuitivo, el doble del cuerpo energético que reacciona ante todas las energías que te rodean.

Instrucciones: Ve a algún lugar donde puedas relajarte y alejarte del mundanal ruido durante diez minutos. Pon cinco gotas de aceite esencial en una de tus palmas. Inhala profundamente. Permite que el aroma encienda tus sentidos intuitivos. Aplica el aceite sobre la vela al tiempo que piensas en tu intuición. Cierra los ojos e imagina la vela aunándose con tu intuición. Cuando estés lista, coloca la vela en el soporte y enciéndela.

«La llama de esta vela enciende mi intuición.
Cualquier energía que no sea mía, ahora arde alejándose de mí».

Mira la llama fijamente y siente cómo prende tu cuerpo intuitivo. Siente tu cuerpo intuitivo como una llama que te envuelve y que reacciona ante la energía que hay a tu alrededor. Cuando estés lista, piensa en una situación para la que desees tener una mayor percepción.

«Abro mi conciencia a mi intuición sobre esta situación».

Fíjate en qué se produce en tu cuerpo intuitivo: siente todas las sensaciones que surgen. Quizá sientas emociones, tensión, rigidez, expansividad, calor o muchos otros sentimientos o sensaciones. Sin emitir juicios, fíjate en qué sientes y dónde lo sientes. Si experimentas tensión durante este ejercicio, no intentes liberarla. Escucha mientras te cuenta cómo te sientes en realidad. Sigue escuchando hasta que hayas oído todo lo que tu intuición tiene que decir. Cuando hayas terminando, respira hondo y date un abrazo para dispersar cualquier tensión.

«Honro a mi intuición. Ojalá pueda estar más en contacto
con ella, ahora y en el futuro».

Sopla la vela para apagarla. Puedes volver a encenderla en cualquier momento en que desees reconectar con tu cuerpo intuitivo.

La consciencia cambiante

Antes de que la bruja pueda ser competente de forma fidedigna en el uso de la magiak a cualquier efecto real en el mundo, primero debe aprender a dominar el mundo interior. El microcosmos de nuestra mentalidad hace las veces de terreno fecundo desde el cual los frutos de nuestras intenciones mágicas crean cambios en el mundo a un nivel macrocósmico. Y así, en resumidas cuentas, es cómo lo veía la difunta Doreen Valiente, la «madre de la brujería moderna». Valiente hablaba a menudo del poder integral de la mente y de su lugar en la magiak, llegando incluso a excluir herramientas rituales que a menudo se consideran necesarias por parte de ocultistas y grimorios, cuando ella dijo: «los adeptos más grandiosos del arte mágico también han dejado muy claro que todas estas cosas no son más que trazas externas. La auténtica magia se encuentra en la mente humana».[4]

El componente mental de las operaciones mágickas lo han estado citando los ocultistas durante largo tiempo, especialmente en el concepto de la *Voluntad mágicka*. A esto es a lo que se refería Aleister Crowley en su famosa definición de la magiak: «La ciencia y el arte de provocar que los cambios se produzcan de acuerdo con la Voluntad». Más tarde, Dion Fortune aclararía aún más este componente mental de la magiak cuando ella amplió la definición de Crowley, afirmando que la magiak era «el arte de producir cambios en la consciencia de acuerdo con la Voluntad».[5]

La diferencia entre estas dos afirmaciones, aunque sutil, es profunda. Es una poderosa llave para acceder a los secretos internos de la brujería: a fin de ser capaces de conectar con la magiak que nos rodea, primero debemos aprender a conectar con ese interior. Debemos encender el Fuego de nuestra Bruja interior; la chispa de la magiak y de la divinidad a través de las cuales desarrollaremos nuestros talentos psíquicos y aprenderemos a comulgar con fuerzas que están fuera de

---

4. Valiente, *Natural Magick,* 13-20.
5. Valiente, *Natural Magick,* 13-20.

nosotros mismos, y con esa finalidad, participamos en lo que las brujas de los viejos tiempos llamaban *fascinación*.

Pese a que en la lengua vernacular ordinaria la palabra ha pasado a significar un estado de intenso y persuasivo interés o atención, su significado original arroja luz sobre cómo se ha empleado el término mágickamente. Partiendo del latín *fascinates* («lanzar hechizos, encantar o embrujar»), «Fascinar consiste en poner algo bajo un hechizo, sirviéndose del poder de la vista; encantar y hechizar consisten en poner algo bajo un hechizo sirviéndose de un poder algo más sutil y misterioso. Esta diferencia en lo literal también afecta los sentidos figurativos.[6]

Participar mágickamente en la fascinación consiste en llevar a otros a un estado de trance sutil en el que sus sentidos figurativos, imaginales o psíquicos estén controlados para una finalidad en particular; algo muy parecido a la hipnosis moderna. Para la bruja que ejerce, este arte está más enfocado en desarrollar las habilidades internas propias que en intentar poner a otra persona bajo su control. Esta práctica permite a la bruja ser la hipnotizada y el hipnotizador a la vez, y en trance, aprovechar y desarrollar sus habilidades psíquicas y mágickas.

En su obra clásica *To Light a Sacred Flame*, la autora y profesora Silver RavenWolf escribe: «Fascinar a tu mente básicamente significa poner a tu mente en el estado alfa».[7] Estudios sobre el cerebro humano han identificado varios estados de ondas cerebrales, medidos en ciclos de hercios y catalogados con letras del alfabeto griego. El «estado alfa» es uno en el que nos involucramos de forma habitual, moviéndonos dentro y fuera de semejantes estados a lo largo del curso normal de cualquier día normal. Pasamos al estado alfa con naturalidad cuando soñamos despiertos o estamos participando profundamente en una actividad como la lectura; una realidad que hace del estado alfa el más fácil de controlar. Estar en el estado alfa es lo óptimo para el arte de la fascinación mágicka, permitiendo que uno combine los roles del hipnotizado y del hipnotizador, y permitiendo que la mente consciente de

---

6. *Century Dictionary.*

7. RavenWolf, *To Light a Sacred Flame,* 48.

uno dirija y controle el inconsciente. En este estado aprovechamos psíquicamente la información que recibimos constantemente y podemos empezar con el proceso de traducción pasando de lo inconsciente a nuestra consciencia completa.

No es de extrañar que en muchos círculos de la brujería se refieran al estado alfa como una «conciencia ritual» y se ponga un especial cuidado en aprender cómo entrar en este estado a voluntad como precursor de cualquier magiak que se tenga que hacer. Pasamos a alfa como acto preliminar de nuestros ritos mágickos. Incluso en esas tradiciones que no emplean el lenguaje de los estados de las ondas cerebrales siempre hay alguna técnica o procedimiento al principio de un ritual o ceremonia que tiene como propósito moverlo a uno hacia la consciencia mágicka. Este estado empodera nuestras acciones rituales. Formular un círculo mientras permanecemos bajo una conciencia ordinaria no nos servirá del mismo modo que uno que se haya hecho en el marco mental correcto. En alfa, «caminamos entre los mundos» operando en varios niveles de consciencia y de realidad al mismo tiempo y encarnando en el estado conectivo liminar mencionado en el postulado del hermetismo: «Como es arriba, es abajo; como es dentro, es fuera».

Una vez que se ha dominado esta habilidad y que la bruja puede entrar y salir del estado alfa a voluntad, tendrá la oportunidad de acceder a estados todavía más profundos como el profundamente inmersivo theta, que aparece caracterizado en nuestros sueños más vívidos y en la expresión ocultista del viaje astral, en el contacto directo con espíritus, y en otros fenómenos psíquicos. Mientras duerme en theta, tu cuerpo queda paralizado no sea que reproduzca físicamente nuestros sueños. Esto muestra la intensidad del estado theta y ofrece una pista en relación a las dificultades en cuestiones de control. Al estar más cerca del estado onírico que el de alfa, theta nos arrastra fuera de nuestra mente consciente y a un espacio donde perdemos todo control y noción del sentido de una misma. A lo largo del tiempo y de la práctica, se puede aprender a controlar mejor este estado, pero estas habilidades se desarrollarán mediante el trabajo con alfa.

Fracasar a la hora de dominar el estado theta no arroja ningún juicio sobre la potencia mágica de uno. Nuestras metas mágickas podemos alcanzarlas trabajando únicamente a través de alfa. Sin embargo, no será tan inmersivo como lo sería si estuviéramos trabajando en theta. Pero mientras que theta nos exige operar bajo las restricciones de ciertas condiciones, una puede sumergirse en alfa durante el transcurso normal del día.

Ser capaz de entrar en un trance ligero y mantenerlo es esencial tanto para el trabajo mágicko, como para el psíquico. Tanto las brujas como los psíquicos pueden entrar en este estado sin una percepción consciente, pero cuando uno se percata conscientemente de éste, se le puede dar forma y controlarlo, llevándonos a diversos lugares poderosos tanto mágickamente, como psíquicamente. Procura que el término «trance» no te disuada; eso que a veces puede traer consigo un aire de misteriosa y mística oscuridad de hecho son operaciones normales de la mente humana, que se mueve constantemente y cambia en relación con el entorno.

Así que, si la imaginación y los sueños forman parte de nuestras consciencias mágickas, ¿entonces por qué no todas nuestras imaginaciones y ensoñaciones se manifiestan en el mundo de la forma que nuestros hechizos lo hacen? El componente que falta es esa clave que se ha dado antes y de la que los ocultistas hablan a menudo como un elemento esencial para el trabajo con la magiak: la Voluntad. Aquí, el uso de las mayúsculas nos da la pista de que ésta no es una fuerza de voluntad ordinaria o un impulso, sino nuestra Auténtica Voluntad, cuando nos alineamos con nuestra Voluntad Superior o la Divina. Los cambios en la consciencia siempre suceden con naturalidad, pero cuando están enfocados y dirigidos a través de la Voluntad mágicka entrenada, se les da el ímpetu que provoca cambios en el mundo.

El trabajo pionero de Carl Jung en los estudios psicoanalíticos estaba fundamentado sobre la creencia de que los numinosos podían transmitir el pensamiento a través de la mente inconsciente; algo de lo más frecuente a través del estado onírico. Se pasó años estudiando y analizando los sueños de sus clientes y experimentando en privado con las transformaciones de su propia consciencia hacia la interfaz directa con los Misterios espirituales de su propio inconsciente. Asimismo, arte de la fascinación de la bruja salva la brecha existente entre los mundos de lo consciente y de lo inconsciente, lo humano y lo divino, lo interior y lo exterior. Arriba y abajo.

Ejercicio 12

Respirar con colores – Una forma sencilla de entrar en alfa

Procura entrar en el estado de las ondas cerebrales alfa antes de participar en la magiak o en la adivinación para ver la diferencia por ti misma. En cuanto hayas entrado en alfa, presta atención a cualquier pensamiento o sensaciones que sobrevengan mientras estás adivinando o realizando tu hechizo o rito.

1. Lo ideal sería sentarse en una posición confortable con los pies apoyados en el suelo o con las piernas cruzadas.

2. Endereza la espalda a fin de estar sentada con la columna, cuello y cabeza alineados en línea recta.

3. Relaja tu mente y tu cuerpo conscientemente todo lo posible al tiempo que te aseguras de que tu espalda, cuello y cabeza aún siguen tan derechos como sea posible en la medida que te resulte cómodo.

4. Presta atención a tu respiración y empieza a realizar respiraciones regulares, profundas y rítmicas, pero cómodas. Si aún sientes alguna tensión o incomodidad en el interior de tu cuerpo, presta atención a esa parte de tu cuerpo y visualiza cómo tu aliento llega a esa parte de ti misma y se relaja más a fondo con cada respiración, liberando cualquier tensión acumulada allí.

5. Cierra los ojos y sigue pendiente de tu respiración.

6. A medida que inspiras, visualiza que estás inspirando el color rojo. Observa cómo el aire rojo no sólo llena tus pulmones, sino también todo tu cuerpo de una luz roja.

7. Mientras espiras, visualiza que estás espirando el color rojo a tu alrededor formando con él un campo energético ovalado de tu propia aura.

8. Sigue inspirando y espirando el color rojo durante unos instantes. Si tienes problemas para visualizar el color, haz un repaso mental rápido de objetos que son de ese color, tales como una manzana, un pintalabios, un camión de bomberos, etc. Esto a menudo agitará tu mente, haciendo que se visualice el color si tienes dificultades para conjurarlo en el ojo de tu mente. Entonces, vuelve a poner el foco en la visualización de respirar con colores.

9. Cuando sientas que tienes el color rojo bien asentado en tu visualización, llenando tu cuerpo y tu aura, continúa moviéndote por esos colores distintos después del rojo en este orden: naranja, amarillo, verde, azul, púrpura y blanco.

10. Una vez que hayas completado este ejercicio de visualización, afírmate a ti misma: «Estoy en el estado de la consciencia, donde estoy completamente en contacto con mis habilidades psíquicas y mágickas».

11. Permite que la visualización se disipe, y cuando estés preparado, abre los ojos y lleva a cabo la tarea de brujería que corresponda.

Dificultades con el enfoque y la visualización

Al igual que todo lo que merece la pena, tanto la brujería como el desarrollo psíquico requieren trabajar duro, y ese trabajo se lleva a cabo mediante un esfuerzo constante. Doblegar y cambiar de forma eficaz la realidad a nuestro favor no es algo en lo que uno pueda convertirse en un experto de forma rápida y fácil. Incluso lo que aparentemente son prácticas más «básicas» y «simples» y «fundamentales» requieren un esfuerzo extremo y pueden convertirse en algo muy potente cuando se hace ese esfuerzo para ser eficiente con ellas. Sin embargo, para algunas personas esto es más difícil, y para otras que son neurodivergentes no es tan fácil como simplemente hacer un esfuerzo.

Como comunidad, las brujas deberíamos estar al tanto de aquellos que son neurodivergentes, y ser conscientes de que no todas las técnicas y tácticas de siempre funcionan de la misma manera con todo el mundo. De por sí, deberíamos intentar dar cabida a esto y crear un entorno de aprendizaje y una comunidad espiritual lo más inclusivas que podamos. He tenido muchos amigos, estudiantes y profesores con varios grados de distractibilidad, incluido el TDAH;[8] todos ellos han aprendido a meditar y enfocarse mejor con ciertas adaptaciones.

La meditación no consiste en lo bien que uno puede concentrarse; consiste en entrenar la mente para que se enfoque. El proceso es la meditación. Sin embargo, la meditación no tiene una talla única que le vaya bien a todos y existen diversas maneras de meditar aparte de sentarse y enfocarse en despejar tu mente.

Algunos de mis estudiantes neurodivergentes han tenido éxito con variaciones como meditaciones en movimiento: meciendo sus cuerpos cuando están de pie o sentados (incluyendo eso el balancearse hacia delante y hacia atrás suavemente), o andar, bailar, correr o crear arte. Algunas personas necesitan escuchar música mientras meditan. Esencialmente, cualquier cosa que te ponga en onda, permitiendo que la cháchara mental se disipe, es una forma de meditación. Tampoco necesitas ser neurodivergente para que estos métodos te funcionen. Encontrar qué te funciona como individuo es más importante que intentar hacer un esfuerzo excesivo en algo que apenas funciona, o que no funciona en absoluto. Lo importante es que encuentres cómo conectar con estas prácticas de la forma que te resulte más eficiente. Recuerda que en último término, éste es tu camino, tu vida, tu práctica mágicka, y te tiene que funcionar a ti. Esto podría requerir cierta experimentación y una lluvia de ideas, pero merece mucho la pena cuando encuentras una práctica que te funciona, así como por los beneficios de la meditación en todas las áreas de la vida, incluida tu vida mágicka, que son muchos.

---

8. Trastorno por déficit de atención e hiperactividad. *(N. de la T.)*

Programar tu meditación al cabo de una hora de tu programa de dosificación de medicamentos (tal como te la prescriba el médico) puede ser una herramienta útil. Quiero ser claro como el agua; la magiak y la habilidad psíquica nunca son el reemplazo de una terapia o de un tratamiento médico. La discapacidad física no te convierte en una psíquica o bruja menos capaz, de la misma forma que ser neurodivergente tampoco te hace menos capaz. Emplear todos los recursos disponibles para cuidar de ti misma –físicamente, mentalmente, emocionalmente y espiritualmente– alineados con el espíritu de la bruja. Se trata hacerse soberana y responsable de tu salud y de tu vida.

Aunque mucha gente tenga dificultades con la visualización, imaginaos cómo debe ser para quienes padecen afantasia, que es la incapacidad de visualizar la imaginería en la mente. En esas instancias, nuestro mejor y único recurso es enfocarnos en otras tareas y basarnos en otros puntos fuertes. Por eso también me centro en todos los otros claris –percepciones extrasensoriales– en *Brujería psíquica* para que así puedas operar partiendo de tus puntos fuertes en lugar de hacerlo con la visualización si eso te resulta más difícil o imposible. De este modo, puedes adaptarlo a la medida de tus predisposiciones psíquicas y neurológicas naturales. En resumen, si no puedes visualizar un anillo de energía cuando formulas un círculo mágicko en tu Ojo de la Bruja, intenta sentirlo, oírlo, olerlo, probarlo, saber que está ahí o una combinación de eso; preferiblemente se intenta invocar todos esos sentidos simultáneamente.

Elizabeth Autumnalis, una de mis amigas íntimas y una iniciada en la tradición de la brujería de los fuegos sagrados como yo, es una de las psíquicas y brujas con más talento que conozco. Años atrás, estábamos haciendo camping en los bosques de New Hampshire. Estábamos andando por el bosque una noche por un camino de tierra con la única guía de la luz de la Luna. Íbamos de camino hacia la reunión con unos amigos en un ritual de la hoguera cuando nos encontramos a un espíritu. Mientras caminábamos y charlábamos, vi algo con mi visión periférica. Eran dos ojos mirándonos detenidamente desde detrás de un árbol, y yo pude distinguir el contorno de una figura de alta estatura. Aunque había un buen puñado de espíritus de la naturaleza activos en ese entorno, éste era muy distinto y estaba concretamente concentrado en nosotros. Ambos nos detuvimos al mismo tiempo y estábamos mirándolo. «¿Ves eso?», pregunté. Liz me lo confirmó. Me afiné para ver si era una amenaza o no; no lo era. El espíritu era más bien un guardián de la zona y estaba escudriñándonos y evaluándonos para ver si éramos una amenaza. Levanté la pantalla de mi mente para ver cómo era el espíritu. Le hicimos un par de comentarios, diciéndole que sólo éramos unos visitantes respetuosos que no eran una amenaza, y seguimos nuestro camino hacia la hoguera. Nada más llegar al fuego, empezamos a hablar de ello con nuestros amigos. Ambos describimos al espíritu exactamente de la misma forma. La cuestión es la siguiente: en realidad Liz no lo «vio». No como una imagen en su Ojo de la Bruja, y no con sus ojos físicos. No obstante, ella fue capaz de describirlo con tanta precisión como yo. A veces ayuda hablar sobre lo que percibes con tus sentidos para empezar a describirlo. A menudo, a medida que empiezas a hablar y a describir lo que estás sintiendo físicamente, la información empieza a manifestarse con mayor detalle a medida que vas hablando, incluso si no la estás «viendo» literalmente en el Ojo de la Mente. Si te quedas bloqueado al sacar una información que percibes claramente, limítate a describir lo que sientes. Ésta es una técnica psíquica útil tanto si tienes afantasia como si no.

Mi teoría es que Liz aún recibe información psíquica de los «noirs»[9] un término acuñado por Ivo Dominguez Jr. que se refiere al hecho de procesar información a un nivel subconsciente en contraposición al nivel consciente de las «clari» habilidades psíquicas.[10] Los noirs son los sentidos psíquicos que no se muestran de formas claras o perceptibles relacionadas con nuestros cinco sentidos primarios de la vista, el oído, el tacto, el gusto o el olfato. Más bien, son «oscuras» tal como sugiere su nombre. Es una impresión psíquica que se nos manifiesta sin que la filtren esos claris. Es lo que la gente suele denominar clariconocimiento; yo pondría la intuición en esta categoría, además de estar en el reino de los noirs. Por definición, los sentidos noir a menudo circunvalan

---

9. Literalmente, «los negros». *(N. de la T.)*
10. Dominguez Jr., Keys to Perception, 49-53.

las claris de la conciencia del Yo Intermedio, si bien sigue transmitiendo información. Otros ejemplos de esto en acción serían los procesos adivinatorios y de mediumnismo que confían en el fenómeno ideomotor, el cual se da cuando tu submente consciente está controlando acciones como el uso de un péndulo, un tablero espiritual o la escritura automática. Eso es el *noir* en acción. Estás recibiendo la información y procesándola sirviéndote de otros medios que circunvalan la mente consciente.

Resulta interesante mencionar que la gente con afantasia sueña en imágenes como nosotros sin tenerla.[11] Esto sugiere que los sueños son facultades involuntarias de la imaginación, que están aparte de lo que sería el sueño lúcido en el cual tú controlas la imaginería del sueño. También sugiere que la afantasia no es la incapacidad de ver imágenes, sino más bien, la incapacidad de conjurar imágenes en el ojo de la mente a voluntad. Conozco a mucha gente diagnosticada con afasia que, con un esfuerzo constante, poco a poco ha sido capaz de empezar a ver imágenes a voluntad en su mente; simplemente les resulta más difícil hacerlo que a otras personas.

En lo que respecta a los sueños, a menudo nos olvidamos rápido de ellos al despertar. A medida que la mente consciente se pone en alerta cuando nos despertamos, prioriza qué es importante procesar, que habitualmente guarda relación con empezar nuestro día. Poco después nuestros sueños se desvanecen a menos que hayan tenido un fuerte impacto emocional sobre nosotros, o que entrenemos nuestra mente para que traiga esa información a un primer plano. Una forma de hacerlo es anotar nuestros sueños sistemáticamente justo después de despertar, entrenando nuestras mentes para enfocarnos y retener nuestras experiencias oníricas. Éste también es uno de los pasos a tener en cuenta para convertirse en un soñador lúcido. Por lo tanto, no me sorprende que una técnica que me ha parecido útil para la gente con dificultades para ver imágenes en su mente, incluidos aquéllos con afantasia, sea la técnica que he descrito antes consistente en describir

---

11. Whiteley, «Aphantasia, imagination and dreaming».

verbalmente lo que están intentando visualizar. Por ejemplo, si estás intentando visualizar un perro, empieza por describir qué aspecto tiene un perro con el mayor detalle que te sea posible al tiempo que intentas verlo en el ojo de tu mente, incluso si la imagen no se manifiesta claramente en el momento.

Hay muchas cosas que con las que tenemos dificultades en lo que se refiere a la práctica espiritual y la magiak; por eso es una práctica. Vamos haciéndolo mejor mediante el esfuerzo constante. A decir verdad, no existe un atajo fácil a lo comida rápida hacia la eficacia psíquica o mágicka. Todo requiere trabajar duro. Algunos de nosotros tenemos que trabajar más duro que otros en ciertos aspectos, al igual que ocurre con cualquier otra cosa en la vida. Pero todo el mundo tiene la capacidad de ser un psíquico y participar en la magiak. Tal como remarco en mi primer libro, no te critiques a ti misma por falta de enfoque y no te rindas. Reconoce que has perdido tu enfoque y recóbralo; entendiendo que este acto en sí mismo fortalece tu enfoque. Si tienes problemas para enfocarte o para visualizar, te animo encarecidamente a no darte por vencida. Sigue intentándolo. Incluso podrías descubrir nuevas técnicas por tu cuenta que te ayudarán. Sé amable contigo misma, pero te animo a perseverar.

Para ayudar y ofrecer algunas herramientas a quienes les cuesta concentrarse o visualizar, me he dirigido y he escuchado a varias personas con afantasia y TDAH que también son practicantes experimentados de la magiak. Tras varias conversaciones con gente con esas patologías, aquí presento algunas técnicas que he desarrollado para asistirte a la hora de alcanzar el estado meditativo. Las he experimentado personalmente y he acudido a amigos con TDAH y afantasia para que lo prueben, me den su opinión y me aseguren que les funciona tan bien a ellos como a mí.

Ejercicio 13

༺ঞ༻

Entrando en alfa mediante un péndulo

Instante mágicko: Cualquiera.

Materia:

* Un péndulo de algún tipo

Finalidad: Éste es un método para entrar en el estado de las ondas cerebrales alfa de conciencia para quienes tengan dificultades para concentrarse; resulta particularmente útil para quienes padecen TDAH, así como para quienes tienen problemas para visualizar. ¿Has visto alguna vez a esos hipnotizadores anticuados que emplean un reloj de bolsillo para hipnotizar a alguien? Esencialmente, lo que están haciendo es llevar a la persona a concentrarse en una sola cosa, induciendo el alfa con el movimiento y entonces induciendo el theta mediante la sugestión. Todos los estados de trance son modalidades de hipnosis. Los factores clave de todo esto son quién está realizando la hipnosis, quién te está conduciendo a ese estado de ondas cerebrales y qué se está haciendo una vez que estás allí. Para esto, sin embargo, estamos a punto de conducirte a alfa empleando una modificación de esta técnica contigo liderando la sesión.

La mayoría de las brujas y de los psíquicos ya poseen un péndulo para la adivinación, y puedes comprar péndulos a un precio bastante barato en tu tienda metafísica local u *online*. Si no tienes un péndulo, puedes utilizar un colgante que hayas puesto en un collar de cadena, o puedes atar una llave o alguna otra cosa que tenga cierta peso al final de un cordón. El péndulo no tiene por qué ser sofisticado o lujoso, aunque como toda herramienta, resulta beneficioso invertir en uno que verdaderamente te guste y depositar energía en él continuamente mediante su uso.

Instrucciones: Primero, respira hondo y quítate de encima toda la tensión nerviosa y la energía a la que te estés aferrando. Respira hondo de nuevo y relájate. Sostén tu péndulo delante de ti de forma que la piedra o lo que sea que tengas en la punta de tu péndulo quede a la altura de los ojos. Respira hondo de nuevo y relájate un poco más. Empieza a hacer oscilar el péndulo de lado a lado y síguelo con la mirada. Ahora deja la mano quieta y mantén la vista fija únicamente en el péndulo mientras va oscilando. Mentalmente o internamente afirma: «Me estoy relajando y estoy entrando en el estado de la conciencia alfa». Hazlo con una voz calmada, relajada, reconfortante pero firme. Sigue repitiendo esto con los ojos puestos en el péndulo en movimiento a medida que va aminorando su velocidad y sus oscilaciones se van haciendo cada vez más cortas. Hazlo hasta que el péndulo se detenga o hasta que sientas que tus procesos mentales y tu conciencia están empezando a cambiar. Deberías sentir que estás relajado y ligeramente disociativo, como cuando estás soñando despierto. Estás en el estado de las ondas cerebrales alfa. También podría ser buena idea acompañarlo con el método de respuesta psíquica rápida consistente en cruzar los dedos (como si estuvieras pidiendo un deseo) en la mano que tengas libre para empezar a entrenar a tu cerebro para que se transforme siguiendo tus órdenes mediante la respuesta pavloviana. Si no notas una transformación, entonces inténtalo unas cuantas veces más hasta que lo hagas. Si no lo notas, prueba los dos métodos siguientes.

Ejercicio 14

Entrando en alfa – El método de la piscina

Instante mágicko: Cualquiera.

Finalidad: Esta técnica está diseñada específicamente para gente que tiene dificultades para visualizar o incapacidad de hacerlo debido a una enfermedad como la afantasia. Este método, al igual que el siguiente, está más enfocado en las sensaciones sensoriales y físicas conectadas con la claritangencia. Esto se debe a que la mayoría de la gente con quien he hablado que padece afantasia, o experimenta dificultades extremas con la visualización de las imágenes, me han contado que pueden sentir cosas imaginándose sensaciones físicas con mucha más facilidad que con la visualización.

Éste y el método siguiente han tenido éxito en gente que tiene dificultades en estas áreas. El motivo por el que incluyo dos métodos distintos no se limita únicamente a querer ofrecer variedad, sino que también se debe a que he descubierto que a una mitad de la gente le va mejor el método de la piscina y a la otra mitad le va mejor el método de las duchas solares, en función de la predisposición de sus clarisentidos.

Cuando empleo el término «imagínate» en estos casos, ten presente que no estoy diciendo necesariamente que formes una imagen en tu mente, sino más bien, que conjures el sentimiento que produce en tu cuerpo.

Si tienes problemas para visualizar y conjurar las sensaciones físicas, lo que te animaría a hacer en su lugar es saber que está pasando. Esto en sí mismo también es imaginación y también te ayudará a generar esos sentidos. Para este ejercicio, te podría resultar útil entrar y sumergirte poco a poco la próxima vez que vayas a nadar o que tomes un baño (sin realizar la meditación) para familiarizarte con las sensaciones físicas a fin de poder conjurarlas a través de tu memoria.

Con estos dos ejercicios, te podría resultar beneficioso retener bien el impulso psíquico cada vez que participas en él para consolidar esos reflejos pavlovianos de nuevo.

Instrucciones: Empieza cerrando los ojos, respirando hondo y relajándote. Imagínate que estás en lo alto de unas escaleras que conducen a una cálida piscina de agua. Imagina que bajas un escalón metiéndote así en la piscina. A medida que lo haces, imagina la sensación que te transmite bajar un escalón. Imagina cómo el agua caliente te llega a los tobillos y lo que sientes en el segundo paso. Siente cómo el agua caliente relaja tus pies. Baja otro peldaño y siente el agua caliente a la altura de tus rodillas, relajándolas. Baja otro peldaño y siente que estás sumergido en el agua caliente hasta la cintura, aflojando la tensión de la mitad inferior de tu cuerpo hasta la cintura. Baja otro peldaño y siente el agua caliente a la altura de tu plexo solar justo por debajo de la caja torácica, mientras todo se relaja hasta ese punto de tu cuerpo. Baja otro peldaño metiéndote más en la piscina y siente cómo el agua empieza a relajarlo todo hasta los hombros. Ahora baja un último peldaño metiéndote más en el agua, a sabiendas de que puedes respirar dentro y sentir que todo tu cuerpo esta sumergido en esta cálida y relajante agua imaginaria. Tómate unos instantes para pensar en este estado de profunda relajación mientras estás completamente sumergida en esta piscina de energía. Cuando estés lista, realiza una respiración profunda y relajante, y abre los ojos poco a poco. Ahora estás en el estado de consciencia de las ondas cerebrales alfa.

Ejercicio 15

∝⧸⧹∾

Entrando en alfa – El método de la ducha solar

Instante mágicko: Cualquiera.

Finalidad: Todo lo indicado en la sección de la finalidad del último ejercicio se aplica a éste de aquí. La diferencia principal es que éste también invoca los sentidos del oído y del olfato por si éstos son algunos de tus fuertes, o en el caso que invocar diversos sentidos incremente la inmersión de esta técnica. Si tienes dificultades al conjurar las sensaciones físicas, puedes ejecutar lo que hiciste con el baño en el ejercicio anterior, excepto que en este caso tú estarás en la ducha e irás disminuyendo la presión del agua poco a poco. Si lo haces, sin embargo, de la misma forma que hemos usado la piscina en el ejercicio anterior, asegúrate de no añadir meditación alguna. Te estás familiarizando con cómo se siente tu cuerpo bajo diferentes presiones de agua a fin de que puedas recurrir a este recuerdo cuando te sumerjas en el ejercicio de la meditación.

Instrucciones: Cierra los ojos y realiza una respiración profunda, purificadora y relajante. Imagínate que estás de pie bajo la lluvia, y que está cayendo un buen aguacero. Imagínate cómo sientes la lluvia sobre tu cuerpo. Imagínate el sonido de la lluvia a tu alrededor. Imagínate cómo huele la lluvia. Respira hondo de nuevo y espira; imagínate que la lluvia está amainando un poco. Enfócate en la sensación corporal que transmite la lluvia sobre tu piel a medida que empieza a disminuir su intensidad. Enfócate en el olor de la lluvia. Enfócate en el sonido de la lluvia a medida que amaina. Realiza otra respiración profunda y purificadora, y relájate un poco más profundamente. Ahora imagínate que la lluvia tan sólo es una llovizna ligera sobre tu piel y enfócate en esa sensación. Enfócate en el sonido de un mero sirimiri a tu alrededor. Concéntrate en el olor de una lluvia fina y ligera a tu alrededor. Respira hondo de nuevo y relájate un poco más profundamente.

Imagínate que ha parado de llover por completo. Siente lo que tu cuerpo siente después de haber permanecido bajo la lluvia pese a que ya no llueva. Siente cómo el agua se escurre por tu cuerpo. Escucha el silencio circundante que se produce justo después de que haya llovido. Huele los olores que tienes alrededor. Respira hondo de nuevo y relájate todavía más profundamente. Imagínate que las nubes se han dispersado y que tienes el Sol sobre ti brillando de un modo resplandeciente. Nota la sensación del calor del Sol sobre tu piel, secando toda el agua que tenías sobre ti. Imagínate los sonidos de un día soleado relajante. Quizá haya algunos pájaros trinando. A lo mejor oyes a niños riendo o hablando a lo lejos. Realiza una respiración purificadora y relajante y abre los ojos. Ahora estás en el estado de las ondas cerebrales alfa de la conciencia.

Ejercicio 16

Collar de la llave de la luz de la Luna

Instante mágicko: En Luna llena.

Materia:

- Cien cuentas (preferiblemente de piedra de Luna)

- Un hilo (para las cuentas)

- Una llave o una llave amuleto (preferiblemente de plata)

- Una vela blanca o plateada

Finalidad: Ésta es una técnica que me ha parecido muy útil para la gente que tiene dificultades para concentrarse y enfocarse; también se empleará en trabajos posteriores en este libro. Algunos comentarios habituales que he recibido en relación con *Brujería psíquica* era que la gente tenía dificultades con el primer ejercicio. El ejercicio de «Enfoque preliminar». Esencialmente, ésta es una técnica de entrenamiento mental para enfocar la mente y entrar en el estado meditativo de las ondas cerebrales alfa. En el ejercicio, sugiero que la gente empiece una cuenta atrás desde el número cien hasta el cero, tres veces seguidas. Y si pierdes la concentración, empieza de nuevo. En el libro, también hablo sobre cómo a esas prácticas se las debería ver como un entrenamiento, por lo que no deberías empezar con algo demasiado intenso de buenas a primeras. Así que, puedes trabajar contando hasta cien. Por ejemplo, podrías contar del diez al cero tres veces sin perder tu enfoque. Entonces, cuando lo hayas dominado, apunta más alto con el veinticinco como punto de inicio, luego cincuenta, luego con setenta y cinco y luego con cien. Sin embargo, esto sigue siendo difícil para algunas personas que experimentan dificultades con la visualización y la concentración en general. De modo que he decidido ofrecer una alternativa en la que puedes mantener los ojos abiertos y enfocarte en objetos físicos al tiempo que hechizas un objeto simultáneamente para que te asista en esas facetas. El enfoque preliminar es una práctica que aún hoy considero una habilidad crucial fundamental, así que no animo a nadie a abandonarla por completo en favor de ésta o de la técnica de la respiración con colores; más bien emplea ésta como trampolín para alcanzar el estado alfa a fin de poder aprovechar ese estado de consciencia de la forma más plena posible.

Instrucciones: En Luna llena, reúne todos tus objetos. Empieza ensartando cincuenta cuentas una a una. A medida que ensartas cada cuenta declara: «Enfocar, conocer y ver, claramente». A medida que lo haces, enfócate en tu deseo de ser capaz de visualizar, de enfocar y de conocer la información psíquica con claridad. Después de haber ensartado la quincuagésima cuenta, ensarta la llave y declara:

«Consagrada sea la llave que desbloquea los Misterios.
Consagrada sea la llave que me abre la percepción».

Ensarta las cincuenta cuentas restantes una a una al otro lado de la llave, focalizándote en tu deseo al tiempo que declaras: «Enfocar, conocer y ver, claramente».

Ata los dos extremos del collar o emplea unos cierres para concluir la creación de éste. Colócalo alrededor de tu vela blanca, de forma que cree un anillo a su alrededor.

Enciende la vela blanca. Mantén ambas manos sobre la vela y declara:

«En esta noche de luna llena
cargo la llave de la luz lunar
para desbloquear el estado receptivo
y abrir las puertas psíquicas».

Deja que la vela arda hasta que se consuma del todo.

Para entrar en el estado de las ondas cerebrales alfa, cuenta las cuentas una a una, empezando por una cuenta que esté al lado de la llave y alejándote de ella declarando «Me estoy abriendo a un estado tranquilo, receptivo, meditativo y psíquico» a medida que cuentas cada cuenta. Si tu mente divaga, simplemente repite la cuenta de nuevo antes de pasar a la siguiente. Intenta relajar tu mente y tu cuerpo un poco más con cada cuenta. Cuando hayas llegado a la llave después de haber contado la totalidad de las cien cuentas, sostenlo y declara: «Estoy en un estado receptivo, meditativo y psíquico». Repite este proceso de contar y de aseverar cada cuenta y la llave tres veces.

Ahora puedes llevar el collar en cualquier práctica psíquica o energética en la que vayas a participar. Esta práctica no sólo anclará tu mente psicológicamente y te hará las veces de reflejo pavloviano, sino que su uso constante en prácticas psíquicas y energéticas retendrá una carga activa que te facilitará ponerte en ese estado. Con el tiempo, serás capaz de ponerte el collar y entrar automáticamente en ese estado de consciencia sin más. Te recomiendo que empieces con los ojos abiertos y a medida que tus prácticas ganen fuerza, vayas contando y vayas haciendo las aserciones con los ojos cerrados, intentando ver el número en tu mente mientras vas pasando cuenta por cuenta. Si no puedes, no pasa nada; simplemente pasa al número siguiente. Con el tiempo, tendrías que poder fortalecer tu enfoque y tu visualización, y empezar a ver los números. No te des por vencida ni seas demasiado dura contigo misma.

Si trabajas con la diosa Hécate,[12] como hago yo, también puedes consagrarla a su nombre y solicitar su ayuda. No tienes por qué hacer nada demasiado formal para incluirla, limítate a pedírselo de corazón con sinceridad y ella te escuchará. Hécate es la diosa de la brujería, y la llave era su símbolo sagrado, y Kleidouchos (que significa «guardiana de la llave») es uno de sus epítetos sagrados. El número tres es sagrado para ella como diosa triple que es y el número cien también tiene alguna vaga asociación con ella; ya que el prefijo *Heka* significa «lejano» o «distante», así como el número cien como en los *Hekatónkheires* de la mitología griega, los Centimanos.[13] Originariamente, a la piedra de Luna también se la denominó así por la diosa Hécate; Jean-Claude Delametherie la llamó Hecatólita. Por ello, también tiene asociaciones modernas con la diosa.[14]

La sinceridad y el entusiasmo

Dos de las claves esenciales de la magiak de las que no se habla lo suficiente son el entusiasmo y la sinceridad. El entusiasmo es la energía que pones en la magiak. Echar un vistazo a la raíz de la palabra «entusiasmo» nos puede dar una visión sobre por qué es tan importante. La

---

12. Titánide de la mitología griega y una de las principales diosas menores adoradas en los hogares atenienses como diosa protectora. *(N. de la T.)*

13. También conocidos como Hecatónquiros, eran tres gigantes con cien brazos y cincuenta cabezas que nacieron con la unión de Urano y Gea. *(N. de la T.)*

14. Kynes, *Cristal Magic.*

palabra «entusiasmo» proviene de las raíces griegas *en* que significa «en» y de *theos* que significa «a dios».[15] Se trata de estar inspirado y emocionado en el éxtasis de un dios. Yo creo que el entusiasmo es un efecto de estar alineado con la Auténtica Voluntad de una misma. La Auténtica Voluntad, en resumen, es la finalidad divina de una en la vida. Es la razón por la que nos hemos encarnado, y es distinta para cada individuo. El entusiasmo es la energía que pones en tu práctica para cumplir esa finalidad.

La sinceridad es qué naturaleza llevas en el corazón y qué vuelcas en tu magiak. Es la actitud que traes a tus prácticas, la forma que tienes de aproximarte. La sinceridad es el corazón de la mentalidad mágicka. Mirar la raíz etimológica de sinceridad también nos puede dar una pista de su poder. La palabra «sinceridad» proviene del latín *sincerus*, que significa «completo, limpio, puro y auténtico».[16] Es estar en un estado que no esté empañado por pretextos. Es mantener una buena relación con tus motivos para participar en el camino mágicko.

No tiene nada de raro perder de vista el entusiasmo y la sinceridad en la magiak. Aun así, es una señal para evaluar si hay algo que haya perdido el equilibrio y para determinar cómo puedes reavivar esas cualidades en tus prácticas. Quizá estés quemada por tus prácticas y estés empezando a sentirlas como un quehacer en lugar de algo que enciende apasionadamente tu espíritu. Esto suele significar que necesitas bajar el ritmo y reducir tus prácticas mágickas a lo estrictamente esencial, eso si no optas por tomarte un descanso desvinculándote por completo de ellas hasta que encuentres tu entusiasmo por ellas de nuevo. Esto también sucede cuando nuestra práctica mágicka se apodera de gran parte de nuestras vidas y no está equilibrada con lo que es vivir y disfrutar de la vida. La falta de sinceridad también podría indicar que estás participando en la práctica mágicka o espiritual por las razones equivocadas. Quizá estés actuando movida puramente por el ego, más

15. Harper Douglas, «Etymology of Entusiasm», *Online Etymology Dictionary,* accedido el 28 de noviembre de 2021, https://www.etymonline.com/word/Entusiasm
16. Harper Douglas, «Etymology of sincerity», *Online Etymology Dictionary,* accedido el 28 de noviembre de 2021, https://www.etymonline.com/word/sincerity

preocupada por vender la imagen de ser una bruja ante los demás que por ser sincera con tu práctica en sí misma y por qué estás participando en ella. Otra posibilidad es que estés participando en hechizos y prácticas porque sientes que debes hacerlo, pero en realidad no deseas hacerlo. Evaluando tus niveles de entusiasmo y sinceridad, podrás discernir cómo estás de alineada con tus prácticas y averiguar cómo volver a alinearte de nuevo con ellas. Sin esas dos aproximaciones, es poco probable que los resultados mágickos de tus experiencias espirituales sean demasiado fructíferos.

Estas aproximaciones son el trampolín sobre el cual se debería construir todo.

La inmersión mágicka

Un componente secreto para un lanzamiento de hechizos competente es sumergirse en la magiak involucrando a la imaginación por completo. Cuando estás inmersa en la magiak, estás tanto en ella como en el mundo físico. El resto de tu vida queda en suspensión. No puedes pensar en nada más. Tú eres la bruja en ese momento, y tú eres el hechizo en sí mismo. Es una especie de autohipnosis psíquica. A mucha gente que hace magiak le cuesta mucho trabajo alcanzar este estado, y ésta también es una de las razones por las que entramos en estados meditativos alterados antes de realizar la magiak, tales como entrar en el estado de las ondas cerebrales alfa, que está conectado con la imaginación. Ésta es también una de las razones por las que estoy enfatizando constantemente las prácticas fundamentales de la magiak, al margen de dónde esté una en su camino de la experiencia con las artes de la brujería. La gente puede dudar de su magiak y sentir que no está alineada con sus habilidades. Aquí es donde, al contrario de lo que la mayoría de la gente pueda decirte, el juego de roles es beneficioso en la brujería. Es una manera de estimularte a ti misma de una forma mágicka, de meterte en el papel y de convertirte en el hechizo en sí mismo mediante el alineamiento.

El funcionamiento del juego de roles consiste en que no sólo estás representando un personaje, sino que te estás representando a ti misma. Es similar a interpretar una versión glorificada de ti misma como una bruja poderosa. Al igual que con el método Stanislavski de interpretación, el juego de roles consiste en sumergirse por completo en un personaje. Es posible que te preocupe autoengañarte o perderte en una fantasía mediante esta inmersión. Lo comprendo, y soy un firme defensor del escepticismo y del pensamiento crítico, excepto mientras me involucro en el acto de lanzar de hechizos en sí. Durante la realización de un hechizo, tienes que tener fe en tus habilidades y en la magiak en sí. La mejor forma de lograrlo es a través del estado inmersivo. Este profundo estado inmersivo mágicko ayuda a eliminar cualquier limitación autoimpuesta que hayas inculcado en tu persona que esté creando bloqueos, lo cual ayuda a permitir que tu magiak fluya con más fuerza.

Silver RavenWolf se refiere poéticamente a esto como la Hora de las Brujas, la cual describe como: «¡Cuando todo tu ser te urge a levantarte, a moverte y a ponerte a trabajar! La confianza de que puedes alejarte fácilmente del problema en cuestión e ir hacia el éxito que hierve a tu alrededor. Y sabes, en las profundidades de tu alma, que ha llegado la hora de la magiak: el momento en que tu poder ha madurado».[17] Su uso de esta terminología para este concepto me parece muy bonito y poético para nombrar este estado de inmersión. En el folklore popular, la Hora de las Brujas es un momento en que se cree que las brujas y los espíritus están en su máxima potencia. La leyenda sitúa este momento entre la medianoche y las cuatro de la madrugada, según cuál sea la tradición, cultura o era que hable de ella. Los momentos más populares para ubicarla es, o bien a media noche, o más habitualmente, a las tres de la madrugada. La noción de RavenWolf de que éste no es un momento específico dictado por un reloj, sino más bien cualquier momento en el que estés en un estado inmersivo mágicko en profundidad, es muy poderosa. Planteándolo más extensamente, ella escribe: «Si crees que el universo es un mar de potencial interior y exterior, arriba y abajo, entonces tienes el secreto de todo el poder, de toda la magiak, de todo el éxito».[18]

---

17. RavenWolf, *The Witching Hour,* 1.
18. RavenWolf, *The Witching Hour.*

El juego de roles y su efecto sobre la personalidad de la persona y de su psique, así como su relación con la magiak ritual, es un tema que los estudiosos están estudiando en estos momentos.[19] En lo tocante a lanzar un hechizo, no sólo te conviene interpretar el rol de una poderosa hechicera, sino que te conviene sumergirte en el propio hechizo. Habitualmente, esto lo desgloso conectando los aspectos internos de los siete planos de realidad y de los siete cuerpos energéticos del individuo.

Inmersión física: Llevar adornos o ropajes rituales. Esto se refiere a túnicas o prendas de vestir que sólo llevas cuando realizas magiak y que reservas sólo para estos propósitos. Esto ayuda a permitir que esas ropas no sólo actúen como una forma de autoinmersión en el estado correcto, sino que también actúan como un desencadenante psicológico. La inmersión física también incluye los ingredientes materiales de tu hechizo, tanto si son hierbas, velas, cristales, herramientas o estatuas. Todo esto te ayuda a sumergirte en el acto del lanzamiento de hechizos.

Inmersión etérica: Esto consiste en sumergirte en tu entorno tanto a un nivel físico como energético. En la hechicería, es el acto de establecer un espacio para tu magiak para convertirte en el recipiente de la energía que irás incrementando. Consiste en asegurarte de que el espacio está limpio físicamente, purificado energéticamente y que lo percibas como sagrado. Esto también incluye entrar en estados meditativos y alterados y conectar tanto con nuestro espacio sagrado interior como con el exterior.

Inmersión astral: El plano astral de la realidad está relacionado directamente con la fuerza de voluntad. Éste es el acto de involucrar la voluntad con control y confianza, a sabiendas de que lo que estás realizando crea una cadena de causa y efecto que manifestará el deseo del hechizo.

---

19. Bowman y Hugaas. «Magic is Real».

Inmersión emocional: Esto consiste en invocar la energía emocional de la meta del hechizo mientras se lleva a cabo el acto. Por ejemplo, si estás lanzando un hechizo amoroso, deberías enfocarte en los sentimientos que te evocan amar y sentirse amado mientras lanzas el hechizo. Si estás lanzando un hechizo para ampliar tu habilidad psíquica, te enfocarás en la emoción de la calma y de la disponibilidad emocional.

Inmersión mental: Esto consiste en sumergirte en la meta de tu hechizo mediante la concepción de pensamientos positivos alineados con el propósito del hechizo, así como en vocalizar la meta durante el hechizo de alguna forma. Parte de esta inmersión no se limita sólo a las palabras en sí mismas, sino también a cómo las lanzas. Ésta es la voz mágicka, una forma de hablar que, de la misma forma que tus ropajes mágickos, está reservada únicamente al acto del lanzamiento de hechizos o de un ritual. Esto no consiste únicamente hablar en un tono específico, sino en diversos tonos dependiendo del deseo del hechizo. Sin embargo, siempre tiene que ser uno regular y firme, independientemente de cuál sea la intención del hechizo.

Inmersión psíquica: Esto consiste en enfocar tus sentidos interiores y proyectarlos hacia tu realidad física para acentuar el hechizo que tengas entre manos. Es conjurar para involucrar a la imaginación a fin de ver, oír, oler, saborear y sentir cosas que personalmente asocias con el deseo de tu hechizo. Por ejemplo, cuando lanzo un hechizo para la habilidad psíquica, puede que visualice una energía centelleante plateada alrededor de mi vela. Puede que conjure el aroma del jazmín, el sabor de la vainilla, la sensación de la seda sobre mi cuerpo y el sonido de los búhos ululando. Todo esto es un conjunto de símbolos que yo relaciono personalmente con la habilidad psíquica. Afinando y proyectando eso en el trabajo de la hechicería, le estoy diciendo a mi subconsciente que active las sendas energéticas de mi interior que se alinean con la habilidad psíquica.

Inmersión divina: Esto consiste en tener una fe absoluta mientras realizo mi hechizo conforme las deidades o espíritus a los que les estoy realizando peticiones y con quienes estoy trabajando están escuchando y asistiéndome. Mientras trabajo, tengo plena confianza en mí mismo y en mi propia divinidad como cocreador que puede afectar a la realidad directamente a través de mi poder mágicko. Entonces, hay que dejar correr el hechizo y no obsesionarse o darle vueltas *a posteriori*, permitiendo así que la inmersión termine con el lanzamiento del hechizo.

Las metas mágicas estratégicas

Los hechizos logran metas. Tener una meta bien planeada a la que apuntar con tu hechizo te ayudará a manifestar qué deseas que ese hechizo consiga. Esto te parecerá de sentido común, pero tiende a ser algo a lo que la gente no le da la suficiente consideración cuando planea sus hechizos. La mayoría de los nuevos hechiceros caen en dos categorías: aquellos que son demasiado cortos de miras en sus metas y aquellos que no son lo suficientemente amplios de miras para alcanzar una meta considerable mágickamente. Tener las metas correctas con el lanzamiento de hechizos puede ser determinante para un hechizo. La mayor influencia que recibe mi magiak a este respecto proviene de los libros de Jason Miller y de sus cursos.[20] Puesto que descubrí que enfocarte en la meta durante la fase de planificación del hechizo es tan importante, quería asegurarme de que cubro algunas indicaciones para ayudar a que tus hechizos alcancen el nivel siguiente.

En lo que respecta a elaborar tu meta, es importante observar cinco áreas principales. Aunque yo use el psiquismo como meta para el lanzamiento de hechizos en este ejemplo, estas cinco áreas principales se aplican a toda la hechicería independientemente de qué tipo de meta mágicka tengas. Las áreas principales en las que necesitamos enfocarnos cuando elaboramos las metas de un hechizo son la precisión,

---

20. Miller, *The Elements of Spellcrafting.*

la amplitud de miras, el realismo, el entusiasmo y la estrategia para alcanzar metas más grandes. La meta de tu hechicería debería estar en una o quizá dos frases como mucho, si bien formular el lenguaje de esta meta correctamente te debería tomar bastante tiempo para que sea perfecto cuando planees tu hechizo.

El primer paso para la elaboración del hechizo de una meta es la precisión. Tienes que ser completamente clara y específica en relación a qué quieres que logre el hechizo. Es importante que lo pienses muy bien; es fácil creer que sabemos qué queremos sin meditar sobre ello, sólo para acabar dándonos cuenta de que no hemos sido lo suficientemente específicos. Esto aún me sucede. Permíteme que te ponga un ejemplo reciente que me viene inmediatamente a la cabeza. Hace poco hice un hechizo para que me ayudara a tener un enfoque de precisión sin distracciones. El hechizo se manifestó y descubrí que mi enfoque era tan bueno que las horas pasaban volando mientras estaba enfrascado en la tarea en cuestión sin darme ni cuenta. Así que, ¿cuál era el problema? El problema era que me estaba enfocando en cosas equivocadas. Me pasé una semana organizando alfabéticamente por autor sin la más mínima distracción nuestra biblioteca ocultista mastodóntica, pero ésta no era la razón por la que lancé un hechizo de enfoque; lo era enfocarme para escribir este libro. En mi hechizo no fui lo suficientemente claro al indicar en qué quería enfocarme o durante cuánto tiempo.

La parte siguiente de establecer una meta para tu hechizo es exactamente lo opuesto a la mención anterior; consiste en dar con un equilibrio entre ser preciso sobre tu meta y permitir que haya fluidez en relación con cómo puede manifestarse un hechizo. La magiak siempre quiere encontrar el camino que ofrezca una menor resistencia para manifestarse, que es el motivo por el cual queremos ser precisos respecto a cómo queremos que se manifieste. Por otra parte, si intentamos ser demasiado precisos, complicaremos más la consecución del hechizo. La clave es encontrar el punto ideal entre ser adecuadamente específico sin llegar a ser tan específico que el hechizo tenga dificultades para manifestarse. Cada vez que especificamos nuestro propósito, estamos delimitando la corriente de lo que la voluntad manifiesta para asegurarnos de que obtenemos lo que queremos en realidad; pero cuando somos demasiado rígidos en relación con cómo debería manifestarse, estamos limitando exponencialmente el potencial para obtener lo que deseamos y en el plazo que deseamos. En este caso, tu meta quizá elija el camino que obtendrá la mayor oposición, mientras que podría haber otras muchas formas que pueden dar resultado potencialmente.

Otra consideración crucial al formular tu meta es distinguir si ésta se encuentra dentro del reino de posibilidades que pueden ocurrir. Esto se reduce a evaluar tu vida y tu situación, y compararla con lo plausible que sea la meta a alcanzar para ver si se la puede encantar con facilidad. Si no se puede, ya sería hora de determinar cómo podrías hacerla más hechizable. Aunque la magiak puede hacer, y a veces lo consiga, algo milagroso en términos de cosas que parecían imposibles, es más efectiva si puedes lanzar un hechizo que no roce lo imposible. Si lanzas un hechizo para ser una experta del mediumnismo, pero no encuentras tiempo para meditar, hacer sesiones de desarrollo psíquico o sentarte para realizar sesiones de mediumnismo en sí, lo más probable es que el hechizo no haga gran cosa. A la situación de tu vida actual no se la puede hechizar en este escenario.

Si lanzas un hechizo para convertirte en una estrella del rock, pero no tocas un instrumento o cantas y no tienes ningún deseo de aprender, o no quieres que la gente repare en ti, a tu vida no se la puede hechizar bajo esa petición. Del mismo modo, si intentas lanzar un hechizo para ser capaz de volar físicamente por el aire bajo una suerte de poder sobrehumano, tienes las probabilidades tan en tu contra, que te aseguro que eso no sucederá. A la situación, simplemente no se la puede hechizar.

Si tu meta está tan fuera de tu alcance, la clave es aproximarse a ella estratégicamente. Ten trabajos mágickos para lograr una meta final, pero hazlo lanzando pequeños hechizos trampolín que te ayuden a alcanzarla, lo cual hará que tu vida sea más hechizable. En lugar de aspirar a algo tan enorme que probablemente no se manifestará, desglosa el hechizo en varios minihechizos que te conducirán a la meta final. Cuando uno de esos hechizos se haya manifestado, pasa al siguiente hasta que con el tiempo alcances tu meta más grandiosa.

El último componente para estar al tanto de cuándo planear la meta de tu hechizo es evaluar tus niveles de entusiasmo. ¿Estás emocionada por el hechizo que estás planeando? Si no lo estás, entonces, ¿por qué lo estás lanzando? Puede parecer un poco absurdo hacer esa pregunta, pero es muy importante. Si no te emociona el hechizo, hay una obvia carencia de deseo y de voluntad de que funcione. Tu entusiasmo forma parte de tu manifestación del hechizo. Denota cuánta energía le estás poniendo. Si no estás emocionada por la meta del hechizo, ¿por qué debería el universo o cualquier aliado espiritual estarlo?

Esto remite al tema anterior del entusiasmo y el poder dentro de ese estado mental. Si no estás emocionada con el hechizo, eso indica que necesitas replantearte por qué estás lanzando el hechizo en primer lugar.

Jason Miller resume la importancia del entusiasmo en la magiak a la perfección en su libro *The Elements of Spellcrafting*: «Una buena meta inspira. Te enciende un fuego en el vientre. Es una razón para cargarse en el templo al amanecer, o para dirigirse al cementerio a las tres de la madrugada. El mero hecho de no ir a por lo imposible o lo altamente improbable no significa que no podamos luchar por la grandeza».[21]

El deseo, la intención y la voluntad

Quizá tengamos el pensamiento (propósito) de hacer algo, pero hasta que nuestro cerebro envía las señales eléctricas a través del sistema nervioso para realizar esa acción, siempre se quedará en un pensamiento. Esa actividad eléctrica entre el pensamiento y la acción es, en un sentido metafórico, esa fuerza de voluntad. Es el paso entre el pensamiento y la acción que realiza la transición entre ambos. No duda ni se cuestiona a sí misma; en lugar de eso, se ha tomado una decisión, y una fuerza está moviendo ese pensamiento para convertirlo en una realidad actualizada.

---

21. Miller, *The Elements of Spellcrafting*, 28.

En esta metáfora, la mente consciente del propósito está dirigiendo a la voluntad. No siempre es el caso. La voluntad es algo que a menudo ejercemos inconscientemente, pero darle cierta concienciación a la fuerza de voluntad te ayudará a comprender cómo aprovecharla y hacer de ella una herramienta consciente que te ayudará en cada área de la vida, y esto es especialmente cierto en lo que se refiere al lanzamiento de hechizos. Siguiendo con nuestra metáfora, cuando nuestra intención y nuestra voluntad están sincronizadas, podemos ir del punto A al punto B sin pensar demasiado. Cuando no están alineadas, o bien no te mueves como en los ejemplos anteriores o nuestra voluntad está en piloto automático. Un ejemplo de esta metáfora lo tenemos cuando estamos hablando por teléfono y nos paseamos sin darnos cuenta. Nuestras acciones ya no son conscientes, sino que ahora son inconscientes.

La voluntad es una energía con la que deberíamos familiarizarnos y ser capaces de aprovecharla y dirigirla si queremos ser unos hechiceros eficientes. Nos familiarizamos con la identificación de la fuerza de voluntad observándola. Aprovechamos y fortalecemos nuestra voluntad comprometiéndonos con ella conscientemente, y esto se logra mediante la disciplina y la dedicación. Al aprender a reconocer y a trabajar con nuestra fuerza de voluntad, podremos empezar a aprender a reconocerla y a poner en práctica nuestra Auténtica Voluntad superior poco a poco. Eso no significa que la intención sea inútil. La intención es un factor inmenso en la magiak, puesto que nos ayuda a determinar cuáles son nuestras metas.

Ejercicio 17

❧

Identificar y fortalecer la voluntad

Instante mágicko: Desde la Luna nueva hasta la Luna llena.

Materia:

- Una libreta o un diario
- Un bolígrafo

Finalidad: Es una práctica pensada para fortalecer la voluntad creando una rutina disciplinada sencilla. Esta práctica también sirve para identificar la voluntad como una fuerza energética mediante la observación del sutil espacio entre el pensamiento y la acción.

Instrucciones: Programa una alarma de cinco minutos y escribe cada día en tu diario, desde la Luna nueva hasta la Luna llena. Va aún mejor intentar elegir la misma hora cada día para realizar este ejercicio.

La clave es no hacer absolutamente nada más hasta que suene la alarma. No pasa nada si ni siquiera sabes qué escribir en tu diario. Si te bloqueas, simplemente escribe: «Estoy escribiendo en mi diario para observar e identificar la fuerza de voluntad que tengo en mi interior». Lo que escribas no es tan importante como escribir en sí.

Sin embargo, elijo escribir en un diario como ejemplo para este ejercicio porque he descubierto que escribir es una de las cosas más poderosas que puede hacer una bruja cada día, y esto te ayudará a convertirlo en un hábito diario. Así que, si la cuestión no es qué escribimos, ¿qué objeto tiene todo esto? Consiste en observar cómo tu mente pasa de tener el pensamiento de escribir algo a la acción de realizar esos trazos con el bolígrafo. A medida que escribes, te conviene encontrar ese espacio entre el pensamiento y la acción porque ésa es la energía de la voluntad que necesitas enfocar e identificar.

Asociarte en vez de usar

Otra clave importante para el lanzamiento de hechizos es cómo abordas la materia que empleas en tus hechizos. Ver los ingredientes de tu hechizo tan sólo como eso, ingredientes que emplear, es muy propio de una mentalidad colonial occidental. La brujería consiste en conectar. Te estás conectando contigo misma, con los espíritus, con la naturaleza y con el cosmos. La cuestión es verlos como una misma cosa y paradójicamente como cosas distintas. Todos nosotros somos uno, aunque todos seamos individualmente únicos. Incluso dos brotes de la misma hierba o dos cristales del mismo tipo serán únicos y ligeramente distintos. Conectamos a través del poder de honrar y respetar. Eso explica por qué la mayoría de las brujas tienden a ser animistas, considerando que todo tiene vida y que está dotado de un espíritu.

El término «animismo» lo acuñaron los antropólogos occidentales inmersos en una visión cristiana del mundo para describir creencias espirituales y religiosas desconocidas que ellos veían como «primitivas», y eso incluía la creencia conforme los objetos aparentemente inanimados albergan un espíritu. Sin embargo, si prestamos más atención, vemos que la práctica del animismo es casi universal independientemente de cuál sea la cultura. Incluso los paganos europeos precristianos participaron en el animismo. Se cree que el animismo es la creencia religiosa más antigua del mundo.

Yo creo que el animismo es una orientación natural del ser humano para la que estamos formados. Hasta podemos observar ejemplos modernos de gente involucrándose en el animismo casi a diario sin darse cuenta. Un ejemplo es la forma en la que a los vehículos, tanto si son barcos, motos o coches, se les da nombres, pronombres y se les habla. Otro ejemplo son los electrodomésticos, especialmente cuando empiezan a fallar, o cuando nos frustran. Es habitual que la gente empiece a hablarle a ese dispositivo, a gritarle o incluso rogarle que trabaje como si fuera una persona.

Cuando pensamos en coches, barcos y electrodomésticos, quizá pensemos que es imposible que posean un espíritu, puesto que ellos están muy alejados del mundo natural y compuestos de diferentes piezas. Que algo esté formado por varios componentes o haya pasado por procesos de transformación que lo alejan de su estado natural no significa que no tenga un espíritu inherente en él. De observar a los seres humanos, veríamos que también estamos compuestos de varios elementos e incluso de varias formas de vida biológicas individuales, desde una bacteria unicelular hasta los billones de células que componen el cuerpo humano, y, sin embargo, tenemos una conciencia individual dominante como un cuerpo único. Cuando preparamos un pastel estamos empleando unos ingredientes únicos, pero una vez que es un pastel, ya no son simplemente esos ingredientes; ahora es un pastel. La hechicería también es así. Aunque empleemos diversas materias en nuestro oficio, éstas suelen actuar como un componente de algo nuevo dentro de un conjunto completo y como algo que tiene un espíritu propio. Por ejemplo, si estás realizando un aceite de hechizo, éste incorpora distintas materias de aceite esencial. Una vez que has acabado el aceite, ya no hablamos de esos elementos del aceite esencial que lo han creado; ahora es algo único, el aceite de hechizo. Considero que una aproximación poderosa a la magiak es honrar y tratar cada materia como un espíritu individual en sí (al igual que las células que te ayudan con una actividad) y luego, al producto acabado como un espíritu propio que abarca todo el conjunto.

También vemos a los niños participando con naturalidad en el animismo, hablándoles a juguetes, a plantas y a objetos aparentemente inanimados y tratándolos como seres vivos y autónomos. Observar a los niños y cómo interactúan con el mundo es fundamental para la magiak y para la habilidad psíquica, y esto es un gran ejemplo de ello. Aproximarse al mundo a través de un punto de vista animista intensifica significativamente tu habilidad psíquica porque estás abriendo nuevas posibilidades de diálogo entre tú y el mundo que te rodea, tanto el visible, como el invisible. Recuerda, no son *únicamente herramientas* o *ingredientes*. Son aliados que nos ayudan a la hora de establecer un puente entre los mundos internos y externos de la magiak.

En lo que se refiere al lanzamiento de hechizos, la forma más sencilla de conectar con los componentes materiales de tu hechizo es reconocerlos individualmente, pedirles su ayuda durante la labor y agradecerles su apoyo. Esta simple aproximación cambia la dinámica de la relación energética entre los ingredientes y tú en tu hechizo, y deberías notar lo distinta que es su efectividad entre asociarte con los espíritus de la materia de un hechizo y limitarte a emplear unos ingredientes en un hechizo. Otra gran forma de honrar al espíritu de la materia con que estés trabajando es procurar asegurarte, en la mayor medida que te sea posible, de que ha sido obtenida y recolectada éticamente. Esto no siempre es del todo posible, pero deberías esforzarte en tomar mejores decisiones siempre que puedas. El siguiente es un ejercicio que empleo para conectar con la materia por primera vez para familiarizarnos mutuamente.

Ejercicio 18

Conectando con la materia

Sostén el objeto en tu mano si lo tienes en tu poder. Ánclate y céntrate y entra en un estado alfa. Lleva tu conciencia a tu Caldero del Calor *(véase* el capítulo 3 para la explicación de los Tres Calderos) ubicado debajo del ombligo. Mira cómo va dando vueltas con la energía de tu Yo Inferior como si alguien lo hubiera estado agitando con un cazo o una cuchara. Imagínate que está empezando a desbordarse dentro de ti como si estuvieras hueca. A medida que se va desbordando empieza a llenar tu cuerpo de esta conciencia de los pies a la cabeza hasta que estés completamente repleta de esta energía.

Declara en voz alta o mentalmente: «Deseo vibrar en armonía con el espíritu de (nombre del objeto) en un amor perfecto y en una confianza perfecta».

Examina tu conciencia interior. ¿Qué notas? ¿Ves alguna imaginería? Quizá huelas o notes algún sabor. Quizá sientas u oigas algo. Visualiza el espíritu del objeto en tu Ojo de la Bruja. Preséntate. Tómate unos instantes para comulgar con ésta, hazle preguntas y conócela bien.

Cuando hayas terminado, da las gracias. Visualiza toda la energía procedente del caldero que ha llenado tu cuerpo volver al caldero.

Ahora repite este proceso dos veces más, una con tu Caldero del Movimiento del Yo Intermedio ubicado en el centro de tu corazón, y luego con tu Caldero de la Sabiduría del Yo Superior ubicado en tu cabeza. Fíjate en si tienes alguna experiencia distinta con tus sentidos. ¿El espíritu del objeto tiene la misma forma o una forma distinta? ¿Ha actuado de una forma distinta o ha expresado una información distinta en función de con qué alma te has aproximado?

Ejercicio 19

Hechizo para limpiar y cargar una baraja de tarot de *Theresa Reed*

Instante mágicko: Una Luna llena, una Luna nueva.

Materias:

- Tu baraja de tarot

- Incienso de sándalo (yo prefiero las varillas de incienso)

- Una tela de seda

- Un cristal de turmalina negra

- Incienso sangre de dragón

- Un cristal de cuarzo rosa

- Un cristal de selenita

Finalidad: Éste es un hechizo de dos partes para eliminar la energía negativa de tu baraja del tarot y recargarla con vibraciones positivas y sanadoras. Existen diversas razones por las que podrías querer limpiar tu baraja del tarot.

Algunas de las más comunes son:

- Has hecho demasiadas lecturas con la misma baraja.

- Deseas limpiar tu baraja después de una lectura particularmente negativa.

- Te han regalado una baraja nueva.

- Has heredado la baraja de otra persona (tu abuela te dejó su tarot de Thoth).[22]

---

22. Baraja de tarot ilustrada por Lady Frieda Harris que originariamente acompañaba un libro creado por Aleister Crowley, el fundador de la religión pagana Thelema. *(N. de la T.)*

- Tus lecturas te resultan un poco «ni fu ni fa».

- No tocas tu baraja desde hace eones.

Francamente, ni siquiera necesitas una razón para emplear este hechizo. Considéralo un buen mantenimiento espiritual que mantendrá tus lecturas del tarot canturreando como una máquina bien aceitada.

Instrucciones: En Luna llena, reúne tu baraja de tarot, sándalo, una tela de seda y un cristal de turmalina negra. Abre una ventana y siéntate cerca de ésta. Enciende el incienso y permite que el humo envuelva tu baraja de tarot durante cosa de un minuto.

Deja el incienso a un lado y sostén la baraja entre tus manos. Cierra los ojos y recita estas palabras en voz alta o en silencio para ti misma:

«Bajo el resplandor de la Luna llena
ordeno que toda la energía negativa se vaya».

Si así lo prefieres, puedes elegir tus propias palabras. Lo importante es que ordenes a las cartas que suelten toda la energía que no favorezca tus lecturas. Deposita las cartas en la tela de seda, pon la turmalina negra encima y empaquétalo todo envolviéndolo con cuidado. Coloca la baraja envuelta bajo la luz de la Luna llena y déjala ahí tranquila hasta que llegue la Luna nueva. (Durante este período de reposo, usaré otra baraja de tarot para las lecturas, así la que se está limpiando tendrá tiempo de sobra para quedar bien limpia).

Cuando llegue la Luna nueva, toma la baraja, la sangre de dragón y el cuarzo rosa. Desenvuelve la baraja. Enciende la sangre de dragón y esparce el humo poco a poco alrededor de las cartas durante un minuto o dos. (La sangre de dragón es un protector y también atrae la energía positiva).

A continuación, toma la baraja con ambas manos y sostenla acercándola a tu tercer ojo. Repite estas palabras en voz alta o en silencio:

«La Luna nueva trae energía fresca.
Mi baraja de tarot está preparada para trabajar para mí».

Insisto, no tengas inconveniente en modificar las palabras como te parezca apropiado. Lo importante es establecer una intención que se te antoje positiva. Coloca tu baraja en el alféizar de la ventana con el cuarzo rosa encima. Permite que repose durante un día bajo la Luna nueva. Entonces ya está lista para usarla. Mantén un cristal de selenita sobre tus cartas entre las lecturas. Esto neutralizará la mayoría de la energía y mantendrá tu baraja limpia.

Ejercicio 20

Verificación de hechizos con la adivinación

Instante mágicko: Cualquiera.

Materia:

• Una baraja de tarot

Finalidad: Siempre es aconsejable realizar una consulta antes de lanzar un hechizo. Para la bruja, no hay mejor consultor que la adivinación. Adivinar antes de lanzar un hechizo puede darte una idea sobre si tienes luz verde para seguir adelante o si deberías volver al principio y reelaborar tu hechizo. Una de las formas más rápidas y de adivinación para un hechizo simplemente es consultar un péndulo para las preguntas «sí» y «no». Los péndulos son grandes «ruedas de aprendizaje» para aprender a escuchar y confiar en tu intuición. Tras trabajar con un péndulo durante algún tiempo, descubrirás que ya sabes qué te dirá un péndulo antes de emplearlo.

Sin embargo, si estás buscando una información más detallada respecto a tu hechizo, adivinar con un sistema más complejo puede ayudarte a dar con el mejor «plan de ataque» y a solucionar los problemas de tus hechizos. No debería sorprenderos que mi herramienta preferida de adivinación sea el tarot. Pensé que debía compartir cómo hago la «verificación de hechizos» antes de realizar un hechizo para garantizar el éxito.

Instrucciones: Yo empiezo poniéndome en un estado meditativo y mezclando las cartas, focalizándome en la meta de mi deseo. Por ejemplo, si quisiera hacer un hechizo para recibir un ascenso laboral, yo me focalizaría en esa meta del ascenso en sí mismo al tiempo que proyecto internamente una plegaria de petición. Ésta es la que yo uso, pero eres libre de adaptarla a tu camino espiritual:

«Con la guía de la Divinidad
mezclo estas cartas buscando la claridad.
Dioses y guías con ojos para ver
reveladme el mejor camino mágicko».

Entonces, dispongo una tirada de cuatro cartas:
Posición 1 – Qué tipo de magiak
Posición 2 – Consejo en relación a la magiak
Posición 3 – Posibles obstáculos
Posición 4 – Resultado si llevas a cabo la magiak

En la primera posición, adivino el tipo de magiak a realizar basándome en el palo elemental que aparece. Esto me ayuda a tener una idea general acerca de qué me recomiendan las cartas e incorporarlo a mi hechizo. Yo obtengo una información más extensa basándome en la carta en sí. Si saco la carta de un Arcano Mayor, me remito a sus atribuciones astrológicas y entonces las traduzco al elemento que lo rige. Aquí tenemos algunos ejemplos de asociaciones elementales con los tipos de magiak:

Oros (Tierra): Magiak con hierbas, magiak con cristales mágickos, magiak con monigotes y magiak con nudos.

Copas (Agua): Pociones, elixires, esencias florales y lavados.

Bastos (Fuego): Magiak con velas, magiak sexual.

Espadas (Aire): Recitar hechizos, conjuros, hechizos de petición, aseveraciones y meditación.

Éste es simplemente un ejemplo de correspondencias; emplea tu intuición y mira con atención las imágenes de las cartas. Podían tener algo que decirte pese a no ser un significado «tradicional» asociado a la carta. El tarot «habla» de varias formas, incluido el simbolismo de la imaginería.

Capítulo 3
APROXIMACIÓN
A LOS MISTERIOS

En *Brujería psíquica,* comenté los modelos triples como las Tres Almas, los tres fundamentos alquímicos, los Tres Calderos y la cosmología tripartita del Árbol de la Bruja. Estos conceptos son cruciales para ver cómo abordar el psiquismo y las habilidades mágickas, creando unos componentes fundamentales tan importantes como los elementos, los poderes planetarios y las influencias astrológicas. De por sí, creo que es importante revisar estos conceptos para aquellas que no estén familiarizadas con ellos y para ofrecer más percepciones, perspectivas y comprensión de esos conceptos a quienes ya estén familiarizados con ellos. Serán importantes para conectar con los misterios de la magiak para ser eficiente en el lanzamiento de hechizos mediante la experiencia directa del trabajo contenido en este libro, así como para tener un mapa con que identificar y comprender qué son esas experiencias, y una infraestructura que dé un sentido a los niveles de realidad desde los que estamos actuando y qué partes de nosotros mismos interactúan con esos niveles de realidad. Empleando estos modelos triples, podemos empezar a construir la infraestructura de nuestros propios aspectos y de cómo correspondemos y nos relacionamos con el universo metafísico a niveles internos y externos. También hay conceptos importantes fundacionales que comprender en la metafísica y el ocultismo en lo concerniente a la relación de la consciencia, la energía, la realidad y la divinidad. Me da la impresión de que estos conceptos los resumen mejor los siete principios herméticos; una fusión de la sabiduría ocultista antigua acompañada por percepciones innovadoras procedentes de movimientos espirituales como la teosofía y el nuevo pensamiento. A veces, estos principios se conocen como la

Llave Maestra para aproximarse a los Misterios y comprender el poder inherente de la mente sobre la materia.[1] Una de mis profesoras de brujería, Laurie Cabot, enfatizó los principios herméticos refiriéndose a ellos como la base fundamental de cómo y por qué funciona la brujería.[2] En todos mis estudios ocultistas, hay varios conceptos que me devuelven a esas ideas básicas, expresadas de varias formas, que exponen los principios herméticos.

Las Tres Almas

Numerosas brujas ven al propio ser como algo triple y se refieren a él como *las Tres «Almas»* haciendo suyo que ésos son aspectos divinos de nosotros mismos, incluso si normalmente no consideramos que lo sean. Dependiendo de con qué tradición de la brujería trabajes, a esas tres almas se las conoce por nombres distintos y pueden existir pequeñas diferencias en los detalles más sutiles en relación a qué encarna cada alma y cómo se la define. La división principal tiende a ser el Yo Superior, el Yo Intermedio y el Yo Inferior. El Yo Superior es lo que generalmente se denomina «alma» en los usos modernos de hoy en día. Es nuestra parte divina que es pura y una chispa de la Fuente en sí misma. El Yo Intermedio es nuestra personalidad, nuestra mente y nuestro sentido del «yo». El Yo Inferior es el aspecto instintivo o innato de nosotros mismos. Algunas tradiciones consideran que el Yo Intermedio también incluye el cuerpo, y algunas consideran que el Yo Inferior incluye el cuerpo. Asimismo, algunas tradiciones ven las emociones como un aspecto del Yo Inferior mientras que otras lo ven como un aspecto del Yo Intermedio. Mi forma de conciliar esto es interpretar que las emociones del Yo Inferior son lo que sentimos; esos sentimientos en bruto sin procesar que sentimos en nuestros cuerpo. Las emociones del Yo Intermedio se dan cuando procesamos esos sentimientos, podemos nombrarlos, describirlos y, en cierta medida, controlarlos.

---

1. En este caso no se refiere a materia en tanto objeto con el que hacer magia, sino a lo material. *(N. de la T.)*

2. Cabot y Cowan, *Power of the Witch*, 198.

Como con todo en el ocultismo, estas ideas tan sólo son mapas y modelos para ayudarnos a comprender las energías y los conceptos con los que trabajamos, y ninguno de ellos es perfecto o absoluto. Si nos obsesionamos demasiado tomándolos como algo literal o como una verdad absoluta, empezamos a confundir el mapa con el territorio. Esencialmente, necesitamos estos mapas para que tu Yo Intermedio le vea sentido a las cosas que perciben el Yo Superior y el Inferior. También podemos ver en los Tres Yoes conexiones y paralelismos con las tres formas de consciencia de una persona: el Yo Intermedio sería la mente consciente, el Yo Inferior sería la mente subconsciente, y el Yo Superior sería la mente súperconsciente o la conciencia colectiva. Los términos que se suelen emplear en la espiritualidad popular dominante, aunque un poco diluidos comparados con sus paralelos de la tradición de la brujería, son la mente, el cuerpo y el espíritu.

Los Tres Calderos

Una herramienta útil para trabajar con los Tres Yoes es emplear el modelo de los Tres Calderos. Los Tres Calderos son centros energéticos donde procesamos energías y trabajamos para transmutarlas y transformarlas. Los Tres Calderos provienen de un poema bárdico irlandés titulado *The Cauldron of Poesy* - *El caldero de la poesía*-. El poema describe tres calderos que se encuentran dentro de la persona. Mediante el trabajo con los Tres Calderos, he descubierto que éstos también «infusionan» energías en el sentido que procesan energías y entonces combinan y filtran esa energía dándole una forma distinta a como se la ha recibido en origen, de la misma forma que tú añadirías ingredientes a una infusión y que esa combinación crea algo distinto de sus ingredientes individuales. Los Tres Calderos también hacen las veces de puntos focales para las Tres Almas, funcionando como unos recipientes energéticos en nuestro interior que nos facilitan poder enfocarnos y trabajar en nuestras Tres Almas.

El primer caldero es el Caldero del Calor y está situado debajo del ombligo. Al Caldero del Calor lo impulsa el entorno, el movimiento, la actividad sexual y la conexión con la naturaleza. Es el caldero que infusiona las energías etéricas, creativas, generativas y vitales dentro de la persona. El segundo caldero es el Caldero del Movimiento, situado en el corazón. *El caldero de la poesía* afirma que este caldero nace de lado y debido a una gran felicidad o una gran tristeza se inclina hacia arriba o se vuelca hacia abajo en la gente. En este caldero es donde procesamos la energía emocional, y lo impulsan las cosas que evocan emociones en nosotros, como el arte, el cine, la música y la poesía. El Caldero del Movimiento es el caldero que infusiona la energía astral. El tercer caldero es el Caldero de la Sabiduría, situado en el interior de la cabeza. *El caldero de la poesía* afirma que este caldero nace boca abajo en la persona y que se lo coloca boca arriba como corresponde en aquellos que cultivan una gran sabiduría y una conexión espiritual en sus vidas. A este caldero se lo alimenta mediante la acumulación y la integración de la sabiduría, la conexión divina y la práctica espiritual. El Caldero de la Sabiduría es el caldero que infusiona las energías psíquicas, celestiales, divinas y trascendentales.

En la línea de la Blue Rose of the Faery Tradition of Witchcraft, y también en la Black Rose Witchcraft, se da unos símbolos a las Tres Almas.[3] A la del Yo Inferior se le da el símbolo de la Luna, que representa los aspectos inconscientes de nosotros mismos. A la del Yo Intermedio se le da el símbolo del Sol por los aspectos conscientes de nosotros mismos, de la misma forma que el Sol representa la personalidad del individuo y el sentido de una misma en la astrología. Al Yo Superior se le da el símbolo de la estrella, para representar la consciencia más allá de nuestro sentido de nosotros mismos. Para mí, éste es un juego perfecto de símbolos, puesto que muestra las fuerzas energéticas con las que trabajan cada uno de los calderos bajo el dominio de ese símbolo.

Lo que quiero decir es que el Yo Inferior o Caldero del Calor trata con lo que denominamos energías sublunares. «Sublunar» es una expresión procedente de las ideas aristotélicas sobre las energías que están bajo la esfera de la Luna en su modelo geocéntrico del cosmos.

---

3. Faerywolf, Betwixt & Between.

Pese a saber que el universo no es geocéntrico, la mayoría de los magos trabajan con magiak de esa forma, viendo el lugar donde están como el centro del universo para el propósito de un ritual. Las energías sublunares son los cuatro elementos clásicos de le energía etérica: la tierra, el aire, el fuego, y el agua. Al Yo Intermedio o Caldero del Movimiento se le da el símbolo del Sol y remite a todo lo que está bajo la influencia solar, que es nuestro sistema solar y una referencia a las energías astrales de los siete planetas clásicos. Al Yo Superior o Caldero de la Sabiduría se le da el símbolo de la estrella, así que esto se puede interpretar como una referencia a «las estrellas» o, más bien, a energías celestiales a semejanza de constelaciones como nuestro Zodíaco y sistemas estelares lejanos, como las Pléyades. Al Caldero de la Sabiduría lo impulsa la energía de los Tres Rayos, los cuales son materializaciones de la Divina Voluntad, del Amor Divino y de la Sabiduría Divina, y son la trinidad de la energía divina. Esos tres rayos también se expresan como las modalidades astrológicas de lo mutable, lo cardinal y lo fijo. La combinación de los cuatro elementos y de las tres modalidades se expresa en nuestro Zodíaco, dividido bajo cuatro elementos con cada una de las tres expresada como un signo astrológico. Por ejemplo, los signos de agua del Zodíaco son Escorpio (Agua Fija), Piscis (Agua Mutable) y Cáncer (Agua Cardinal).

Los Tres Fundamentos Alquímicos

En la alquimia existe el concepto de los tres fundamentos alquímicos, que eran vistos como las claves del proceso alquímico. Debemos recordar que la alquimia es un sistema espiritual con metáforas espirituales, una forma de codificar el conocimiento espiritual que no parecía tener una naturaleza religiosa para proteger esa información de las autoridades religiosas que habrían matado a esos exploradores espirituales por herejes. Estos tres elementos esenciales son el mercurio, la sal y el azufre. A estas tres fuerzas se las veía como algo que existía en el interior de todas las cosas y cuyas interacciones generaban una transformación. Energéticamente, vemos paralelismos con los tres rayos divinos, las tres modalidades y las Tres Almas. Esto viene simbolizado en el Baphomet[4] con la antorcha ardiente sobre él, el símbolo del azufre, (el fuego del alma), el caduceo de mercurio debajo, y la cabeza de consciencia y de la mente (la sal) entre los dos.

Alquímico	Astrológico	Rayo divino	Las Tres Almas
Azufre	Mutable	Sabiduría Divina	El Yo Superior
Sal	Fijo	Amor Divino	El Yo Intermedio
Mercurio	Cardinal	Voluntad Divina	El Yo Inferior

Los tres mundos del Árbol de la Bruja

Otro concepto decisivo es el del *Axis Mundi,* el Árbol del Mundo. El Árbol del Mundo es un mapa de los tres reinos primarios de la existencia que emplea el árbol como modelo. Tradicionalmente, al Árbol del Mundo se lo ve como un roble gigantesco, pero esto varía entre los diversos paganos y brujas. La idea principal es que hay un gran árbol cósmico con sus ramas en el Mundo Superior, su tronco en el Mundo Intermedio y sus raíces en el Mundo Inferior: tres divisiones separadas de la realidad, todas conectadas y parte del mismo árbol metafórico. El Mundo Superior es el reino del inconsciente colectivo, de la divinidad trascendental (la divinidad que trasciende nuestro mundo físico), y de las más grandiosas fuerzas cósmicas. El Mundo Intermedio es nuestra realidad física, la realidad etérica dominante, la poderosa muerte, las entradas entre reinos y la divinidad inminente (la divinidad inherente al mundo físico). El Mundo Inferior es un término para el reino de los ancestros, lo astral, la divinidad ctónica (la divinidad asociada con el Mundo Inferior), las deidades del poder primario y nuestro mundo interior. Habitando cada reino, encontramos espíritus y deidades de diferentes tipos que poseen su propia autonomía e individualidad. Estos tres mundos corresponden a los reinos célticos de la Tierra, el Cielo y el Mar. La Tierra es el Mundo Intermedio, el Cielo es el Mundo Su-

---

4. Para más información sobre Baphomet, véase el final del apartado «El Yo Sombra», en el capítulo 7 de *Brujería psíquica.*

perior y el Mar es el Mundo Inferior. Las brujas también se identifican con este Árbol del Mundo y lo ven en su interior. A esto se lo llama el Árbol de la Bruja, y les sirve como herramienta para explorar los diferentes reinos del Árbol del Mundo a través de medios psíquicos internos. La conexión entre el Árbol del Mundo y el Árbol de la Bruja individual ubicados dentro de cada bruja está sintetizado en el postulado del hermetismo «como es dentro, es fuera».

Ejercicio 21

Viaje al Árbol del Mundo

Ponte en una postura cómoda y relajada, en un lugar donde no te molesten. Cierra los ojos. Entra en alfa. Ánclate y céntrate.

Te percatas de que hay una niebla plateada en el suelo a tus pies. La niebla empieza a arremolinarse alrededor de tus pies, forma poco a poco una espiral alrededor de tu cuerpo y va ascendiendo hacia arriba. Te rodea por completo y envuelve tu visión hasta que todo lo que puedes ver es esa espesa niebla plateada. A medida que la niebla empieza a disiparse poco a poco, te verás en un bosque.

Frente a ti tienes un inmenso y poderoso roble; esto es el *Axis Mundi*, el Árbol del Mundo cósmico. Es tan inmenso que prácticamente parece que su tronco descomunal sea un pilar gigante que sostiene el mismísimo cielo. Desde tu punto de vista, ves las imponentes ramas en lo alto sobre ti, aunque no puedes ver lo lejos que llegan. Parece que éstas lleguen hasta el infinito. En lo alto de las ramas, las estrellas plateadas y azules parecen colgar como ornamentos, decorándolo con un fulgor celestial y místico. A los pies del árbol verás unas raíces gigantes entretejidas las unas con las otras. Algunas de las raíces son más grandes que tú misma. Algunas de las raíces son más grandes que los edificios. Tómate unos minutos para observar el árbol y asimilar sus detalles.

Todos los robles tienen una dríada, un espíritu arbóreo que vive en su interior, y el árbol del *Axis Mundi* no es distinto. La dríada del *Axis*

Mundi es la *Anima Mundi,* el alma del mundo cósmico. A medida que te aproximas al árbol, colocas la mano sobre su tronco, sintiendo la textura de la corteza. Llama a la *Anima Mundi* y pídele que te deje entrar con la mano puesta sobre su tronco. Casi de inmediato, en respuesta a tu llamada, sientes su presencia en el árbol, pese a no verla. Tómate unos instantes para conectar con esta energía y comprobar si hay algún mensaje, imágenes o percepciones que te lleguen a medida que notas la *Anima Mundi.* Cuando hayas terminado, dale las gracias al espíritu del Árbol del Mundo. Date la vuelta y aléjate del árbol para ver una niebla plateada. Retrocede metiéndote en la niebla hasta que sea lo único que puedas ver. Permite que la niebla se disipe mientras empiezas a mover tus dedos y tus piernas, o cualquier otra cosa que te devuelva a la consciencia corporal. Cuando estés preparado, abre los ojos, y ánclate y céntrate otra vez.

Los principios herméticos

El *Kybalión* es controvertido, dado que asegura estar compartiendo el conocimiento hermético de la antigüedad. Lo escribieron desde la sombra «Los Tres Iniciados», que se cree que era un pseudónimo de William Walker Atkinson, el editor del libro, al que se conocía por escribir bajo varios nombres artísticos y pseudónimos.

Hay gente que cree que no es fiel al hermetismo puro de la antigüedad, y tienen razón. La mayoría de las cosas pertenecientes a la tradición hermética se atribuyen a la autoría de Hermes Trismegisto. El *Kybalión* no se toma esa atribución; más bien está dedicado a Hermes Trismegisto. Investigadores como la autora Mary K. Greer señalan que varios de los principios del *Kybalión* parecen estar basados en la introducción de una traducción del *Kore Kosmou,* también conocido como *La Virgen del Mundo de Hermes Mercurio Trismegisto,*[5][6] traducido por los teósofos Anna Kingsford y Edward Maitland. Esto emparejado

---

5. https://marykgreer.com/2009/10/08/source-of-the-kybalion-in-anna-kingsford%E2%80%99s-hermetic-system

6. En el original, *The Virgin of the World of Hermes Mercurius Trismegistus. (N. de la T.)*

con conceptos de la teosofía y del nuevo pensamiento, crea la infraestructura de ideas que presenta el *Kybalion*.

Al margen de cómo sea o no de antiguo o puro el *Kybalión* en relación con el hermetismo, definitivamente no es un libro perfecto, y a veces resulta profundamente problemático. De por sí, al igual que cualquier otro texto ocultista, no se lo debería tomar una al pie de la letra como un evangelio. Al igual que varios libros ocultistas victorianos y posvictorianos, podemos sacarle provecho al tiempo que también comprendemos y discutimos qué ideas, comentarios y afirmaciones son problemáticas con toda transparencia y honestidad. Pese a algunos de sus profundos defectos, el *Kybalión* también posee una visión notable, particularmente para quienes son nuevos en el ocultismo y la magiak. De hecho, el *Kybalión* se define a sí mismo como hermético en el sentido de esta palabra como sellado (a semejanza de la expresión «sellado herméticamente»), que era un término corriente durante la época de su autoría; hoy en día utilizaríamos el término «ocultismo», que significa «conocimiento escondido».[7] Así que me parece irrelevante que el libro proceda de las tradiciones de la antigüedad o de las tradiciones modernas. Lo que hace es compartir una visión de la filosofía del ocultismo en relación a cómo funciona el universo y cómo las brujas pueden comprenderlo para cocrear la realidad. Algunas de las brujas más poderosas y sabias con las que he tenido el honor de estudiar adoptaron y enseñaron los principios herméticos del *Kybalión* como un fundamento importante para el camino mágicko.

El principio del mentalismo

El primer principio hermético contenido en el *Kybalión* es el principio del mentalismo. Este principio afirma que el universo es mental, contenido en la mente del todo. Las fuerzas elementales, los bloques constructivos que componen toda la realidad en el ocultismo, están dentro de la mente del Todo. Este principio nos dice que todo lo que existe es un constructo mental del Gran Divino. Sugiere que todo está unifica-

---

7. Anónimo, *The Kybalion*, 9

do en su nivel más fundamental. La consciencia es la base de todo: la materia, la energía y el espíritu. Sugiere que existimos dentro del Gran Divino y que nosotros mismos formamos parte de él. Estar dentro y formar parte del Gran Divino quiere decir que todo es inherentemente divino, incluidos nosotros, que tenemos una mente propia. Formar parte de la Mente Divina y poseer nuestras propias mentes sugiere que nosotros, al igual que el Gran Divino, somos capaces de crear la realidad sirviéndonos de nuestra propia energía mental divina. Eso es así porque según este principio, nuestros pensamientos son energía, y si podemos aprovechar esa energía mental y dirigirla, podemos empezar a comprender nuestra propia divinidad como cocreadores de la realidad. Esto refleja la definición de Dion Fortune de la magiak, conforme es la ciencia y el arte de provocar cambios en la consciencia para que ocurran de acuerdo con la Voluntad.

El principio de la correspondencia

El segundo principio hermético en el *Kybalión* es el principio de la correspondencia. Este principio declara: «Como es arriba, es abajo; como es dentro, es fuera; como es el microcosmos, es el macrocosmos».[8] Esto expone que todo lo que está en un plano de realidad afecta a otro. También afirma que, al igual que el principio del mentalismo, el Todo está dentro de todo y que todo está dentro del Todo. O para plantearlo de forma más clara; todas las cosas están dentro de la consciencia divina y la divina consciencia está dentro de todas las cosas. Todo es parte de la Gran Divinidad, y la totalidad de la Gran Divinidad está dentro de todas las cosas. Todas las cosas son fractales por naturaleza como un holograma, son partes de la totalidad y el patrón de esa totalidad está contenido en todas partes. Esto sugiere que el microcosmos es un atlas del macrocosmos y viceversa.

Es más, este principio sugiere que cosas situadas en planos de realidad distintos están conectadas unas con otras por una correspondencia de energía que se produce entre ellas. Trabajar con plantas o piedras

---

8. Anónimo, *The Kybalion,* 16.

que retienen una cierta vibración elemental, planetaria o celestial nos permite aprovechar y trabajar con esas grandes energías para generar el cambio mediante la magiak. Este principio también sugiere que lo que hacemos internamente está intrínsecamente conectado con nuestro mundo físico y con planos más elevados de la realidad, y viceversa.

El principio de la polaridad

El tercer principio hermético es el principio de la polaridad. Esto sugiere que todo en el universo tiene un opuesto y que esa cosa y su opuesto son en realidad lo mismo, pero también diferentes partes de ese espectro. El calor y el frío, la luz y la oscuridad, la recepción y la proyección, la rectitud y la maldad, la felicidad y la tristeza, la vida y la muerte, etc. Todas las cosas no sólo están conectadas con su opuesto, sino que son un aspecto complementario que una vez combinado crea la totalidad de lo que eso es en realidad. El *Kybalión* expresa esto diciendo: «Todo es dual; todo tiene sus polos; todo tiene su pareja de opuestos; el agrado y el desagrado son lo mismo; los opuestos son idénticos en su naturaleza, pero distintos en grado; los extremos se tocan; todas las verdades no son más que medias verdades; todas las paradojas quedan reconciliadas».[9] La última frase es una de las principales metas de la alquimia y del ocultismo: la reconciliación y la reunificación de energías que parece que estén separadas, pero que sólo son dos mitades de un lado.

Una de mis películas favoritas de todos los tiempos cuando era niño era la película *Cristal oscuro* de Jim Henson y Brian Froud. La película ejemplifica a la perfección este principio como concepto. En la película hay dos especies principales de criaturas opuestas, pero complementarias: los malvados, agresivos, egoístas e ignorantes skeksis y los amables, pacifistas, altruistas y sabios místicos uru. La clave de la película es que esos seres solían ser una sola especie, y que los urskeks los dividieron en dos mitades.

---

9. Anónimo, *The Kybalion*, 19.

El principio de la vibración

El cuarto principio hermético es el principio de la vibración. El principio de la vibración afirma que «Nada se detiene; todo se mueve; todo vibra».[10] Eso significa que nada está verdaderamente quieto y que todo está vibrando o moviéndose a diferentes velocidades. Gracias a la ciencia sabemos que incluso la materia que parece más sólida está compuesta de átomos y moléculas que se mueven y que vibran. Esto sugiere que todo en el universo, físico y no físico, está vibrando. Cuando recordamos el principio del mentalismo, nos damos cuenta de que todo está compuesto por consciencia y pensamiento. Eso significa que nuestros pensamientos también poseen una vibración intrínseca, y varios practicantes de lo espiritual, de lo metafísico y del ocultismo mencionan la vibración de algo. Desafortunadamente, a veces esto se emplea para etiquetar las cosas conforme tienen «buenas» o «malas» vibraciones, lo que conduce a toda una serie de problemas, incluida la circunvalación espiritual.

El principio del ritmo

El quinto principio hermético es el principio del ritmo. Éste afirma que «Todo fluye hacia fuera y hacia dentro; todo tiene sus mareas; todas las cosas se elevan y se derrumban; la oscilación del péndulo se manifiesta en todo; la medida de la oscilación hacia la derecha es la medida de la oscilación hacia la izquierda; el ritmo se compensa».[11] Sabemos por el principio de la polaridad que todas las cosas sólo son parte de su opuesto y que hay un espectro dentro de estos dos polos. El principio del ritmo afirma que todo está en un estado en el que fluye de un polo a otro. Esto se asemeja a la frase de *Star Wars*: «equilibrar en la Fuerza». La idea es que esa energía está fluyendo de un espectro del polo al otro y que una expresión de energía, con el tiempo, volverá a su opuesto. Podemos plantearnos simbólicamente esto como las fases

---

10. Anónimo, *The Kybalion*, 17.
11. Anónimo, *The Kybalion*, 21.

creciente y menguante de la Luna, ya que la Luna aumenta su luminosidad, sólo para finalmente disminuirla hasta la oscuridad y viceversa. Esto emparejado con el ultimo principio insinúa que nada es permanente, y al final dará paso a su opuesto en esa compensación, al igual que un péndulo oscila de un lado a otro. Esto también nos ilustra el concepto que sostienen muchas brujas conforme todas las cosas son cíclicas: el tiempo, las estaciones, las fases lunares, el renacimiento, etc.

El principio de la causa-efecto

El sexto principio hermético es el principio de la causa-efecto. Declara que: «Cada causa tiene su efecto; cada efecto tiene su causa».[12] Esto significa que todo lo que sea algo es fruto del efecto de una causa previa y que todas las cosas crean un efecto. Nada ocurre sin que haya una consecuencia. Esto no consiste en la idea de que si tú haces el bien, las cosas buenas se arrimarán a ti, y que si haces el mal, las cosas malas se arrimarán a ti. Más bien, esta idea no es moralista. Esto está ligado al hecho de que todo se mueve y que todo está intrínsecamente conectado con todo lo demás. La piedra que se tira a un estanque crea ondas. De la misma forma, no hay pensamiento, palabra o acción que se dé en el vacío. Todo crea cambios de una forma u otra, para bien, para mal o de forma neutra, porque todo está interactuando con alguna otra cosa. El *Kybalión* define este principio como una ley, y declara que «la suerte no es más que un nombre para una ley no reconocida», queriendo decir con eso que nada es aleatorio; todo ocurre por alguna razón u otra debido a otra cosa.[13]

El principio de género

Ahora hemos llegado al más controvertido de los principios herméticos y por una buena razón. El principio de género afirma: «El género está en todo; todo tiene sus principios masculinos y femeninos; el género se

---

12. Anónimo, *The Kybalion*, 23.
13. Anónimo, *The Kybalion*, 23.

manifiesta en todos los planos».[14] Aquí hay mucho que desentrañar. Con muchos de los textos clásicos y del ocultismo más antiguo debemos ser agudos en nuestra percepción y ser honestos, al tiempo que rescatamos de los escombros todas las cosas con que podemos trabajar. Un libro puede ser increíblemente esclarecedor y provechoso en unos apartados y sumamente problemático en otros, y esto incluye la mayoría de nuestros textos fundacionales del ocultismo. Nuestra tarea como lectores de la era moderna es movernos por estos textos más antiguos, cribando las sandeces de los prejuicios personales y culturales e ideologías de su época para encontrar los pequeños tesoros que contienen y que podemos aplicarnos ahora. El *Kybalión* no es una excepción.

Buena parte del ocultismo victoriano temprano empleaba el principio de género en sus conceptos metafísicos, siendo más literal con algunos que con otros. El *Kybalión*, influido por esas tradiciones y escrito en tiempos posvictorianos, adopta buena parte de ese lenguaje heteronormativo. Pese a ser un poco más progresista en comparación con el pozo de influencias al que recurre el autor, teniendo en cuenta nuestros conocimientos actuales, aún se queda completamente corto como metáfora en los tiempos modernos. El *Kybalión* afirma que el principio del género no se refiere al sexo de algo (o de alguien), sino que se refiere a las funciones energéticas de la generación y de la creación. Sin embargo, luego procede a decir que el sexo tan sólo es una manifestación material del género principal en acción.[15] Esto es incorrecto y embarra las aguas de lo que el autor está intentando explicar, puesto que esta línea de pensamiento está arraigada en las ideas problemáticas del esencialismo de género.[16] Emplear el género como una metáfora en el ocultismo para describir lo complementario y las fuerzas opuestas que encuentran dentro de todas las cosas en el universo se queda corto porque sabemos que, científicamente, el sexo y el género no son sinónimos ni binarios, sino más bien un espectro de singularidad que se da a lo largo y ancho de la naturaleza, lo cual también in-

---

14. Anónimo, *The Kybalion*, 117.
15. Anónimo, *The Kybalion*, 117-118.
16. Magdalene, *Outside the Charmed Circle*.

126

cluye a la gente. El principio también se queda corto al emplear el género como una metáfora porque un género no es inherentemente más «pasivo» o «receptivo» o «más oscuro» que otro; esta visión depende completamente de estereotipos de género y sexistas.

Quien escribió el *Kybalión* parece querer intentar aprovechar una idea que era progresista para su tiempo sin la infraestructura que tenemos ahora y empleando las metáforas imperfectas que se tenían antes. Por ejemplo, el *Kybalión* asevera que el foco del séptimo principio es más afín a «la atracción y la repulsión» de los átomos; a la afinidad química; a «las filias y a las fobias» de las partículas atómicas; a la atracción o cohesión entre las moléculas de la materia» o incluso «a la mismísima ley de la gravedad».[17] A veces es un acto de amor pensar más allá de la literalidad de esta clase de trabajos, pero una vez que lo hacemos, las posibilidades son infinitas. La vida y la muerte, la creación y la destrucción, la receptividad y la proyección, las cargas eléctricas negativas y positivas: estas fuerzas polares complementarias y opuestas como la fuerza proyectiva de la vida, y la fuerza receptiva de la muerte; estas formas están vivas en nuestras vidas y vivas en nuestra magiak.

En el contexto del psiquismo y de la magiak, el *Kybalión* habla del principio de género como algo que encarna el concepto del «Yo soy», el cual lo podemos desglosar en dos partes según el libro –«Yo» y «mi yo»– y que nos asistirá en lo concerniente a conocer nuestro «Yo soy».[18] Cuenta el concepto del proyectivo «Yo» con la mente consciente (o en nuestra infraestructura, el Yo Intermedio) y el receptivo «mi yo» con la submente consciente (o el Yo Inferior).[19] El *Kybalión* también asocia el «Yo» con la fuerza de voluntad y el «a mí» con el cuerpo físico y los apetitos físicos.[20] Este apartado me resulta más fácil de descodificar cuando está enmarcado en el modelo de las Tres Almas, y viendo el «Yo soy» como el Yo Superior, conteniéndolo dentro del Yo Interme-

17. Anónimo, *The Kybalion*, 122-123

18. Anónimo, *The Kybalion*, 126.

19. Anónimo, *The Kybalion*, 124.

20. Anónimo, *The Kybalion*, 127.

dio y el Inferior. Cuando estas secciones están alineadas y equilibradas, podemos participar magistralmente en la magiak y en la habilidad psíquica, donde la mente puede interpretar y traducir la imaginería de la submente consciente y, de la misma forma, energizar impresiones de la imaginería mental en las manifestaciones mágickas.[21]

Ejercicio 22

Meditación para la transmutación mental

Instante mágicko: Cualquiera.

Materia:

- Colgante de la llave de la luz de la Luna (opcional)

Finalidad: Este ejercicio es una meditación activa que he creado recurriendo a los principios herméticos son el propósito de la «transmutación mental» tal como se los describe a lo largo del texto del *Kybalión* y he tenido muchísimo éxito con él. Si deseas emplear tu llave de la luz de la Luna durante cualquier transmutación mental, fortalecerá la habilidad de la llave, así como hará este ejercicio más eficiente, pero es algo del todo opcional.

Instrucciones: Empieza por decidir qué te gustaría transmutar; puede ser una emoción, una creencia sobre ti misma, un patrón de pensamiento o un mal hábito. Una vez que hayas elegido qué te gustaría transmutar, entra en alfa, ánclate y céntrate. En este ejemplo, transmutaremos la creencia de estar físicamente cerrada a estar físicamente abierta, pero puedes adaptar este ejercicio a cualquier otra cosa que desees transmutar.

Con los ojos cerrados, empieza evaluando qué sensación te transmite aquello que estés transmutando. Para este ejemplo, enfócate en cómo te sentirías al estar físicamente bloqueada o cerrada. Conjura

---

21. Anónimo, *El Kybalión*, 136.

en tu mente la imagen del aspecto que crees que tendría. Mantén esa imagen en tu Ojo de la Bruja y entonces procura ver un candado sobre dicha imagen. Nombra mentalmente al candado «habilidad psíquica». Tómate unos instantes e imagínate este aspecto de ti misma que estás transmutando como una vibración, quizá como una vibración física, una nota musical, la visualización de una longitud de onda, la luz de un color o una combinación si es posible.

Permite que la imagen, el sentimiento y la vibración se desvanezcan. Ahora conjura la idea de cuál sería su polaridad opuesta. En este caso, hablaríamos del estado de estar abierto físicamente. ¿Qué sensación te imaginas que transmitiría eso? Intenta conjurar esos sentimientos en tu interior, metiéndote en un juego de roles basándose en esos sentimientos por un instante. Ahora conjura una imagen del aspecto que crees que tendría. Mantén esa imagen en tu Ojo de la Bruja y contempla una llave sobre esa imagen visual. Denomina a la llave «habilidad psíquica». Como antes, dedícale unos instantes e imagínate cómo sería la vibración de esta transmutación en comparación con la vibración anterior. ¿En qué se diferencian?

Permite que la imagen, el sentimiento y la vibración se desvanezcan de nuevo. Ahora conjura ambas imágenes en tu Ojo de la Bruja una al lado de la otra, viendo el aspecto que quieres transmutar con un cerrojo superpuesto, y la transmutación deseada con una llave superpuesta. Reconoce la cerradura y la llave como dos partes complementarias y opuestas de un conjunto, al igual que el área que deseas transmutar (en este caso, estar bloqueada físicamente) y la transmutación deseada (estar físicamente abierto) son polos opuestos de un espectro (del de la habilidad psíquica en su totalidad para este ejemplo).

Ahora conjura de nuevo esa sensación de estar físicamente bloqueado como una vibración en tu interior. Con los ojos aún cerrados, agarra la llave de la luz de la Luna que llevas colgando del cuello si la has incorporado en este ejercicio. Mete la llave en el cerrojo y gira la llave mentalmente. En cuanto abres el cerrojo se libera la vibración de la transmutación. Siente la vibración original que notas y la vibración desbloqueada simultáneamente. Siente la vibración en tu interior adecuándose y sincronizándose poco a poco con la vibración que acaba de desbloquearse. La vibración desbloqueada mantiene su vibración al tiempo que la vibración que sientes empieza a transformarse. Por ejemplo, la nota musical empieza a ajustarse a la nota musical deseada, el color se transforma en el color deseado, la longitud de onda se adecúa a la longitud de onda deseada, la emoción se atiene a la emoción deseada.

Una vez que hayas transmutado mentalmente la energía, realiza una declaración mental o verbal sobre qué acabas de llevar a cabo, como, por ejemplo: «He transmutado mi habilidad psíquica a un estado de receptividad. Yo integro esto en mí misma y en mi vida». Cuando hayas terminado, ánclate y céntrate de nuevo, sal de alfa y abre los ojos poco a poco. Nota la diferencia respecto a cómo te sentías antes del ejercicio frente a cómo te sientes ahora.

Ejercicio 23

Hechizo con velas para la transmutación de energía

Instante mágicko: Cualquiera.

Materia:

- Una vela cónica blanca

- Una vela cónica negra

- Una vela cónica gris

- Las varillas de incienso correspondientes (opcional)

Finalidad: Este hechizo es para transmutar cualquier situación de un extremo de su polaridad al otro. El mejor ejemplo que he visto respecto a la aplicación de los principios de la transmutación en un hechizo específico es uno de mis favoritos: «Cambiar la energía» del libro de la brillante Dorothy Morrison, *Utterly Wicked*.[22] La finalidad del hechizo

---

22. Morrison, *Utterly Wicked*, 132-136.

es tomar maldiciones, embrujos o cualquier energía negativa que alguien te esté enviando y transformar esa energía a fin de impulsar tus metas. Este hechizo que comparto aquí lo inspiró el hechizo de «Cambiar la energía» y está mucho más simplificado que el suyo, pero recomiendo definitivamente echarle un vistazo a la versión que ella enseña.

Instrucciones: Coloca las tres velas en fila a unos 2,5 o 5 centímetros de distancia cada una en un lugar seguro. Coloca la vela negra a la izquierda para representar la energía inicial y la vela blanca a la derecha para representar en resultado energético final deseado. Coloca la vela gris en el medio para representar la transición entre el principio y el final de la transmutación de la energía. Para este ejemplo, haremos este hechizo para la claridad mental. Empieza por nombrar verbalmente a la vela negra cónica según la situación actual. Podrías hacerlo señalando la vela y diciendo: «Vela, te llamas mi carencia de claridad». Entonces, haz lo mismo con la vela blanca declarando: «Vela, te llamas claridad». Luego, señala a la vela gris del medio y di: «Vela, te llamas transición». Enciende la vela negra y enuncia el hechizo:

«Mientras esta vela gotea y arde
por la voluntad y la palabra ahora declaro
que la luz, la llama, permanecerá
mientras se alimenta cada vela, cambia.
El principio y el final, dos mitades de lo mismo,
empiezan a cambiar con el movimiento de la llama
al tiempo que las tres velas arden y revocan
la energía que alcanza un cambio completo del espectro».

Cuando la vela negra se haya consumido casi del todo (y la mayoría de las velas cónicas duran unas dos horas) mueve la llama hacia la vela siguiente. Yo lo hago empleando una varilla de incienso que se corresponda con la meta a la que aspiro como forma de darle un último impulso. Por ejemplo, para este ejemplo de claridad mental yo emplearía una varilla de incienso de citronela y la encendería empleando la llama de la vela negra, y a continuación la usaría para encender la vela gris. Cuando enciendas la vela gris, repite el hechizo. Haz lo mismo cuando la vela gris se haya consumido casi del todo, empleando el incienso (o cualquier medio elegido para transferir la llama) para encender la vela blanca, repitiendo el hechizo.

Capítulo 4
LA LIMPIEZA
Y LA PROTECCIÓN

La expresión popular «la limpieza es tu religión» tiene enjundia en lo que se refiere a la magiak. Al igual que en la cocina, en la cirugía o en la ejecución de experimentos científicos, quieres asegurarte de que tu área de trabajo, así como los instrumentos con que trabajas, están limpios y desinfectados para que no queden contaminados con influencias indeseables. El instrumento o herramienta más importante en la magiak eres tú misma: mente, cuerpo y espíritu. Queremos asegurarnos de que somos canales despejados de energía y de que estamos trabajando en un ambiente donde la energía que se eleva y se dirige la tenemos contenida en el equivalente de un recipiente limpio. En el último capítulo hemos visto los aspectos triples del yo. Ahora veremos cómo esos aspectos de una requieren que se los limpie y cómo limpiarlos, así como el modo de limpiar nuestros entornos que tengan energías desequilibradas e indeseables.

El Yo Superior nunca necesita que se lo limpie. Como se ha afirmado, siempre permanece en un estado de pureza. Nosotros limpiamos nuestro Yo Intermedio mediante la meditación, el enfoque y la alteración de nuestra consciencia, esencialmente limpiando nuestra mente y llevándola a un estado de apertura y receptividad. Cuando hablamos sobre limpiar en la magiak, a menudo nos referimos a limpiar aspectos del Yo Inferior: el cuerpo, las emociones y la energía. Al Yo Inferior también se lo denomina «el yo pegajoso» porque está aprehendiendo constantemente las energías con las que se encuentra como una esponja. Se conoce a este tipo de energía por múltiples nombres, aunque dentro de la brujería a menudo se la conoce por su nombre griego antiguo: *miasma*. Esencialmente, el miasma es una energía considerada como una especie de residuos energéticos pesados.

Yo no creo que el miasma sea necesariamente bueno o malo, y no equivale al concepto del pecado presente en algunas religiones. Es como si el hecho de estar sucio no hiciera de alguien una mala persona. También es inevitable, al igual que ensuciase es inevitable. Acumulamos suciedad de forma natural, tanto física como energéticamente, simplemente a través de la vida cotidiana. Como brujas, sin embargo, tenemos tendencia a participar en prácticas que a menudo nos ponen en contacto con más miasma que a una persona normal, ya que nos sumergimos en un trabajo energético más a fondo y a una mayor profundidad. Las brujas se ensucian las manos, tanto física como energéticamente. ¿Por qué es importante limpiar este miasma, pues? Tal como he afirmado, esta energía es pesada y esencialmente puede atascar los trabajos propiamente dichos. Puede complicar mucho el mover energía y participar directamente en ella, lo cual queremos evitar si estamos intentando lanzar hechizos o participar en prácticas como el mediumnismo o la proyección astral, donde es necesario que estemos energéticamente limpios.

Al igual que la suciedad, el miasma no es algo que se concentre sólo alrededor de la gente, sino que también se apila en torno a objetos y ubicaciones. Para mí, físicamente, el miasma se me antoja como una película que envuelve las cosas. Cuando se concentra considerablemente es como una niebla tóxica viscosa. ¿Has visto esas fotos antiguas en blanco y negro de espiritualistas realizando una sesión de mediumnismo y donde supuestamente captan el ectoplasma en la fotografía? Tanto si son auténticas como si no, y seamos honestos, es muy dudoso que lo sean, ilustran muy bien cómo percibo yo la acumulación miásmica.

Ciertos acontecimientos y actividades tienen unos niveles de miasma más grandes, del mismo modo que ciertas cosas y actividades te ensucian más en lo físico. Insisto, aquí no se juzga que tengan buenas o malas connotaciones, de la misma forma que no tiene nada de malo ensuciarte las manos por haber trabajado en tu jardín o por haber sacado la basura. Al igual que en estos ejemplos, una buena regla de oro es ver que cualquier cosa que te llevaría a lavarte las manos o a bañarte o a hacerte sentir sucio físicamente, a menudo también recogerá miasma que habrá que limpiar. Esto abarca desde la suciedad física o el llevar ropa sucia hasta estar bajo unas condiciones de vida mugrientas. Piensa en cómo hacen que te sientas estas cosas emocionalmente. Emocional y psicológicamente, nos sentimos más relajados, felices y tenemos una mayor sensación de bienestar cuando nos hemos duchado, llevamos ropa limpia y nuestros hogares están limpios. Dado que, según mi experiencia, el miasma está directamente relacionado con el Yo Inferior, evaluar las cosas conectadas con nuestros cuerpos y nuestras emociones nos ayudará a comprender cuándo estamos acumulando miasma. Los estados emocionales que nos afligen de algún modo pueden atraer el miasma o puede ser resultado directo del miasma en sí mismo. Insisto, ninguna de estas cosas son necesariamente buenas o malas en sí mismas; son experiencias que tiene toda persona, y de forma bastante habitual.

Ritos de paso como tu nacimiento, muerte y parecidos son tradicionalmente actividades que generan grandes cantidades de miasma, tanto si uno participa directamente en esas actividades como si toma contacto directo con ellas. Lo mismo se dice en relación con las enfermedades así como la sanación energética. Según mi experiencia, hasta los trabajos de hechicería, la proyección astral, la adivinación y el mediumnismo acumula miasma, puesto que nos encontramos con energías externas que se nos pegan como residuos. Afortunadamente, limpiar miasmas es extremadamente fácil, especialmente porque la limpieza física gana la mitad de la batalla.

La diferencia entre la limpieza y la purificación

Cuando empleo las palabras «limpieza» y «purificación», las diferencio situándolas a diferentes niveles. Que elijas diferenciar esas palabras como hago yo o no hacerlo, no es tan importante como que comprendas la diferencia entre la intensidad y la regularidad de esas dos ideas. La diferencia primordial entre la limpieza y purificación, en un contexto mágicko, es que la limpieza es más bien una limpieza informal de energía, y la purificación es más bien una limpieza profunda y concienzuda. Plantéatelo en términos del mantenimiento de una casa; una limpieza se asemeja a quitar el polvo, barrer y acabar con el desorden. La purificación es más bien como pasar el mocho, restregar con la fregona y limpiar tu alfombra con vapor. Si nos lo planteamos recurriendo a la higiene personal como metáfora, la limpieza es lavarnos la cara con agua y jabón, y la purificación es más bien como ir al spa para hacerse una limpieza facial en profundidad.

Al tiempo que la limpieza y la purificación son esenciales, deberías tener en mente la diferencia existente entre su frecuencia y sus funciones. Suelo hacer purificaciones tan sólo una vez por ciclo lunar, puesto que habitualmente hago limpiezas sobre mí mismo y sobre mi espacio con regularidad. Hago limpiezas de forma habitual antes de participar en cualquier práctica mágicka o psíquica, o si me siento especialmente sucio energéticamente. No tienes por qué obsesionarte con la limpieza y la purificación. Trata las limpiezas como el lavarte las manos. Tú te lavas las manos antes de comer, pero probablemente no te duchas antes de cada comida. Seguramente te duchas con regularidad; simplemente no lo haces con tanta frecuencia como lavarte las manos. Asimismo, sería de gran ayuda que te limpiaras antes de participar en actividades espirituales. Te percatarás de que hay una diferencia monumental entre tu fluidez y tu conexión con la energía con la que estás tratando.

Ejercicio 24

El elixir de la limpieza

Instante mágicko: En cualquier momento.

Materia:

- Un vaso

- Agua potable

Finalidad: Ésta es mi versión del rito Kala. Originariamente aprendí el rito Kala de Storm Faerywolf, quien enseña diversas versiones en su libro *Betwixt y Between*[1] y en su escuela de brujería Black Rose Witchcraft presente en la Modern Witch University.

---

1. Faerywolf, *Betwixt y Between*.

El rito Kala es una práctica fundamental en la tradición de la brujería feérica. Esencialmente, el ritual transmuta la energía que ya tienes en lugar de soltarla. Te permite trasformar tus bloqueos, así como la energía mental y emocional que no te es útil, en algo que te empodera y que te sana.

Instrucciones: Empieza llenando un vaso de agua. Toma esa agua y sostenla a la altura del vientre, en el punto del caldero del Yo Inferior. Enfócate en tu Yo Inferior, también conocido como «el pegajoso», que absorbe y se aferra a las emociones y las energías psíquicas. A medida que sostienes el agua en ese punto del vientre, siente toda tu negatividad y tus bloqueos brotando en tu interior.

Empieza a respirar a un ritmo lento y constante, visualizando esta negatividad como un fango tóxico o un humo ennegrecido que, siguiendo la dirección de tu respiración y a través de tu fuerza de voluntad, empieza a abandonar tu cuerpo y tu energía y rellena el agua que tienes entre tus manos.

A continuación invocarás a la gran Fuente/al gran Espíritu. En la tradición feérica, se suele emplear a la diosa Estrella como denominación para esta fuerza. Eres libre de reemplazar el «Espíritu Todopoderoso» por cualquier noción que tengas del Gran Misterio sea cual sea.

Alza el vaso de la energía negativa a la altura de tu corazón, el punto del caldero del Yo Intermedio. Con una voz firme y poderosa, clama:

«Invoco al Espíritu Todopoderoso
cuyo cuerpo compone la realidad.
¡Quien fue y es, y siempre será
el infinito de la eternidad!».

Siente cómo la presencia de la Fuente empieza a rodearte. Tú estás compuesto de esta fuerza, como lo está todo, como lo está nada.

A continuación. Enfócate en tu Yo Superior, esa parte de ti que es la Fuente y que nunca ha dejado la Fuente.

Vuelve a poner el foco en el vaso que tienes en el corazón. Enfócate en tu intención de transformar el vaso, y con una voz firme y poderosa, clama:

«Espíritu, trasforma con luz divina
los contenidos del vaso que sostengo.
Límpialos. Perfecciónalos. Enmiéndalos.
¡Del plomo oscurecido al oro brillante!».

Visualiza al Espíritu empezando a fundirse contigo y a empoderarte, haciendo que tu aura resplandezca con una energía divina como un fuego. Para obtener una potencia añadida, quizá quieras realizar «El Fuego de la Bruja y la alineación del alma» (Ejercicio 60 de mi libro *Brujería psíquica)*. A medida que tu Bruja del Fuego arde, alza el vaso a la altura de tu frente, el punto del caldero del Yo Superior.

«Prende en mí la antigua Bruja del Fuego.
Libera en mí lo que se tiene que ir.
¡Transmuta esta agua según mi deseo
a medida que el poder cósmico comienza a fluir!».

Con tu voluntad e imaginación, mira cómo el agua oscurecida empieza a centellear y a brillar, convirtiéndose poco a poco en las aguas cristalinas de la sanación. Entonces procede a beberte el agua. Para acabar, declara:

«Impurezas sanadas,
la magiak sellada,
como es arriba, es abajo.
Por mi voluntad, hago que así sea!».

Ejercicio 25

❧

Hechizo del té de bañera para limpiar suciedad psíquica
de *Adam Sartwell*

Instante mágicko: Éste es un hechizo sumamente necesario y se puede realizar en cualquier momento. Puedes hacerlo más fuerte recurriendo a la Luna menguante. Este tipo de limpieza es más fuerte cuando la Luna está en los signos de agua de Cáncer, Escorpio o Piscis.

Materia:

- Una cucharada de hisopo seco o fresco
- Una cucharada de citronela seca o fresca
- Una cucharada de flores de lavanda secas o frescas
- Un tarro de cristal grande
- Agua hirviendo
- Un puñado de sales de Epsom
- Opcional: 6 gotas de aceite esencial de lavanda para cada uso

Finalidad: A veces, los psíquicos pueden ser muy sensibles a las energías que se encuentran. Tanto si es por nuestro ambiente de trabajo, por una fiesta o por un día de lecturas en un feria psíquica, nos podemos traer a casa restos de energías y de patrones que no son nuestros. Este hechizo de té de bañera me ha sido muy útil para relajarme y dejarme llevar.

Instrucciones: Saca tu frasco grande de cristal y empieza a calentar tu agua hasta llevarla a ebullición. Coge con la mano las hierbas desecadas de una en una imaginándotelas repletas de luz y de energía. Invoca mentalmente o en voz baja al espíritu esencial de esa planta para que se presente y te ayude a limpiarte y aclararte. Deposita las hierbas dentro del frasco grande de cristal y llénalo hasta arriba con agua hirviendo. Coloca un plato encima para retener cualquier esencia de las plantas que pueda escaparse por el vapor. Déjalo reposar por lo menos durante quince minutos; pasado ese tiempo se puede emplear o dejarlo en remojo más tiempo, pero no durante más de un día. Cuela las hierbas y entonces podrás emplearlo de inmediato, o lo puedes conservar hasta dos días en la nevera.

Añade esta mezcla a un baño caliente. Puedes ponerlo todo en el baño para efectuar una limpieza más fuerte o si quieres ser más delicada contigo misma, puedes sacar tres baños de ese té de bañera. Todo dependerá de tus preferencias en relación a si quieres hacer una limpieza fuerte o tres más suaves. Añade el puñado de sales de Epsom para obtener una limpieza extra y, opcionalmente, un poco de aceite esencial de lavanda.

Extiende tus manos por encima del baño ya preparado e imagínate el agua repleta de una luz limpiadora.

Recita este canto o di algo de tu propia cosecha:

«Por la Anciana, la Madre y la Doncella pura
límpiame y déjame libre de todo lo que soporto.
Hierbas, sal y Diosa divina,
dejadme sólo con lo que es mío».

Métete en el baño, imaginándote que éste está absorbiendo toda la suciedad que has recogido y neutralizando su energía. Recita el canto de nuevo mientras estás en el baño y relájate. Puedes realizar todas las meditaciones limpiadoras que quieras para aumentar sus efectos durante el baño. Cuando salgas del baño, recita el cántico por última vez cuanto quites el tapón, imaginándote a toda esa suciedad yéndose por las cañerías.

Baño de sal para la intensificación psíquica

Instante mágicko: En Luna llena o los lunes.

Materia:

- 1 taza de sales de Epsom
- 1 taza de sal marina
- 10 gotas de aceite esencial de lavanda
- 10 gotas de aceite esencial de jazmín
- 5 gotas de aceite esencial de ajenjo
- 3 gotas de aceite esencial de menta piperita
- 1 cuenco grande para mezclarlo todo
- Un frasco de cristal de unos 450 ml (o mayor) para su almacenamiento

Finalidad: Los baños mágickos pueden hacer más que limpiar tu energía, también pueden traerte energías específicas al mismo tiempo, empapando tu cuerpo e infundiendo esa energía en tu aura. Ésta es mi formula ideal para el baño cuando necesito un impulso extra en mi conectividad psíquica. Existen unas pocas reglas tradicionales en lo que se refiere a baños espirituales o mágickos. Una es que no emplees jabón, champú o cualquier otra cosa parecida. Tu cuerpo físico ya debería estar limpio; si no lo está, báñate o dúchate antes de tomarte tu baño espiritual. Existen varias razones para esto, pero mayormente es porque te estás involucrando en el ritual y estás separando este acto del baño espiritual, del baño mundanal. En los baños mágickos, lo tradicional es secarse al aire en lugar de emplear un toalla. Considéralo como un acto de absorción de energía hacia tu interior en vez de eliminarla de una pasada o de empapar una toalla con ella. Normalmente, simplemente permanezco en la bañera y medito unos minutos hasta que estoy seco. Si no puedes bañarte o no tienes una bañera, puedes modificar cualquier baño espiritual convirtiéndolo en una ducha añadiendo las sales a una jarra de agua caliente en lugar de ponerlas directamente en la bañera. Entonces, mientras estás en la ducha, la vas vertiendo sobre tu cabeza poco a poco asegurándote al menos de que parte del agua cubra la totalidad de tu cuerpo.

Instrucciones: Para preparar esta fórmula tienes que añadir las dos tazas de sal al cuenco y mezclarlas concienzudamente. Añade los aceites esenciales a la sal, asegurándote de que la cantidad de gotas sea la exacta. Mientras añades un aceite esencial, pídele que te asista en esta creación y hazlo con cada uno de los aceites que emplees. Por ejemplo: «Espíritu de la lavanda, te pido que me ayudes con la creación de este baño de sal», luego, repite lo mismo con el jazmín, el ajenjo y la menta piperita.

Empieza a removerlo con una cuchara en el sentido de las agujas del reloj, mezclándolo concienzudamente. Hazlo mientras dices:

«Remuevo esta sal en este cuenco,
con mis Tres Almas esta sal remuevo.
Espíritus de las cuatro plantas, ayudadme con este hechizo
para que bien se eleven los sentidos psíquicos».

Sigue repitiendo esto a medida que lo remueves hasta que intuyas que has terminado de mezclarlo. Almacénalo en tu frasco de cristal. Cuando tomes un baño, emplea dos puñados de sal. Mientras añadas la sal al agua di:

«Con esta sal, transformo esta agua. Esto ya no es únicamente agua, sino un elixir para la potenciación psíquica; así que cualquier cosa que en ella se sumerja quedará infundido de su energía».

Entonces, sumérgete en el agua.

Vermífugo espiritual
de *Christopher Penczak*

Instante mágicko: En la Luna negra o en una Luna menguante cercana a la negra; si no, un martes por Marte o un sábado por Saturno.

Materia:

- Ajo (en polvo o fresco) en un cuenco pequeño

- Un disco de carbón

- Pinzas para incienso

- Un quemador de incienso parecido a un caldero pequeño o un cuenco de latón con arena o sal que disperse el calor para que te permita sostenerlo de forma segura

Finalidad: Al igual que nuestro cuerpo físico puede sufrir infecciones de patógenos, nuestros cuerpos sutiles también padecen las infecciones correspondientes. Pese a que esto parezca aterrador a oídos de un practicante neófito, es una realidad para todo el mundo; si bien la mayoría de la gente no es consciente de sus cuerpos sutiles ni de sus infecciones sutiles a menos que padezca la dolencia física correspondiente. Al igual que el mundo material tiene bacterias, virus y, particularmente, parásitos, también los tienen los niveles sutiles. Estas criaturas, aunque desagradables, no son malvadas. Sólo causan problemas cuando nuestros sistemas inmunitarios sutiles naturales están demasiado mermados para combatirlos de forma efectiva. Aunque pienses que psíquicos, brujas y sanadores deben poseer una fuerte inmunidad natural, también somos los grupos más propensos a extralimitarnos con nuestra energía vital realizando proyectos mágickos y podemos ser más susceptibles de padecer los efectos de estas fuerzas infecciosas.

A las bacterias psíquicas que pasan de un humano a otro habitualmente se las cultiva primero en los humanos; son formas de pensamiento indeseadas que se proyectan y se multiplican a partir de pensamientos desequilibrados e insanos, y de ideas que se arraigan y que se alimentan de energía emocional. A veces se las conoce como virus del pensamiento y gobiernan sobre la mentalidad exaltada de rebaño. Pueden ser aún más poderosas en los tiempos de las redes sociales. Los auténticos equivalentes psíquicos de los virus habitualmente proceden de reinos elementales no-humanos, de adhesiones de energías procedentes de espíritus elementales, de espíritus de la tierra y de hadas, que habitualmente se producen cuando los humanos han estado en el lugar y el momento equivocados, haciendo algo incorrecto en la naturaleza, a menudo profanándola, a sabiendas o por desconocimiento.

Los parásitos psíquicos son entidades que drenan las fuerzas vitales y psíquicas de nuestra vida para vivir, a menudo sirviéndose de las emociones fuertes. Son similares a las tenias, garrapatas y sanguijuelas. Puede transmitirse inadvertidamente de un cliente a un lector o sanador. La depresión, el miedo y la cólera prolongados son fuerzas que a menudo lo atraen, y el consumo prolongado y desmedido de drogas y de alcohol derivado de tales sentimientos puede abrir un fácil acceso. Por suerte, las hierbas que tienen propiedades antimicrobianas y antiparasíticas –a las hierbas antiparasitarias se las conoce como vermífugas, puesto que éstas «fumigan» las alimañas del sistema– tienen propiedades espirituales semejantes. Entre las mejores hierbas se incluyen: la agrimonia, la cimicífuga, el nogal negro, la menta piperita, el tanaceto, el tomillo, la cúrcuma y especialmente el ajenjo, pero una que es fácil, muy efectiva y bastante segura es el ajo. Para la mayoría de nosotros, los dientes de ajo frescos o el ajo desecado en polvo son fáciles de obtener e increíblemente efectivos para todas las tipologías de infección psíquica básica.

Instrucciones: Lo ideal sería realizar esto cuando la Luna sea menguante y esté cerca de la Luna negra para expulsar a las fuerzas perjudiciales. Si lo necesitas durante una fase lunar creciente, entonces intenta programarlo para el día de Marte (el martes) o el día de Saturno (el sábado), para evocar de la mejor forma los poderes del ajo. Si estás usando ajo fresco, pélalo y pícalo con un cuchillo de forma que tengas trocitos pequeños de ajo, aunque es posible que te parezca mejor hacer uso del ajo seco en polvo del especiero de la cocina.

Enciende tu carbón, uno del tipo tradicionalmente empleado para el incienso granulado suelto, y deposita el disco cuidadosamente sobre la arena o la sal en tu quemador de incienso sin quemarte. Emplea unas pinzas para incienso si es necesario. Un caldero con mango es ideal para el quemador de incienso, permitiéndote así agarrarlo y mover el recipiente. Pon el ajo en un cuenco pequeño y encántalo sintiendo tu energía sutil en tus manos mezclarse con la propia fuerza vital de su vida, cálida y fogosa, y di:

«Invoco al espíritu del ajo para que me preste su poderío.
Libérame de todas las infecciones espirituales
conocidas y desconocidas, de parásitos y de entidades adheridas.
Lo pido para mi mayor bien sanador.
¡Así sea!».

Entonces espolvorea el ajo sobre el carbón. Si es ajo fresco picado, sé moderado al principio, puesto que los pedacitos mojados chisporrotearán un poco. Añade más a medida que avances. La energía liberada es más importante que el humo. No respires el humo directamente, ya que será bastante acre, haz con cuidado una espiral manteniéndolo cerca de ti, rotando tu cuerpo en el sentido contrario de las agujas del reloj, y con cada círculo completado, ve estirando tu brazo un poco mas, creando una espiral de humo y de energía del ardiente espíritu de la planta del ajo a tu alrededor. Cuando notes que la espiral llega a su máxima amplitud a tu alrededor, haz una pausa en el centro. Baja el quemador de incienso. Respira hondo y cuando espires, hazlo con fuerza, expulsando todo patógeno y parásito indeseable dentro de la energía del espíritu del ajo recién creada a tu alrededor. Imagínatelos o bien descomponiéndose, o bien prefiriendo alejarse a causa de la energía del ajo. Hazlo tres veces, con tres respiraciones profundas y tres espiraciones con fuerza. Haz una pausa y nota que te sientes de una forma distinta.

Deposita un poco más de ajo sobre el carbón y sostén el quemador de incienso con el brazo extendido. Empieza a formar una espiral poco a poco girando tu cuerpo en el sentido de las agujas del reloj y ve acercando el quemador de incienso hacia ti gradualmente, creando una espiral inversa hacia el interior. Cuando llegues al centro, haz una pausa y enfócate en que tu propio escudo de protección psíquica quede impregnado de las bendiciones y de la magiak del ajo, para así repeler futuras infecciones y parásitos. A fin de completar el hechizo, ve diciendo:

«Doy las gracias al espíritu del ajo y te pido
que más bendiciones queden impregnadas en mi aura.
Protégeme de futuras infecciones y adhesiones.
Bendito seas».

Arráigate al final como es menester, quizá bebiendo un poco de agua para equilibrar la energía fogosa.

Repite este hechizo ritual siempre que te parezca necesario.

Ejercicio 28

Purificación con sal marina y fuego

Instante mágicko: Este hechizo se puede realizar en cualquier momento.

Materia:

- Sal marina

- Una superficie ignífuga

- Un caldero o plato ignífugos (preferiblemente, uno con patas que lo eleven)

- Alcohol de alta graduación

- Cerillas

Finalidad: La purificación con sal marina y fuego es mi método predilecto para limpiar una habitación cuando necesito aniquilar por completo la energía de un área. Esta técnica eliminará casi todo el miasma contenido en una habitación, así que también puede anular objetos y hechizos que tenga, y probablemente necesitarás recargarte y reempoderarte después de esto. Esta técnica también es beneficiosa si tienes problemas para expulsar a un espíritu que no quiere marcharse, ya que esto cortará de raíz el suministro de energía que lo alimenta y que emplea para manifestarse en este plano de realidad.

La mayoría de la gente ve la sal como un objeto mágicko para limpiar, e indudablemente puede serlo. A decir verdad, es un mineral sumamente versátil susceptible de recurrir a él en cualquier trabajo. La sal es un cristal, y al igual que los cristales, se lo puede programar de varias formas. Puesto que la estructura cristalina de la sal la componen cubos pequeños, al ser el sólido platónico asociado con el elemento de la tierra, tienen una fuerte influencia sobre los niveles físicos y etéricos de la realidad. La sal también es el elemento alquímico del Mundo Intermedio mediante la correspondencia con el Yo Intermedio.[2]

Te ruego que seas extremadamente cuidadosa durante la realización de este ritual, y que siempre tengas en cuenta tu seguridad. La llama que surge de esta combustión es enorme y jamás se la debería dejar desatendida. Esta técnica no debería ser una técnica estándar de limpieza. En lugar de eso, plantéatela más bien como una limpieza profunda de energía. Si mantienes unos hábitos saludables de limpieza, no tendrías que necesitar emplearla a menudo. Esta técnica deberías usarla cuando necesites unos métodos de limpieza más poderosos, como, por ejemplo, después de una enfermedad, de una muerte, de una energía emocional intensa, de una aparición o cuando simplemente haya una cantidad exagerada de energía negativa atascada en una área de donde no haya manera de sacarla.

Instrucciones: Llena la palma de tu mano de sal y dirige tu conciencia hacia ella. Aunque no sea un requisito, para incrementar el empoderamiento de esto, realiza una alineación del alma y dirige tu Fuego de la Bruja personal hacia ella.[3]

---

2. Penczak, *The Three Rays*, 63.

3. Véase el ejercicio 60 en el capítulo 9 de *Brujería psíquica*.

«Le pido al espíritu de la sal que se asocie conmigo
para limpiar y purificar la energía de esta habitación».

Deposita la sal marina en el caldero. Vierte el alcohol en el caldero, el suficiente para cubrir la sal, pero no tanto como para que esté ahogándose en alcohol. Toma una cerilla y enciéndela manifestando:

«Tal como proclaman mis palabras
a medida que la sal prende en llamas,
las energías discordantes de este plano
quedan calcinadas sin dejar rastro».

Deja caer la cerilla en el caldero. A medida que la sal y el alcohol se prenden, visualiza la llama atrayendo toda la energía discordante hacia ella como una aspiradora y calcinándola en cuanto se acerca. Recuerda que es muy probable que eso también queme la energía que no es discordante. Notarás un cambio radical en la habitación. Asegúrate de abrir una ventana para traer un poco de energía fresca del exterior.

Ejercicio 29

Rito de la purificación de la canela

Instante mágicko: Se puede realizar este hechizo en cualquier momento.

Materia:

• Canela en polvo *(Cinnamomum verum)*

Finalidad: Uno de mis métodos favoritos de purificación rápida antes de un ritual o de trabajar con hechizos es un método supersencillo que emplea canela molida y que originariamente aprendí de los cursos de Jack Grayle y de su libro.[4] Este método está inspirado en los PGM.

---

4. Grayle, *The Hekatæon*, 21.

PGM es la abreviatura de los Papyri Graecae Magicae.[5] Estos papiros mágicos griegos son una colección de hechizos de la brujería del sincretismo ecléctico del Egipto romano del siglo III a.C. No sólo es la canela un purificador y un santificador,[6] sino que el PGM afirma: «A la divinidad le complace y le ha dado poder».[7] La divinidad mencionada es la llamada «Aion de Aiones» o lo que nosotros sencillamente conocemos como el Espíritu (con E mayúscula), la Fuente, o incluso a Baphomet en el contexto de un culto moderno, o como tú puedas conceptualizar el poder más alto dentro del universo.

Ésta es la modificación y la versión muy adaptada de esta limpieza que empleo en mi propia práctica. Lo más fantástico de esta purificación es que no implica quemar nada y que la canela molida es superfácil de llevar allá donde vayas. Puedes incluso comprarla en tu tienda de alimentación y dejarla en tu coche o en tu bolso o mochila.

También he descubierto que mediante el uso habitual de de este método, la claritangencia de mis manos parece fortalecerse y junto a ella el poder de la psicometría, la cual consiste en obtener la información psíquica tocando las cosas.

Instrucciones: Espolvorea una pequeña cantidad de canela (el equivalente a una moneda) en la palma de tu mano. Ánclate y céntrate.

Con la canela en la palma de la mano, empieza frotándote las manos con ella. Di:

«Llamo a *Cinnamomum verum*, el espíritu de la planta de la canela.
Te pido que limpies mi cuerpo físico por completo
para ser digno de los dioses».

---

5. Conocidos también como papiros mágicos griegos. Conjunto de textos escritos creados entre el siglo I a.C hasta el siglo VII, que se fueron escribiendo en buena parte en griego antiguo, que muestran el sincretismo mágico-religioso del Egipto grecorromano y del su área circundante. *(N. de la T.)*

6. Blackthorn, *Blackthorn's Botanical Magic*, 117.

7. Betz (traductor), *The Greek Magical Papyri in Translation*, 175, 182 y 188.

A partir de aquí, recurre a tus manos y ve aplicándolas alrededor de tu aura empezando alrededor de la cabeza y siguiendo hasta los pies.[8] Repite esta acción con cada frase.

«Sea mi cuerpo etérico tan puro como mi cuerpo físico».
«Sea mi cuerpo astral tan puro como mi cuerpo etérico».
«Sea mi cuerpo emocional tan puro como mi cuerpo astral».
«Sea mi cuerpo mental tan puro como mi cuerpo emocional».
«Sea mi cuerpo psíquico tan puro como mi cuerpo mental».
«Sea mi cuerpo divino tan puro como mi cuerpo psíquico».

Coloca las manos juntas en tu pecho y declara:

«Que sea purificada y limpiada a todos los niveles.
Que sea mi Yo Inferior tan puro como mi Yo Intermedio
y mi Yo Intermedio tan puro como mi Yo Superior y mi
Yo Superior tan puro como los mismísimos dioses».

Con uno de tus dedos cubiertos de canela en polvo, dibújate un cruce de caminos de brazos iguales en la nuca haciéndolo de arriba hacia abajo en primer lugar:

«Como es arriba, es abajo».

Luego, de derecha a izquierda:

«Como es dentro, es fuera».

Y termina aseverando:

«Estoy limpia».

---

8. Para echarle otro vistazo a las varias capas del aura (el cuerpo etérico, el cuerpo astral, etc.) véase el capítulo 14 de *Brujería psíquica*.

Apenas debería quedarte canela en la mano, pero si queda todavía, desempolva tus manos o lávatelas.

La importancia de protegerse y de mantener las amenazas a raya

Es importante hacerse responsable de tus propios pensamientos, emociones, energía y acciones, en lugar de estar señalando constantemente a los demás. A menudo somos nuestros peores enemigos, y he visto a mucha gente que tiene la paranoia de que alguien está realizando una magiak negativa sobre ellas cuando resulta que esencialmente se han maldecido a sí mismos. Al asegurarnos de que llevamos una vida íntegra y ética, reducimos nuestras posibilidades de acumular y de perpetuar el drama y las energías desequilibradas en nuestras vidas, tanto si son mágickas o de otro tipo. Vivir una vida con integridad es una de las mejores defensas que se puede tener en las prácticas mágickas.

Eso no significa que no deberíamos enfocarnos en nuestra protección o que si somos buena gente o si sólo tenemos pensamientos positivos, no tendremos ningún problema. A la gente buena le pueden pasar cosas malas, y quienquiera que sugiera lo contrario es un necio. En *Mastering Witchcraft,* su clásico de lo años setenta, Paul Huson le advierte al lector que «En el momento que pones los pies en el camino de la brujería, una llamada resuena en el mundo invisible anunciando tu llegada».[9] Doreen Valiente también sugería peligros semejantes en la magiak: «Mucha gente te dirá que el ocultismo, la brujería y la magia son peligrosas». Ahora bien, ella nos asegura que merece la pena, prosiguiendo con la afirmación: «Pues lo son; y también lo es cruzar la calle; pero no llegaremos demasiado lejos si tenemos miedo hasta de intentarlo. Sin embargo, podemos elegir o bien cruzar temerariamente, o emplear nuestro sentido común y cruzar con cuidado, y eso es hacerlo con magia».[10] Entonces, ella continúa explicando que la magiak puede ser una fuerza de alto riesgo, al igual que la electricidad, la energía ató-

---

9. Huson, *Mastering Witchcraft,* 136.
10. Valiente, *Natural Magick,* 11.

mica, la televisión, el poder de la prensa, o de cualquier otra cosa que tenga poder, y razona que los poderes mágickos, al igual que los ya mencionados, también pueden ser útiles y mejorar nuestras vidas.

Por esta razón no te interesa precipitarte en la magiak, en lo psíquico, o en cualquier otra práctica energética sin tomar precauciones o preocuparte por la seguridad. A las prácticas mágickas se las debería abordar con consideración y respeto. Esto incluye tomar precauciones de protección. Podrías hacerte mucho daño cuando horneas un pastel si no llevas puestas unas manoplas cuando lo sacas del horno. No dejes que la soberbia o el exceso de confianza te lleve a pensar que simplemente puedes sacar del horno el molde del pastel ardiendo con tus propias manos. Asimismo, no te precipites haciendo un trabajo energético sin protecciones sólo porque te parezca que eres demasiado hábil como para necesitar protección alguna. Que seas un buen conductor no significa que no necesites llevar el cinturón de seguridad.

Pese a que en un mundo ideal no tendríamos que protegernos de otra gente o de los espíritus, desafortunadamente, a veces lo hacemos. Una de las mayores lecciones que he aprendido es no presuponer que por ir yo con buenas intenciones y no querer perjudicar o controlar a otra gente, eso signifique que otra gente tenga la misma mentalidad o las mismas motivaciones. El mundo es un lugar peligroso lleno de gente peligrosa, y esto también incluye lo no-físico. A veces necesitamos defendernos, e ignorar el protegerse es ingenuo sin paliativos.

Algunas personas a veces intercambian los términos «blindarse» y «repeler», pero existe una diferencia importante entre ellos. Blindarse es exactamente como suena; es añadir una capa de protección sobre una misma, un objeto, o un lugar. Repeler es inherentemente apotropaico, lo cual significa que se repele activamente fuerzas y energías negativas. Repeler algo significa literalmente rechazar algo. Plantéate que escudarte es como el caparazón de una tortuga y que repeler es como los colores brillantes de los animales venenosos que le señalan y advierten a los otros animales que deben mantenerse alejados. Otra forma de plantearse esa diferencia es que los fosos que hay alrededor de un castillo son una forma de blindarse que le complica a los invasores el entrar, mientras que las gárgolas ubicadas alrededor del castillo tienen un propósito apotropaico, diseñado para intimidar a la gente y a los espíritus, disminuyendo así las probabilidades de un ataque.

Ejercicio 30

∾

Sello de los Nueve Cielos
de *Benebell Wen*

Instante mágicko: Luna menguante cóncava, lo más cerca de la Luna negra posible; esto está asociado con la energía yin, que es cuando la presencia del espíritu está más empoderada.

Materia:

- Velas rojas (necesitarás todas las velas que haga falta para iluminar adecuadamente tu espacio ritual durante una hora vespertina)

- Incienso de sándalo o de cedro

- Tinta de color rojo bermellón

- Un soporte para pintar el sello

Finalidad: El sello presenta la estilizada escritura en huesos oraculares[11] de los cuatro caracteres del nombre de Jiu Tian Xuan Nu (九天玄女), también conocida como la Dama del Noveno Cielo (o de los Nueve Cielos). Fue una protegida de la Reina Madre del Oeste, considerada una diosa oscura, donde esta protegida de la diosa aprendió las artes del ocultismo y de la guerra. Más tarde, ella misma se convirtió en la patrona divina del Emperador Amarillo. Según la tradición, la Dama de los Nueve Cielos enseñó magia y estrategia militar a la corte del emperador. A lo largo de las dinastías, ella ha encarnado poderes dis-

---

11. Tipo de escritura arcaica conocida como 甲骨文 encontrada sobre huesos oraculares usados para la adivinación datada al final del segundo milenio a.C. y encontrada en Anyang, China. *(N. de la T.)*

tintos para gente distinta, aunque los ocultistas la adoran particularmente por su asociación con la magia ceremonial y la brujería. A la Dama de los Nueve Cielos se la considera una diosa oscura, al igual que su mentora, alguien que no rehúye la justicia punitiva. Aunque también se la considera benevolente y misericordiosa debido a sus conexiones con Guan Yin.[12]

La plasmación ritual de su sello de la mano de un ocultista que posea integridad, honor, benevolencia, lealtad y una moral sobresaliente, y que conozca o intuya amenazas psíquicas inminentes de alguien que quiera hacer daño, puede invocar a la Dama de los Nueve Cielos para obtener protección. Este sello también puede romper o cortar cualquier atadura maléfica que tengas sobre tu persona. Tu destreza a la hora de plasmar el sello no es tan importante como tu sinceridad, así que no te preocupes por el valor estético o por la precisión de las líneas de tu sigilo.

Instrucciones: En una habitación a oscuras a una hora tardía, ilumina tu espacio únicamente con la luz de las velas. Enciende el incienso con la llama de una de las velas. El humo del incienso conecta el mundo humano y el celestial. Inscribirás el diseño del sello sobre una superficie lisa, que puedes llevar contigo como talismán. Como un disco de madera, o una piedra lisa redonda, o un cabujón.

---

12. Bodhisattva de la Misericordia que, en Occidente, a menudo se conoce erróneamente como diosa de la misericordia. *(N. de la T.)*

Inscribe el primer carácter de su nombre (九), que significa «nueve». A medida que vas dibujando el carácter, recita o forma su pronunciación con la boca; «Jiǔ».

Luego, saturando tus palabras, plegarias o pensamientos siguientes con la emoción más sincera que estés sintiendo, confiesa qué te está atormentando y la naturaleza de tu propósito a la hora de invocar a la Dama del Noveno Cielo. Habla o expresa tus sentimientos en tu lengua nativa.

Inscribe el segundo carácter (天), que significa «cielo». Recita o forma la pronunciación «Tiān».

Solicita formalmente la protección divina. Emplea palabras de reverencia y respeto. Aquí, presenta también por qué se sirve a un bien mayor si se te mantiene protegido y a salvo. Esto no tiene por qué ser un pacto *quid pro quo;* más bien, debería ser una reiteración de las bondades que le ofreces al mundo que te rodea y una renovación de votos conforme seguirás sirviendo a aquellos que lo necesiten.

Inscribe el tercer carácter (玄) a la izquierda del segundo, como si lo estuviéramos escribiendo para formar un círculo con el sello, en el sentido de las agujas del reloj. Este carácter significa «de los misterios» o «lo oculto». Implica la oscuridad o lo oculto. Recita o forma la pronunciación «Xuán» (*«shwen»*, con un sonido «sh» aspirado).

Visualiza todas las emociones que has ido generando como hilos o zarcillos de energía que ahora estás recopilando y aglomerando en una fuerza única.

Con la intención, convierte esa fuerza única en una reivindicación. Siente cómo, desde la coronilla de tu cabeza, corre y surge un empoderamiento divino a través de ti hasta tus pies, que se intensifica y te envuelve amplificando tu poder personal. Ésta es la invocación exitosa de Jiu Tian Xuan Nu, que ha enviado una ola de poder e invulnerabilidad psíquica a través de ti.

El carácter final (女) significa «dama o mujer». A medida que escribes el carácter, recita o forma la pronunciación «Nǚ» (primero di «ii» como en *she* del inglés, frunce los labios como si estuvieras silbando, y entonces añade el sonido «n» delante). A medida que lo haces, relájate, distiéndete, libérate de todas las tensiones de tu cuerpo y tu mente, y dirígele unas palabras de sincera gratitud a Jiu Tian Xuan Nu por aparecer ante ti y otorgarte el poder de protegerte a ti mismo.

Siguiendo el sentido de las agujas del reloj, dibuja un círculo alrededor de los cuatro caracteres y a medida que dibujas el círculo, recita «Ji Ji Ru Lu Ling» (急急如律令), un cierre taoísta esotérico tradicional para los hechizos, a semejanza del «So mote it be –Así sea–». Deposita el sello pintado en tu altar y déjalo ahí tranquilo hasta que esté seco del todo.

El sello pintado ahora está empoderado. Desviará y dispersará cualquier flecha de magia perniciosa que dirijan contra ti. Si había espíritus maléficos unidos a ti, sostener el sello pintado rompe esos lazos y hace que el espíritu maléfico sea expulsado de tu presencia. (En el caso del apego de un espíritu maléfico, una vez que se haya roto ese apego personal, plantéate una expulsión ritual del espíritu de los alrededores por completo).

Incluso si no has trabajado antes con la Dama de los Nueve Cielos, ella aparecerá y honrará las peticiones de cualquier practicante que tenga integridad, honor, benevolencia, lealtad y una moral sobresaliente, y al que hayan lastimado injustamente.

Ejercicio 31

❧

Una protección psíquica vespertina
de *Storm Faerywolf*

Instante mágicko: En cualquier momento antes de la puesta de Sol, cuando termine el hechizo.

Materia:

- Un cristal de cuarzo transparente pequeño

- Una vela blanca

- Cerillas o un encendedor

- Un pedazo de papel, un cuadrado de unos cinco centímetros

- Un bolígrafo

- Una bolsa pequeña de algodón o de muselina con un cordón o un infusor de té

- Pequeñas cantidades de romero, lavanda, ajenjo, sal y pimienta negra en grano entera
- Un cuenco mediano lleno de agua hasta la mitad
- Un caldero o un frasco para la ceniza

Finalidad: Este hechizo está destinado a reforzar, a corto plazo, una linde semi permeable alrededor de tu consciencia para permitirte participar en trabajos psíquicos al tiempo que permaneces protegido de influencias indeseables.

Instrucciones: Reúne tus objetos. Empieza realizando el/los ejercicio(s) de anclaje o de centrado con que estés más a gusto. Una vez completados, sostén el cristal en tu mano de forma que al mirar a través, puedas ver la mecha de la vela sin encender. Enciende la vela y di:

«Desde la oscuridad conjuro la luz,
brilla en mi interior y me guía en mi camino».

Imagínate que la luz de la vela se te transmite a través del cristal, y que esta luz es la misma que tu luz divina interior. Enfocándote en esta luz interior, escribe tu nombre en el papel con reverencia, manteniendo la misma actitud que tendrías de estar realizando una ofrenda a un dios. Ahora dóblalo formando un pequeño cuadrado y luego dibuja un pentáculo en él. Ahora, presiona el cristal contra él y echa unas gotas de cera CUIDADOSAMENTE sobre todo el conjunto para sellarlo. Asegúrate de cubrir por completo el cristal y el papel.

Una vez seco, deposítalo en la bolsita o en un filtro, junto con un pellizco de cada hierba y algo de sal. Ciérralo o átalo. Lanza un puñadito de pimienta negra en grano entera en el cuenco de agua (representando a las fuerzas negativas), junto con la lavanda (las fuerzas positivas), el romero (limpieza/protección) y el ajenjo (la visión psíquica). Echa un pellizco de sal en círculo siguiendo el sentido de las agujas del reloj en el cuenco de agua. Baja la bolsita o el filtro hasta el centro del agua. Hazlo imaginándote que el cristal aún está brillando con tu luz interior. Empieza a remover el agua con la bolsita/filtro mientras recitas este cántico:

«Luz que brillas desde lo más hondo.
Actúa ahora sobre mí como guía.
Revierte toda sombra, repele todo espanto.
Defiende mi alma hasta la primera luz».

Sigue repitiendo las últimas dos líneas del hechizo mientras vas generando poder en el agua. Las fuerzas positivas están dentro y fuera de tus lindes, simbolizadas por la bolsita o infusor. Las fuerzas negativas permanecen fuera. Cuando sientas que estás lista, levanta la bolsita o el filtro y recoge parte del agua que cae de éste; úsala para ungirte el tercer ojo, la garganta, la nuca donde el cráneo se une con la columna vertebral y las manos. Vuelve a sumergirlo en el cuenco y levántalo, recoge de nuevo parte del agua que cae y ahora espárcela a tu alrededor. Mantén el amuleto cubierto de cera durante el resto de la noche. El hechizo se habrá roto al amanecer. El agua la puedes verter alrededor de la casa, mientras que puedes deshacerte de las hierbas como te parezca apropiado. Desmonta el amuleto al día siguiente, recuperando el cristal (que guardarás para futuros hechizos de protección) y quemando el papel cubierto de cera en tu caldero.

Ejercicio 32

Hechizo de la botella del mal de ojo

Instante mágicko: Un sábado.

Materia:

- Una botella de cristal azul

Finalidad: La creencia en el mal de ojo es algo muy extendido, incluso en religiones politeístas y en religiones monoteístas de todo el mundo. La idea principal plantea que cualquiera puede enviarte energía negativa por tener celos o malos pensamientos contra ti en el corazón, que se te trasfieren cuando te miran. Las referencias escritas al mal de ojo se remontan al Ugarit de la antigüedad, y muy probablemente, el hecho de creer en su existencia se remonta mucho más atrás en la historia. Sin embargo, los escritos más extensos que tenemos sobre el mal de ojo proceden de los autores clásicos griegos.

Curiosamente, qué evita el mal de ojo parece ser un tema recurrente en diferentes religiones, tradiciones y culturas: es el símbolo del ojo, una mano y el color azul oscuro. Ciertos amuletos que protegen del mal de ojo, como las cuentas *nazar*, incorporan ambas cosas, presentando un ojo y, por lo general, un color azul oscuro. Otros talismanes como el amuleto *hamsa* incorporan las tres cosas. Sin embargo, debido a los intercambios culturales en la antigüedad, resulta muy difícil rastrear los orígenes de los amuletos *hamsa* y *nazar*, ya que se los encuentra en varias versiones a lo largo de las culturas del Mediterráneo y de Oriente Medio, desde el judaísmo pasando por el hinduismo, el islam y el paganismo griego.

En mi infancia, no estaba familiarizado con los amuletos del mal de ojo hasta que me crucé con ellos en las tiendas metafísicas. No fue hasta que fui más mayor cuando me di cuenta de que la misma lógica empleada en talismanes como el *hamsa* o las cuentas *nazar* era muy parecida a una tradición que me enseñaron de niño. Pese a que mi familia no recurría abiertamente a la magiak, había algunas prácticas que calificaban como «supersticiosas» a las que seguían apegados, pese a ser mágickas por naturaleza. En lugar de llamarlo magiak, simplemente era «algo que hacías». Lo interesante en relación con estas prácticas es que hablaban de ellas como si creyeran en ellas y no creyeran en ellas al mismo tiempo. Pero era mejor «prevenir que curar». En retrospectiva, eso parecían los vestigios de la antigua magiak popular que perduró durante generaciones, pero que chocaba con las creencias religiosas modernas de mi familia.

Una de esas prácticas consistía en mantener fuera el mal ajeno tomando botellas vacías hechas de cristal azul oscuro y colocándolas en el alféizar donde la luz del Sol pudiera pasar a través. He tomado esta práctica y he depositado más propósitos mágickos detrás.

Instrucciones: Asegúrate de que la botella está limpia y vacía. Toma la botella y sostenla entre tus manosdiciéndole:

«Bendita botella de un profundo azul oscuro,
canta para mí una canción verdadera.
Una canción que repela y proteja
contra las energías que proyectan mis enemigos».

Coloca tu labio inferior contra el borde de la parte de arriba de la botella y sopla en su interior en una larga exhalación, propiciando que produzca un sonido prolongado y reverberante. Puedes hacerlo varias veces si así lo deseas y entonces declara:

«Esta botella de un profundo azul oscuro,
tan rico como el mar y el cielo,
nunca permitirá el paso
de las fuerzas del mal de ojo».

Coloca la botella en un alféizar para que haga su trabajo.

Ejercicio 33

Eliminación por raspado de adhesiones y amarres

Instante mágicko: Cualquiera.

Materia:

- Una hoja roma de algún tipo, preferiblemente una bolina hecha de hierro o acero

Finalidad: El raspado es una técnica que inicialmente aprendí de Aidan Wachter en su libro *Six Ways: Approaches and Entries into Practical Magic.*[13] La he estado empleando desde que tuve noticia de ella y la he adaptado con el tiempo. Esta técnica esencialmente extirpa adhesiones, parásitos, ganchos o amarres energéticos que hayas recogido por

---

13. Wachter, *Six Ways*, 148-149.

propia iniciativa o que se te hayan enviado maliciosamente bajo otras circunstancias. Esto es especialmente útil si tienes la impresión de que alguien está drenando tu energía físicamente, deliberadamente o sin querer.

Para este ejercicio, necesitarás una hoja roma de algún tipo, como la mayoría de dagas athame que están a la venta, o mi herramienta preferida para esto, la bolina, una guadaña de mano empleada para cortar plantas en la brujería. Te conviene asegurarte de que la hoja no está afilada, ya que trabajarás con ella teniéndola relativamente cerca de la piel, y no querrás cortarte. Aidan sugiere que se realice este ritual a unos 2,5 centímetros de tu cuerpo. Para mí, esto tiene todo el sentido del mundo puesto que es donde moran los niveles etéricos de tu aura; es el último lugar dentro de la realidad multidimensional antes de que algo se manifieste físicamente. Lo etérico reside donde la energía adopta su forma más fuerte y se hace permanente sobremanera con el tiempo. Así que, limpiando desde este nivel, también limpiarás las otras capas del aura.

Instrucciones: A lo largo de esta técnica, visualiza que tu bolina brilla con un aura negra. El negro es el color de Saturno y se lo asocia con la protección, la extirpación y las lindes energéticas. Entonces, sosteniendo la bolina con tu mano derecha, realiza muy despacio un barrido por el lado izquierdo de tu cuerpo desde la cabeza hasta los pies, a más o menos a unos 2,5 centímetros de tu cuerpo. Enfócate en tu voluntad y en tu propósito de cortar de raíz cualquier cosa inútil que tengas adherida a tu energía. Mientras lo haces, recita el cántico:

«Herramienta de Saturno, corta y limpia
adhesiones que se han pegado
a mi aura sin mi consentimiento,
cercenadas por la voluntad y un fuerte propósito.
Sean parásitos, ganchos o amarres
u otras formas de pensamiento discordantes.
Me libero de su influencia raspándolas.
Quedándome limpio, claro y libre».

Ahora repite esto con el flanco derecho de tu cuerpo con la bolina en tu mano izquierda.

Una vez que hayas terminado la técnica del raspado, dedica unos instantes a sentir lo limpia y lo libre que te sientes sin esas adhesiones y ganchos. Mientras lo haces, visualiza que la energía de tu cuerpo desprende un blanco resplandor y que su fortaleza se hace mas firme. Esto aumenta su inmunidad de la misma manera que el cuerpo lo hace después de combatir un virus con éxito. Afirma:

«Con esta claridad energética,
ahora aumento mi inmunidad
contra energías inútiles
que intentan adherirse a mí».

Acaba escudándote.[14]

Ejercicio 34

La cuerda de la bruja psíquica
de *Devin Hunter*

Instante mágicko: La Luna nueva.

Materia:

- Una cuerda que por lo menos sea tan larga como tu estatura

- Hilo semejante a los de lana (negro, azul, violeta, plateado o dorado)

- Una bolsita de tela negra

---

14. Para volver a echarle un vistazo al blindaje fundamental, véase el ejercicio 43 en el capítulo 5 de *Brujería psíquica*.

- Un amuleto de bolsa de hierbas para la protección psíquica (ajenjo, ruda, pimienta negra)
- Tu propio cabello
- Una bolsita de tela azul
- Una bolsa-amuleto de hierbas para intensificar los clarisentidos (lavanda, aquilea, rosa, bismuto)
- Un papel blanco
- Una botella pequeña (con un cierre o una boca grande)
- Hierbas para el hechizo de la botella del espíritu guía (romero, escaramujos)
- Una campana o un carrillón

Finalidad: Una «cuerda de la bruja» es una herramienta mágicka que ha visto pasar varios nombres y permutaciones a lo largo de la historia. En algunas tradiciones se las denomina «escalera de las brujas» o «rabos del diablo» y en otras de formas menos abrumadoras como «cuerdas de las hadas». Son un tipo de altar vertical colgante realizado con una soga empoderada o cordel con múltiples talismanes, fetiches y amuletos atados o trenzados juntos, y se los puede construir por múltiples razones.

Las cuerdas de la bruja son fantásticas en el sentido que nos ayudan a encarar una meta desde múltiples direcciones, y fusionar en una unidad la magia de varios trabajos pequeños (e intercambiables) un solo trabajo armonioso de gran magnitud. Para nuestros fines, crearemos la cuerda de la bruja psíquica, que está confeccionada especialmente para estimular las habilidades psíquicas naturales, para proporcionar protección ante engendros astrales desagradables y, entre otras cosas, asistirte en materia de comunicación con un espíritu guía.

Instrucciones: Para crear una cuerda de la bruja primero debemos «medirnos». Ésta es una antigua práctica de la brujería observada en los aquelarres durante la iniciación, donde se tomaba esa medida para crear ostensiblemente una especie de clon mágicko rudimentario del nuevo miembro. Esto habitualmente lo custodiaba quien presidía y se empleaba para acceder a ese miembro mágickamente más tarde si se hacía necesario. Para nuestros propósitos, tú crearás una medida que se empleará como cuerda a la que se adjuntarán los amuletos y otros hechizos.

Para realizar esta pieza central del trabajo, te conviene empezar con un cordón que tenga el largo de tu estatura. Este cordón no debería tener más de 1,3 centímetros de grosor o hacerle los nudos supondrá un problema más tarde y su longitud quedará demasiado justa. Yo recomiendo emplear uno de color negro; sin embargo, eres libre de emplear cualquier color que creas que representa tu energía psíquica. Ata ambos extremos de la cuerda para evitar que se deshilache. Ésta representa la primera medida.

Agarra un extremo y colócalo alrededor de tu muñeca una sola vez; entonces, haz un nudo donde la cuerda coincida con su extremo. Ésta es la segunda medida. Para tomar la tercera medida, toma ese mismo extremo y colócalo alrededor de tu cintura, haciendo un nudo en el punto en el que la cuerda coincida con su extremo. Haz esto de nuevo con tu pecho y tu cuello para tomar las dos medidas finales. Una vez que hayas hecho los seis nudos, ya habrás tomado tu medida. A continuación, bendícela pasándola por encima de tu incienso psíquico preferido y ve diciendo:

«De la cabeza al suelo y todo alrededor,
aquí tomo mi medida.
Libremente la doy, impulsada mágicamente.
¡Este trabajo nunca se romperá!».

Dobla la cuerda por la mitad y átala formando un lazo en el centro para que pueda colgar libremente de un gancho o del pomo de una puerta.

Ahora bien, ¡el resto depende de ti! Lo que adjuntes a esta cuerda puede ser cualquier cosa, desde joyería, botellas de hechizos y bolsas de amuletos hasta cartas de tarot o creaciones artísticas que tú misma perfores. A veces hasta hago mis propias cuentas perforando conchas y corteza de los árboles. Tu único límite es la imaginación, y puesto que estamos hablando sobre tu bienestar psíquico, tómatelo como una oportunidad para ser específica con tus necesidades. Dicho esto, aquí tienes cuatro amuletos que deberías añadir a tu cordón de principiante. Recuérdalo bien, siempre podrás cambiarlos más tarde y actualizar la cuerda según cambien tus necesidades. Una vez que hayas hecho uno, adjúntalo al cordón empleando hilo o hilo grueso como los de lana de color negro, azul, violeta, plateado o dorado. Puedes atarlos directamente al cordón o puedes ponerte creativo y entretejerlos en la trenza original de la cuerda. (No tengas inconveniente en ajustarlos como consideres necesario para tus recursos).

1. Bolsa-amuleto para la protección psíquica

    a. Añade a una bolsita de tela negra tres pizcas de ajenjo, dos pizcas de ruda, una pizca de pimienta negra y una muestra de tu propio cabello.

    b. Empodérala recitando el hechizo:

    «Ajenjo, ruda, pimienta negra; vosotras también.
    Escudadme ahora, ¡no permitáis que pase nada!»

2. Bolsa-amuleto para los clarisentidos

    a. Añade a una bolsita de tela azul siete pizcas de lavanda, cinco pizcas de aquilea, tres pizcas de rosa y un pedazo pequeño de bismuto.

    b. Empodérala recitando el encantamiento:

    «Tan claros como mi visión en un día soleado,
    mis dones psíquicos nunca me llevan por mal camino».

3. Hechizo de la botella para la guía espiritual

    a. En un pedazo pequeño de papel en blanco, haz un dibujo de la imagen de tu espíritu guía, enróllalo y luego introdúcelo en una botella pequeña (preferiblemente con un mango o de pico grueso que facilite el amarrarlo a la cuerda). Si no estás familiarizado con quién es tu guía, dibuja cómo crees que es un espíritu guía. A esa botella, añade también dos pizcas de romero y una pizca de escaramujos.

b. Para empoderar la botella, sopla suavemente en su interior por la boca de la botella y luego di:

«Espíritu, toma este aliento como tuyo.
Rompe todas las barreras y abre puertas.
Deja que nos unamos como uno solo.
Deja que nos unamos, que hay trabajo que hacer».

4. ESPECIAL Campanilla/carrillón de la ampliación

a. Limpia y empodera una pequeña campana o carrillón para que te ayude a ser más consciente de los cambios medioambientales en la energía.

b. Empodéralo recitando el hechizo:

«¡Abierta a cambios grandes y pequeños,
los conoceré a todos!».

Tras añadir cada pieza a la cuerda, pásate un rato visualizando las diferentes partes trabajando juntas por el objetivo común, que en este caso es tu empoderamiento psíquico. Visualiza una luz blanca emanando de tu tercer ojo y observa cómo la cuerda la absorbe, absorbiendo tanta que al final emana esa luz blanca, y di:

«Uno a uno os unís a mi cuerda.
Encontraos aquí conmigo, ya que soy vuestra discípula.
Por los poderes y todo lo que bendicen,
por la voluntad de la bruja y nada menor,
lo que aquí se entreteje en verso
perdurará para siempre!».

Cuelga la cuerda sobre tu altar o en una ubicación que visites a menudo. Durante la Luna llena, revisita la cuerda, conecta con ella y aliméntala realizando la bendición de la cuerda arriba indicada.

Ejercicio 35

∞

Lavado de la conexión psíquica con lavanda y limón de *Lilith Dorsey*

Instante mágicko: Cualquiera.

Materia:

- Zumo de un limón
- Unos 30 gr de flores de lavanda secas o frescas
- 1 cucharada de ajenjo seco
- 1 cucharada mirra en polvo
- 1 cucharada de galangal en polvo
- 1 pedazo pequeño de jengibre fresco
- 1 taza de agua de manantial
- 1 taza de agua del grifo
- Un tarro grande de cristal
- Un cazo
- Un pedazo de tela blanca de tejido natural

Finalidad: Los hechizos pueden darse en diversos formatos. Muchos de ellos extraen su fuerza de los elementos. La tierra, el aire, el fuego y el agua poseen su propia magia especial y toda psíquica conoce formas de emplearlas para ayudar a mejorar su poder. Este hechizo en concreto es un lavado que saca el máximo rendimiento al inmenso poder del agua.

Esta fórmula empieza con dos ingredientes principales: el limón y la lavanda. Seguramente te habrás familiarizado con éstos en tu cocina o tu jardín. Al limón se lo conoce por aportar protección y purificación, componentes necesarios cuando intentas conectar con otros reinos; mientras que la lavanda es una bonita esencia floral conocida por atraer la energía beneficiosa. El ajenjo, la mirra, el galangal y el jengibre te ayudarán a abrirte a la energía psíquica. Los últimos dos ingredientes del lavado son las aguas. El agua de manantial, que brota de lo más profundo de la tierra, refrescará y rejuvenecerá tu trabajo. El agua del grifo es un ingrediente humilde que en realidad representa tu propio espíritu o lugar especial.

Esta agua conectará el lavado con tu casa.

Instrucciones: Reúne todos tus ingredientes en tu espacio sagrado o en el altar donde trabajes. Calienta las aguas en el cazo hasta que hierva a fuego lento. Justo cuando empiecen a hervir, apártalas del fuego y añade el zumo de limón, la lavanda, el ajenjo, la mirra, el galangal y el jengibre. Déjalo reposar toda la noche, preferiblemente en un alféizar de la ventana donde los rayos de la Luna lo toquen y le den una bendición extra. Por la mañana, introduce la mezcla en el tarro de cristal colándola a través de tu tela. (Si quieres, puedes desechar las hierbas empleadas en tu montón de compost o enterrarlas en la tierra). Ahora tu lavado ya está en el tarro y listo para usarlo. No necesitarás más que rociar una pequeña cantidad. Puedes aplicarlo cuando friegues el suelo, ponerlo en espráis de limpieza o incluso en tu baño para traer una conexión y una conciencia psíquica aumentadas.

Capítulo 5
LAS FORMAS ESPIRITUALES Y LOS ESPACIOS ESPIRITUALES

L as diversas formas mueven y contienen la energía de modos distintos. La clave es instruir a la forma en relación a cómo se tiene que comportar y qué parte de su naturaleza quieres activar. Esto es similar, por ejemplo, a las propiedades espirituales de una piedra o de una planta, que contienen varias facetas en relación a los poderes que poseen; la bruja, cuando trabaja con una piedra o con una planta, instruye o solicita qué partes de su naturaleza quiere que se presenten en los trabajos mágickos para ayudar en su propósito. Un dicho afirma que la perdición y el bálsamo crecen en el mismo tallo, lo cual significa que una planta a menudo contiene los opuestos de su poder. Una planta que sana puede envenenar y viceversa. La cuestión es únicamente con qué parte estés trabajando. Esa misma verdad se aplica a las formas. Tienen la habilidad de trabajar de un modo, y también de otro completamente opuesto. Esto se alinea con los principios herméticos, los cuales afirman que todas las cosas también poseen el potencial de su opuesto, y pueden (y lo hacen) cambiar en escala en su paso de un polo al otro. Mucha de esta información relativa a las formas la aprendí de las enseñanzas de Ivo Dominguez Jr. y de su libro sobre el tema, *Casting Sacred Space: The Core of All Magickal Work*. Si la información de este capítulo te interesa, te sugiero encarecidamente que leas ese libro para estudiar más a fondo esas ideas.

En lo que respecta a la forma de los espacios espirituales, debemos examinar cuál es la finalidad de cualquier espacio sagrado, y contemplar qué metas y motivaciones tiene el trabajo mágicko que te has propuesto hacer. Fundamentalmente nos permite crear un espacio separado y sagrado. Formular un espacio sagrado crea un contenedor para el trabajo energético y la magiak que se lleva a cabo en su interior, o crea una confluencia de cosas que queremos aunar. Éste también nos orienta en el tiempo y el espacio. Dicho de otra forma, nos da una cierta noción de dónde están las cosas en el mundo de lo espiritual, para tener un marco de referencia de dónde estamos trabajando y cómo podemos interactuar con las fuerzas primordiales del universo. Debemos mapear dónde están las cosas antes de intentar emplearlas, y el espacio sagrado a menudo lo hace declarando dónde están las cosas dentro de la infraestructura creada.

Otro aspecto crucial de formular un espacio sagrado es que nos protege. Hay quien dice que no siente la necesidad de que otros espíritus lo protejan cuando realiza trabajos, pero un espacio sagrado no sólo lo protege a uno de los espíritus, también ajusta las energías para que se pueda trabajar con ellas. Plantéate la realización de un ritual mágicko comparándolo con cómo te metes en el agua. Es posible que un bañador sencillo o bañarte desnuda te parezca aceptable. Es posible que quieras un tubo respirador o unas gafas. En algunas circunstancias necesitarás un equipo de buceo y un tanque de oxígeno. En circunstancias excepcionales podrías necesitar una jaula de tiburones. También podrías necesitar un submarino. Todas estas cosas protegen al nadador de varias cosas, no sólo de un tiburón hambriento. Están protegiendo el oxígeno del nadador, facilitándole moverse por el agua, y también protegiendo al nadador de la presión aplastante de las profundidades del océano. También ayuda tener un radar que te ayude a orientarte y te diga dónde estás y adónde estás yendo.

Un espacio sagrado crea un ambiente liminal donde tú entras en otros mundos y energías. Aunque la comparación con el nadar pueda sonar algo drástica, piensa en lo frágiles que llegan a ser los humanos en lo físico. Los humanos no sólo pueden vivir únicamente en condiciones muy específicas de temperatura, de presión, de niveles de oxígeno, etcétera, sino que estar cómodos resulta más delicado. Piensa en lo incómodo que estás en pleno invierno o pleno verano si tienes la calefacción o el aire acondicionado apagados. Puedes seguir existiendo bajo esas temperaturas, pero resulta mucho más difícil. Ésta simplemente es nuestra existencia física; ahora piensa en cómo somos de sensibles en lo que respecta a energías no-físicas y a ubicaciones cuando participamos en un ritual mágicko. Siguiendo con nuestra metáfora del agua, el espacio sagrado nos permite volver más tarde con mucha más facilidad en lugar de estar sufriendo por «las curvas» o boqueando en busca de oxígeno.

Los círculos

Los círculos son con lo que más trabajan las brujas, y en consecuencia, son la forma en la que me centré en *Brujería psíquica*. Los círculos crean un ciclo y un circuito de energía que permite que haya fluidez y movimiento. Este movimiento crea una infinitud expansiva, lo cual la hace perfecta para su uso en rituales mágickos para apartarse del tiempo y del espacio mientras que simultáneamente, aprovechamos todo el tiempo y el espacio. Sin embargo, los círculos también pueden enfocar y concentrar la energía. Plantéatelo como un remolino o un tornado o incluso el zum de una cámara acercándose y alejándose, y empezarás a comprender este lado de su naturaleza. Podemos colocar cosas en el interior de los círculos para mantener su energía fluyendo y podemos colocar cosas en un círculo para centrarnos en ellas. Por ejemplo, muchas brujas depositarán monigotes en círculos por estas dos razones. Ésta es también la razón por la que se recomienda que los cristales para la adivinación del futuro tiendan a ser esféricos y que los espejos para adivinar el futuro sean circulares. Porque en un círculo no hay ángulos y cada una de sus partes está perfecta y equitativamente distribuida, haciendo eso que sea la forma más protectora, puesto que no tiene ningún punto débil que transgredir. Asimismo, en su libro *Weave the Liminal*, Laura Tempest Zakroff destaca que en el interior de un círculo la energía fluye en un circuito perfecto, puesto que no hay ángulos donde la energía quede atrapada.[1]

---

1. Zakroff, *Weave the Liminal.*

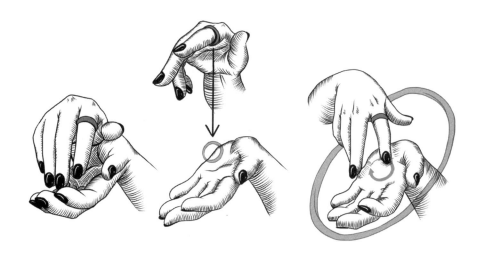

Ejercicio 36

Formular un círculo con un anillo de joyería

Instante mágicko: Cualquiera.

Materia:

• Un anillo sin ninguna piedra ni ningún tipo de engaste

Finalidad: Éste es uno de mis trucos favoritos para formular rápidamente un círculo o una burbuja de protección. La mejor parte es que esta formulación es muy discreta, ya que se puede realizar con rapidez y en silencio sin llamar la atención. Necesitarás un anillo sencillo que se ajuste bien a tu dedo índice, puesto que ese dedo se asocia con Júpiter y por lo tanto con la soberanía, el poder espiritual, lo ceremonial y la expansión. El que yo uso es un anillo con la forma del uróboro, la serpiente que devora su propia cola, lo cual es perfecto porque es un símbolo del círculo mágicko en sí. Cuando no ando de un lado para otro lo dejo en mi propio altar para que se cargue.

Instrucciones: Con el anillo puesto, ánclate y céntrate. Ahueca tus manos como si contuvieran algo entre ellas, con la mano donde llevas el anillo (que preferiblemente debería ser tu mano dominante) encima de la otra. Visualiza una electricidad azul recorriendo el anillo, creando un doble energético del anillo. Siente cómo ese anillo energético doble cae directamente entre tus manos atravesando el dedo y visualiza el anillo rotando en el sentido de las agujas del reloj. Abre tus manos lentamente y a medida que lo haces, siente cómo este anillo se expande. Con tu mano dominante, dibuja un círculo siguiendo el sentido de las agujas del reloj sobre la palma de tu mano no dominante. A medida que lo dibujas, visualiza el anillo energético expandiéndose a tu alrededor hasta alcanzar la circunferencia que desees mientras afirmas verbalmente o aseveras mentalmente:

«Formulo este círculo para crear un espacio más allá del espacio
y un tiempo más allá del tiempo».

Repite este proceso de nuevo, dejando caer un segundo anillo de energía en tu mano y expandiéndolo por el proceso de dibujarlo sobre tu mano no dominante, esta vez diciendo o pensando:

«Formulo este círculo para bloquear cualquier energía
y espíritu que no sea mi aliado».

Repite esto una vez más y piensa o di:

«Formulo este círculo para que todas las energías elevadas
aquí dentro queden confinadas».

Visualiza los tres anillos fundiéndose en un anillo gigante y observa cómo se convierte en una burbuja gigante que te rodea. Sella el círculo diciendo:

«¡Como es arriba, es abajo! ¡El círculo está sellado!».

Luego chasquea los dedos de ambas manos a manera de declaración de su finalización. Para liberar el círculo, mantén tu mano dominante con tu anillo sobre ella frente a ti con la palma mirando hacia arriba.

Visualiza la burbuja adoptando de nuevo la forma de un anillo de energía azul eléctrica y regresando al anillo de tu mano. A medida que lo haces, siente toda la energía salir apresuradamente hacia el universo para empezar a manifestarse.

Ejercicio 37

Círculo de contención sanador

Instante mágicko: En cualquier momento.

Materia:

- El objeto que contengas (por ejemplo, un monigote)
- Si es posible, una campana de cristal que se ajuste al tamaño del objeto, o un espacio para depositar y dejar tranquilo el objeto donde nada lo moleste

Finalidad: Ésta es una técnica donde puedes formular un círculo fuera de ti misma para mantener la energía del objeto rodeado fluyendo, circulando y moviéndose. Esto es particularmente útil cuando intentas mantener un flujo constante de energía en un objeto y quieres ser capaz de ir manteniendo el objeto en una cuarentena energética. Habitualmente la empleo para la sanación y he tenido mucho éxito con ella. En este ejemplo, demostraré cómo la uso para sanar con un monigote, pero utiliza tu imaginación para encontrar formas de aplicarla a otros trabajos mágickos.

Instrucciones: Toma el monigote y ubícalo en un espacio donde nada lo moleste, por ejemplo, una estantería o una encimera. De la misma forma que formulas un círculo, emplea tu mano y proyecta energía fuera de ésta, dibujando un círculo energético alrededor del monigote tres veces, declarando:

«Tres anillos a tu alrededor hay.
Ahora te encierro en tu cuarentena.
Un lugar para ti donde descansar y recibir bendiciones.
Donde puedes sanarte y crecer a medida que fluye la energía».

Entonces dibujo, empezando desde el flanco norte del objeto y siguiendo el sentido de las agujas del reloj, una espiral hacia el interior y afirmo:

«Energía dentro y energía fuera».

A continuación, invierto la espiral partiendo del centro del objeto, trazándola sobre la espiral anterior en sentido contrario a las agujas del reloj hacia el borde hasta que vuelvo estar al norte del objeto donde he empezado y digo:

«Energía fluyendo y creciendo alrededor».

Y luego dibujo una lemniscata (el símbolo de lo «infinito») sobre el objeto diciendo:

«La energía queda sellada mientras empiezas a sanarte».

Y luego, coloco la campana de cristal sobre el objeto. Puedes seguir enviando energía de sanación al objeto periódicamente, incluyendo reiki u otros trabajos de sanación sobre él.

Ejercicio 38

Predecir el futuro con el antiguo Ojo de la Bruja

Instante mágicko: De noche.

Materia:

- Un cuenco completamente negro para adivinar el futuro, preferiblemente hecho de piedra
- Agua que puedas verter en el cuenco
- La poción para la visión de la adivinación del futuro de la Luna y del polvo de mariposa nocturna[2]
- Incienso (opcional)
- Música instrumental (opcional)
- Tu diario (opcional)

Finalidad: Adivinar el futuro es la acción de obtener información psíquica a través de métodos clarividentes, ya sea internamente o externamente, o de ambas formas mediante la observación de un objeto, habitualmente un objeto reflectante. Tal como se ha mencionado antes, la mayoría de las técnicas para la adivinación del futuro cuentan con la forma circular como la de espejos, cuencos y bolas de cristal debido a cómo trabaja la forma energéticamente. Cuando la mayoría de la gente piensa en el futuro, suele pensar en esos métodos de adivinación, y aunque éstos existan en realidad, mi forma favorita de hacerlo es la adivinación del futuro con el agua. Una de las razones por las que me gusta enseñar este método antes que otros métodos para adivinar el futuro es porque puedes «desconectarlo» rápida y fácilmente, y cerrarlo del todo una vez que hayas terminado. Por esta razón, los espejos y las bolas de cristal empleados para adivinar el futuro tradicionalmente están cubiertos cuando no se los utiliza. Al adivinar el futuro con el agua, puedes cerrar rápidamente esa ventana por la que estás mirando desha-

---

2. Esta receta aparece justo después de este ejercicio.

ciéndote del agua. A mí me gusta mantener mis cuencos boca abajo cuando no los estoy empleando. Aunque puedas usar cualquier tipo de agua para esto, lo tradicional es utilizar agua de fuentes naturales.[3] La mayoría de la gente que conozco suele usar agua de manantial. Sin embargo, he descubierto que cualquier agua, incluida el agua de grifo, funciona perfectamente.

En esta sesión de adivinación del futuro invocarás a los espíritus de los primeros videntes que pisaron la Tierra a fin de que te ayuden. El cuenco negro hará las veces de su Ojo de la Bruja, el que tú contemplarás. Para esto te interesa tener una iluminación muy tenue, y preferentemente la luz de las velas. Asegúrate de que no hay ninguna fuente de luz reflejada en el agua en sí. Puedes quemar incienso relacionado con la habilidad psíquica o la adivinación si lo deseas, así como poner cualquier tipo de música instrumental que te relaje o que te ponga en un estado anímico místico.

Instrucciones: Ánclate, céntrate, afínate y entra en alfa. A mí me gusta formular un círculo y llamo a los espíritus aliados con quienes tengo relación y que son protectores. Si tú aún no mantienes una relación con espíritus protectores, simplemente puedes invocar verbalmente en voz alta: «Invoco a mis guías espirituales más altos para que estén aquí conmigo durante la sesión y me protejan». Una llamada sincera hará que se presenten, aunque tú no los percibas.

Deposita el cuenco vacío sobre una superficie plana. Toma el agua y llénalo. Invoca a los primeros videntes de la humanidad:

«Invoco a los primeros videntes,
y a aquellos que adivinaron.
Aquéllos cuyo nombre se ha perdido en el tiempo.
Aquéllos que podían traspasar y mirar más allá del velo.
Aquéllos que podían ver las verdades ocultas claramente sin falta.
Aquéllos que albergan el deseo de ayudar y de no perjudicar,
que desean compartir sus dones y hechizos.

---

3. Eason, *Scrying the Secrets of the Future.*

En vuestro Ojo de la Bruja, pido poder observar
para que estos asuntos secretos se me puedan revelar:
(declara que es lo que pretendes aprender aquí; no tiene por qué rimar)».

Toma tu poción de la Luna y de la mariposa nocturna para la adivinación del futuro y deja caer tres goteros llenos de poción en el centro del agua. Toma tu gotero y empléalo como una cuchara, haciendo girar el agua en el sentido de las agujas del reloj. A medida que lo haces, di en voz alta:

«De Ojo de la Bruja a Ojo de la Bruja.
Tú y yo.
Deja que se muestre
lo desconocido.
Deja que lo que está en medio
y más allá del velo sea visible».

Empieza con la respiración del cuadrado.[4] Con una mirada relajada como la que tendrías cuando estás observando auras, contempla el agua arremolinada. Es importante que no quieras esforzarte demasiado o forzar el proceso. Limítate a relajarte en su transcurso.

Podrían pasar muchas cosas durante tu sesión de adivinación del futuro. Es posible que empieces a ver imágenes en el agua arremolinada, de forma similar a cuando se ven formas en las nubes. Es posible que también percibas que tu mente empieza a divagar; esto está muy bien, permite que lo haga, y fíjate bien en hacia qué imagen o pensamientos divaga tu mente. Finalmente, es posible que empieces a ver imágenes en la propia agua. Esto suele comenzar con la aparición de una neblina sobre el agua, habitualmente blanca o gris. Permite simplemente que este proceso se despliegue. Al final, la neblina tomará un color. Al cabo de un rato, esta neblina empezará a actuar más bien como un vídeo donde empiezas a ver unas imágenes claras.

---

4. Véase el ejercicio 9 en el capítulo 2 de *Brujería psíquica*.

Cuando hayas terminado, cierra la sesión de adivinación del futuro diciendo:

«Adivinos de lo antiguo, os agradezco vuestra ayuda
y os doy mi bendición.
Aunque vuestros nombres sean cosa perdida para el recuerdo,
vuestras habilidades no lo son.
Os pido que partáis. Que siempre haya paz entre nosotros».

Cierra tu círculo y ánclate y céntrate de nuevo. Deshazte del agua. Seca tu cuenco para las predicciones del futuro y almacénalo boca abajo. Anota tus experiencias en el diario.

Ejercicio 39

Poción para la visión de la adivinación del futuro de la Luna y del polvo de mariposa nocturna

Instante mágicko: En Luna llena.

Materia:

- Un trocito pequeño de piedra Luna arco iris
- Una botella de cristal de 15 ml con gotero
- 2 cucharadas de resina de copal (cuanto más pequeña sea, mejor; triturada sería lo ideal)
- Canela molida
- Jengibre molido
- ¾ de cucharilla de té de polvo de pigmento blanco iridiscente
- Un aguardiente claro como, por ejemplo, el vodka (un alcohol isopropílico de alta graduación será un sustituto apropiado)

Finalidad: Pese a que la gente suele pensar que las pociones son algo que te bebes, en la brujería, «poción» a menudo es el término empleado para denominar cualquier líquido mágicko independientemente de cómo se lo use.[5] Cuando trabajé en Enchanted in Salem,[6] los turistas y los visitantes me preguntaban constantemente si las pociones de Laurie Cabot eran para tomarlas. La respuesta siempre fue no. Ella emplea el término «poción» para sus mezclas de aceites de unción.[7]

Esta poción no está pensada consumirla o para ungir nada. Está pensada para emplearla en un cuenco para las predicciones del futuro lleno de agua tal como ocurre en el hechizo para predecir el futuro situado antes que éste. También se la puede emplear como talismán, activando su asistencia cuando se lo agita. Simplemente asegúrate de que la tapa está bien cerrada antes de que te la lleves contigo o la agites.

En este hechizo estamos invocando al espíritu de la mariposa nocturna para que nos ayude a navegar a través de su visión lunar. Estamos empleando el pigmento en polvo a manera de polvo de alas de mariposa nocturna a través de la magiak simpatética. La magiak simpatética se produce cuando declaras ritualmente que un objeto es otro distinto mediante una asociación. Los famosos escritos de Carlos Castaneda describen sus experiencias con el brujo Yaqui don Juan Matus.[8] Pese a que se suele aceptar que don Juan no existió jamás y que los escritos de Castaneda son ficticios, siguen compartiendo profundas verdades espiritual en las novelas. De por sí, continúan inspirando a gente de caminos espirituales muy diversos. En el libro de Castaneda *Relatos de poder*, el brujo don Juan le cuenta a Castaneda que las mariposas nocturnas son heraldos y guardianas de la eternidad y que el polvo de

---

5. Penczak, *The Plant Espíritu Familiar,* 168-169.

6. Tienda magicka abierta por Laurie Cabot ubicada en la Ciudad de las brujas, en Salem. *(N. de la T.)*

7. L. Cabot, C. Penczak, *Laurie Cabot's Book of Spells & Enchantments,* 122-123.

8. Referencia al libro *The Teachings of Don Juan: A Yaqui Way of Knowledge (Las enseñanzas de Don Juan: una forma yaqui de conocimiento)*, escrito por Carlos Castaneda. *(N. de la T.)*

su alas es el conocimiento en sí mismo.[9] Don Juan explica que de por sí, éstas han sido aliadas de los brujos a lo largo del tiempo. Aunque esta idea sea del todo ficticia, y hoy en día sepamos que el polvo de las mariposas nocturnas son escamas diminutas que tienen sobre sus alas, esta idea poética de que el polvo de mariposa nocturna es el conocimiento de la eternidad que conecta a los practicantes de la magiak a través del tiempo me parece muy inspiradora. Así que la he incorporado a este trabajo, teniendo en cuenta que es un símbolo de eso. Puesto que no queremos hacerle daño a ninguna mariposa nocturna real y que recolectar polvo de mariposa nocturna en tales cantidades supondría una tarea monumental, el polvo del pigmento iridiscente se emplea simbólicamente para invocar en este trabajo esa imaginería y sus asociaciones.

El pigmento iridiscente en polvo se puede encontrar en la mayoría de las tiendas de manualidades y *online*. Por favor, usa un pigmento en polvo biodegradable no tóxico para esto, ya que tendrás que tirarlo fuera una vez que lo hayas usado para predecir el futuro. La modalidad iridiscente de pigmento en polvo que empleo es especialmente la que tiene un resplandor azul porque se parece a la piedra de Luna arco iris y porque ese azul es como el del Fuego de la Bruja.

Instrucciones: Empieza poniendo tu trocito de piedra de Luna arco iris dentro de la botella vacía. Luego añade dos cucharadas de resina de copal, tres pizcas de canela molida y tres pizcas de jengibre molido. A continuación añade ¼ de una cucharilla de té del pigmento metiéndolo en la botella tres veces (añades ¾ de una cucharita de té) para simbolizar las diosas triples lunares. Llena tu botella con tu líquido espiritual, asegurándote de que no lo llenas demasiado, ya que se derramaría cuando colocaras tu tapa gotero.

Antes de colocar tu gotero, coloca tus manos sobre ella y visualiza el espíritu de una bella mariposa nocturna blanca que presta sus poderes a través de tus manos y que los introduce en la botella.

---

9. Castaneda, *Tales of Power*, 27-29.

Di:

«Invoco al espíritu de la mariposa nocturna de la noche
para que preste sus poderes de la segunda visión.[10]
Polvo de mariposa nocturna de las esquirlas de plata blanca,
mezclado en el río de este aguardiente.
Piedra de Luna, ayúdame con este hechizo
para mostrarme lo que no se cuenta,
con las visiones que están más allá de la periferia,
mediante la visión de la brujería psíquica.
Así pues, hechizo esta poción
para que trabaje cuando se la ponga en movimiento.
Copal, jengibre y canela.
Tal como lo deseo, ahora ya está hecho!».

Cierra la botella. Remuévela bien, a sabiendas de que el espíritu de la mariposa nocturna la ha bendecido. Mientras la agitas, visualiza un fuego blanco con un resplandor azul eléctrico fluyendo de tus manos y cargando la mezcla todavía más. Agítala bien para activarla. Almacénala durante todo un ciclo de la Luna llena, agitándola a diario si te es posible y manteniéndola lejos de la luz directa. Después del ciclo lunar (un mes más o menos), la mezcla está lista para usarse. Usarla más pronto no arrojará los mismos resultados, ya que la fórmula se tiene que ir mezclando con el tiempo. Cuando esté lista para emplearla, agítala antes de su uso y añade unas pocas gotas en un cuenco negro sirviéndote de un gotero y escudriña las imágenes.

---

10. La segunda visión es una suerte de sexto sentido o capacidad para ver y percibir imágenes o saber de eventos tanto cercanos o distantes tanto en el espacio como en el tiempo. Se lo suele considerar un don que no se controla a voluntad. *(N. de la T.)*

La cruz y la X

La siguiente forma con la que verás que las brujas trabajan con más frecuencia es el «cruce de caminos», donde un camino energético se cruza con otro camino energético. Esto es mucho más común en brujas que trabajan con tipos de brujería más tradicionales, a veces formulándolo dentro de un círculo y a veces sin formularlo dentro de un círculo. Un cruce de caminos es esencialmente el punto de un nexo de conexión y unificación. También puede servir para romper y desconectar, enviando algo al exterior para separar. El cruce de caminos es la única entre todas las figuras aquí compartidas que no sirve como contenedor de la energía que elevan las propias brujas. Pese a que los cruces de caminos no sean útiles como contenedores, son una fuente de poder habitual. Los cruces de caminos crean una intersección de energía a lo largo de sus caminos, creando un área liminal que conecta energéticamente un reino con el otro. El centro de los cruces de caminos se suele emplear para llamamientos y su creación parece llamar la atención de varias entidades, porque cuando se crea esta intersección se hace visible en varios planos de la existencia y de reinos a la vez.

Ejercicio 40

Conjurando los cruces de caminos

Instante mágicko: Cualquiera.

Materia:

• Un *stang* (opcional pero recomendable)

Finalidad: Invocar los cruces de caminos es una manera de crear un espacio sagrado empleado en el trabajo ritual cuando el objetivo consiste en conectar, unir y viajar a través de reinos en contraposición con separarte o poner en cuarentena tu energía. Habitualmente bajo un contexto de brujería, con los cruces de caminos se trabaja empleando un *stang,* que es un bastón con dos puntas en su parte superior que representan el Árbol del Mundo, así como al «Brujo Padre» en la brujería tradicional. El *stang* es un instrumento que representa al *Axis Mundi*, que es el eje cosmológico sobre el que mora la totalidad del universo espiritual. También es un instrumento de la *Anima/Animus Mundi*, a la que a veces se denomina «diosa estrella», la cual es el espíritu vivo del *Axis Mundi*, el espíritu del universo en sí mismo. Tanto el *Axis Mundi* como el *Anima/Animus Mundi* son conectivos por naturaleza, sirviendo como la fuerza que une y mantiene las cosas unidas, a semejanza de la meta del cruce de caminos en sí misma. Así pues, ya puedes ver por qué es la herramienta perfecta a emplear en esta formulación. Si no tienes un *stang*, es del todo aceptable emplear un bastón o simplemente, tu mano. Esta conjuración de cruces de caminos es una versión notablemente simplificada que he creado basándome en la conjuración de cruces de caminos que hacemos en la tradición de la brujería de los Fuegos Sagrados.[11]

Instrucciones: Mira hacia el norte y agarra tu *stang* entre las manos frente a ti, plantado firmemente en el suelo.

Declara:

«Estoy en pie en el centro del camino del tiempo».

Toma tu *stang* con tu mano izquierda y haz que apunte hacia la izquierda, declarando:

«A mi izquierda se extiende el camino hacia el pasado».

Visualiza un camino a tu izquierda a medida que lo dices. Vuelve a situar tu *stang* en el centro y sostenlo con ambas manos, plantado firmemente en el suelo. Toma tu *stang* con la mano derecha y haz que apunte hacia la derecha, declarando:

«A mi derecha se extiende el camino hacia el futuro».

---

11. Hunter, *The Witch's Book of Spirits*, 141-143.

Visualiza el camino de tu derecha mientras lo dices. Vuelve a situar tu *stang* en el centro y sostenlo con ambas manos, y visualiza el camino de tu derecha y de tu izquierda simultáneamente, contigo en el medio, declarando:

«Estoy en pie donde se funden en uno solo».

Respira hondo y declara:

«Estoy en pie en el centro del camino de la forma».

Toma tu *stang* con la mano derecha y haz que apunte hacia delante de ti, visualizando un camino extendiéndose frente a ti y declara:

«Ante mí se extiende el camino de la materia».

Vuelve a situar tu *stang* en el centro y sostenlo con ambas manos como antes. Ahora, toma tu *stang* con la mano izquierda y haz que apunte hacia atrás, declarando:

«Detrás de mí se extiende el camino de la energía».

Vuelve a situar tu *stang* en el centro y sostenlo con ambas manos declarando:

«Estoy en pie donde se funden en uno solo».

Ahora trae la visualización de ti misma como el Árbol del Mundo. Sosteniendo tu *stang* con ambas manos, elévalo hacia el cielo visualizando las ramas del Árbol del Mundo extendiéndose para llegar al Mundo Superior, declarando:

«Con las ramas empíreas sobre mí».

Vuelve a situar tu *stang* en el centro y entonces, con ambas manos haz que apunte hacia la tierra, al tiempo que te visualizas a ti misma como el Árbol del Mundo y tus raíces hundiéndose profundamente en el Mundo Inferior y declara:

«Y las raíces ctónicas debajo de mí».

Vuelve a situar tu *stang* en el centro, declarando:

«El tronco en mi interior y a mi alrededor.
Estoy en pie firmemente en el medio».

Entonces, realiza cualquier trabajo mágicko, hechizo, o ritual en el que quieras participar. Cuando termines afirma: «A cada tiempo y a cada lugar, sed tal como erais antes de que yo viniera» y márchate sin más.

Ejercicio 41

La cruz de la absolución

Instante mágicko: En Luna nueva o en Luna menguante.

Materia:

- Un pedazo de papel pequeño y un utensilio para escribir

- El objeto que quieras deconstruir energéticamente

- Un lugar donde depositar el objeto y se lo pueda dejar allí sin que se lo moleste

- Un caldero o un cuenco resistente al fuego

Finalidad: Este trabajo es para «compostar» la energía de objetos que puedan tener energía negativa, o un objeto que contenga mucha energía que ya no necesitas precisamente. Limpia la energía, ya que la descompone para que entonces puedas emplearla para otros proyectos mágickos.

Otro uso fantástico para esto sería aplicarlo sobre un objeto que ha acumulado gran cantidad de energía negativa que te han lanzado, como pueden ser maldiciones, embrujos o negatividad en general. Esto puede ser un amuleto para desviar el mal de ojo o alguna otra cosa de naturaleza apotropaica. El hechizo descompone la energía del objeto a su mínima expresión energética. Entonces esa energía en bruto se emplea para empoderar tus otros hechizos y tus otras metas. Quienes odian, seguirán odiando. Así que, ¿por qué dejar que la energía que otra gente te envía de forma gratuita para hacerte daño u obstaculizar tus metas se desperdicie? ¿Por qué no tomar esa energía, reciclarla y hacer que quienes te odian te ayuden con tus propias metas?

Instrucciones: Escribe la palabra «deconstrucción» desde la esquina superior izquierda hasta la esquina inferior derecha en un pedazo pequeño de papel. Ahora, parte de la esquina inferior izquierda y escribe la palabra «absolución» hacia la esquina superior derecha. Ahora deberías tener el espacio de cuatro triángulos entre lo escrito: uno arriba, uno debajo, uno a la derecha, y uno a la izquierda. En el centro donde coinciden cada uno de los triángulos, dibuja dos flechas que vayan desde el centro hacia fuera en cada dirección enmarcando los triángulos. Dibuja una «X» entre las flechas en el espacio que quede vacío.

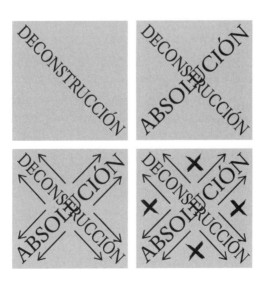

El papel de la absolución

Deposita el pedazo de papel debajo de los objetos en los que estás trabajando. Dirigiendo la energía de la misma forma que lo harías cuando formulas un círculo, dibuja una X energética por encima del objeto empezando por la esquina superior derecha hasta esquina inferior izquierda y luego lo haces de nuevo desde la esquina superior izquierda hasta la esquina inferior derecha. Entonces di:

«Al igual que la tierra descompone y el agua disuelve.
Al igual que el fuego quema y el aire erosiona.
Tu poder y tu memoria
vuelven su energía más pura.
Acumulándola ahí,
en el interior del cuadrado.
Digo mi plegaria predestinada de la bruja:
¡tabula rasa! ¡Tabula rasa! ¡Tabula rasa!».

Tabula Rasa es el término latino de «pizarra en blanco», «pizarra borrada» o «pizarra raspada». Ahora vete para permitir que la energía del objeto se descomponga por sí misma. Puedes volver periódicamente al cabo de un tiempo y emplear un péndulo para ver si el objeto se ha descompuesto preguntándolo. Si no ha terminado de descomponerse, puedes dibujar la X energética sobre él de nuevo y recitar las palabras. Si se ha descompuesto con éxito, entonces puedes quitar el objeto (y si éste era un amuleto apotropaico, puedes recargarlo para cumplir una meta). Toma el pedazo de papel y córtalo a lo largo de las letras, creando cuatro triángulos. La próxima vez que lances un hechizo, simplemente añade el papel a tu caldero o a un cuenco resistente al fuego y quémalo junto a tu hechizo al tiempo que declaras:

«Este aporte extra de energía
realza mi hechizo con éxito».

Los triángulos y las pirámides

Los triángulos sirven para manifestar y amplificar. La energía de un triángulo parece aumentar en su interior, a semejanza del «cono de poder» realizado por varias tradiciones wiccanas. La geometría mágicka de esta forma consiste en que esos puntos se unen y manifiestan un tercero. La manifestación y la creación son materias clave de esta forma. La madre y el padre se unen para crear al hijo. En la alquimia, el mercurio y el azufre se aúnan para crear la sal. Estos tres ingredientes corresponden vagamente a las Tres Almas en la alquimia, siendo el azufre el Yo Superior, el mercurio el Yo Inferior y la sal el Yo Intermedio.[12] El Yo Superior y el Yo Inferior se fusionan para crear la personalidad del Yo Intermedio. Los triángulos también amplifican la energía debido a su habilidad para manifestar y crear. Éste es el secreto de la forma de la pirámide. Eso también explica por qué las brujas emplean con frecuencia el gesto denominado «el triángulo de la manifestación» para amplificar la energía de un objeto.

Por otra parte, los triángulos también pueden silenciar y nivelar energía. Y lo que es más, los triángulos también pueden capturar energías o entidades en su interior. Esto también explica por qué se emplean los triángulos en la magiak de los grimorios para traer a las entidades más peligrosas fuera del círculo mágicko, algo que quienes emplean la magiak ceremonial de los grimorios denominan «el triángulo de la manifestación»; éste es el mismo término que las brujas emplean para una técnica distinta que vamos a explorar. A otros conjuntos de tres, habitualmente se les asignan puntos del triángulo como, por ejemplo, el tiempo, el espacio y la energía; o lo mutable, fijo y cardinal cuando trabajamos con energías astrológicas. La clave es que las tres cosas trabajan en armonía unas con otras en una relación directa.

---

12. Hauck, *The Complete Idiot's Guide to Alchemy,* 100; Penczak, *The Three Rays,* 63.

G.O.D.	Generativo	Organizativo	Destructivo
Alma Triple	El Yo Inferior	El Yo Intermedio	El Yo Superior
Alquímico	Mercurio	Sal	Azufre
Astrológico	Cardinal	Fijo	Mutable
Lunar	Creciente	Llena	Menguante
Mundo	Mundo Inferior	Mundo Intermedio	Mundo Superior
Caldero	Calentamiento	Movimiento	Sabiduría
Manifestación	Energía	Espacio	Tiempo
Destino	Lachesis	Clotho	Atropos

Ejercicio 42

El triángulo de la manifestación

Finalidad: Éste es un método clásico ocultista/de brujería consistente en colocar las manos formando un triángulo para dirigir, despertar y amplificar una carga energética, o para conceder una bendición sobre éste. Los tres puntos en este triángulo simbolizan el tiempo, el espacio y la energía.

Al gesto y a la técnica se los llamó así por una enseñanza de la brujería que señala que para que la manifestación tenga lugar, se deben emplear esos tres componentes del tiempo, del espacio y de la energía. En pocas palabras, si recurres a un momento, creas un espacio para él y diriges energía, manifestarás algo.[13] Aunque yo crea en esto, también me parece algo demasiado básico y tengo la impresión de que hay más componentes implicados en la manifestación; o más bien, que esas tres cosas poseen aspectos y pasos en sí mismas, tal como comenté largo y tendido en *Brujería psíquica*. El gesto está pensado para invocar esos tres elementos primarios de forma simbólica.

---

13. Grimassi, *Spirit of the Witch*, 120-121.

Gesto del triángulo de la manifestación

Instrucciones: Coloca tus manos frente a ti con las palmas mirando hacia fuera. Junta los pulgares y los índices formando un triángulo de espacio negativo entre tus pulgares y tus índices. Mantén el gesto triangular cerca de tu cara, los ojos quedan dentro del triángulo y el punto del Ojo de la Bruja en tu frente el ápice del triángulo. Observando a través del triángulo, visualiza tus ojos y el Ojo de la Bruja llenando el espacio entre tus dedos, llenándolo de energía mientras miras el objeto que deseas empoderar; para estos propósitos, pongamos una vela. Empleando tu fuerza de voluntad y la intención, introduce la energía en la vela al tiempo que físicamente aproximas tu gesto del triángulo a la vela infundiéndola en energía.

Puedes fortalecer esta técnica recitando algo así:

«Uno en tres, tres en uno.
El triángulo de la manifestación».

Ejercicio 43

֎

La pirámide de la amplificación

Instante mágicko: Cualquiera.

Finalidad: Ésta es, esencialmente, una técnica donde formulas un triángulo a tu alrededor y entonces le das la forma de un contenedor piramidal con el propósito de amplificar tus energías interiores y la claridad de tu guía interior. En cierto sentido, mientras que la visualización es externa, el foco del trabajo energético es interno, en lugar de externo como ocurre en otras formulaciones como la del círculo. Ésta es una formulación que me gusta hacer cuando voy a participar en una meditación profunda, trabajos de trance, lecturas psíquicas o en mediumnidad y quiero estar completamente inmerso en esa experiencia. A mí mismo y a otras personas que han intentado hacerlo, las ha conducido a experiencias y mensajes profundos procedentes del mundo de los espíritus, al tiempo que también te mantiene protegida.

Como esto amplifica las cosas sobremanera, es importante que te ancles antes y después de este trabajo (y, sinceramente, deberías hacerlo antes y después e cualquicr trabajo energético o mágicko, o meditación). He descubierto que este ejercicio también fortalece en gran medida mi percepción energética durante el resto del día, y probablemente también tiene el efecto de incrementar la sensibilidad a largo plazo.

Instrucciones: Con los ojos cerrados y sentado en el suelo con las piernas cruzadas, ponte en un estado meditativo de consciencia. Ánclate y céntrate. Visualiza un triángulo que desprende una luz blanca a tu alrededor en el suelo con un vértice frente a ti y un vértice detrás de ti en cada uno de tus flancos. Ahora visualiza que de cada vértice sale una línea ascendente hacia el ápice, que está justo por encima de tu cabeza. Visualiza los espacios vacíos entre las líneas de energía llenándose de luz blanca formando unos «muros» y creando una pirámide a tu alrededor.

Visualiza a un orbe prismático con una luz blanca opalescente directamente sobre tu cabeza, planeando sobre el ápice de la pirámide.

Éste es tu Yo Superior. Empieza respirando profunda y lentamente y observa el Yo Superior irradiando luz en la pirámide, llenándola de una energía blanca opalescente como si la estuviera llenando de agua. Siente esta energía a medida que te rodea poco a poco dentro de la pirámide y llena tu cuerpo. Siente cómo éste mejora y ajusta tu cuerpo energético y fortalece tus percepciones psíquicas.

Realiza cualquier meditación que te apetezca en este instante. Pueden ser meditaciones guiadas, viajes libres de forma, o simplemente respirar y realizar ejercicios de *mindfulness*. Esta formulación me parece extremadamente poderosa para la meditación, así como para las sesiones de lecturas psíquicas y para cuando me involucro en la mediumnidad. Cuando acabes, simplemente visualiza toda esa luz líquida volver a tu Yo Superior situado arriba. Observa como la pirámide que te rodea se disipa. Asegúrate de anclarte y de centrarte de nuevo cuando hayas terminado.

Ejercicio 44

El triángulo cargador

Instante mágicko: Cualquiera.

Materia:

- Un objeto que quieras limpiar y cargar

- Tres barras de selenita que puedan crear un triángulo

- La varita mágica (opcional)

Finalidad: La selenita es una de mis piedras favoritas desde siempre. No sólo es una piedra asombrosa y una aliada para el incremento psíquico y la limpieza energética, sino que también ayudará voluntariamente a amplificar cualquier energía que se cruce en su camino y también mezclará sinérgicamente energías distintas uniéndolas.[14]

---

14. Simmons, Ahsian, y Raven, *The Book of Stones*.

Cuando era un lector psíquico profesional hace unos años en Salem, Massachussets, un mentor que tuve me recomendó crear una red de selenita en mi espacio para las lecturas que ayudara a mantener una limpieza continua del espacio y también ayudara a mantener mi energía psíquica amplificada y fluyendo. A él le gustaba tener ambientadores energéticos en la habitación. Hice lo que me sugirió y noté una diferencia enorme. Desde entonces, he alcanzado un nuevo nivel de aprecio por este cristal aliado. Me parece muy interesante que a la piedra se la llame así por Selene, la titánide griega de la Luna, y la selenita parece poseer todos los poderes principales de la Luna: eliminar, cargar y dar un fuerte énfasis a la habilidad psíquica. También recomiendo colocar tres piezas de selenita en las tres esquinas de la pirámide de la amplificación del ejercicio anterior al tiempo que sostienes una mientras meditas. Notarás que lograrás una intensificación aún mayor en ese ejercicio.

El triángulo cargador es una técnica que he desarrollado basándome en esas experiencias con las redes de selenita; simplemente la he concentrado y miniaturizado. Empleo esta técnica cuando quiero despertar, cargar y limpiar un objeto con bastante rapidez sin mucho lío. Pese a tener usos ilimitados, usaremos una pieza de joyería como ejemplo para este ejercicio.

Instrucciones: Toma tres barras de selenita sin pulir y colócalas de forma que formen un triángulo. Ahora toma tu varita mágica o emplea tu mano y envía energía desde ésta para reseguir el triángulo con energía empezando por el vértice de arriba, bajando hasta el inferior derecho y entonces hacia el de la izquierda y luego volviendo al vértice de arriba. Entonces, deposita el collar o el objeto que vayas a limpiar o cargar en el centro del triángulo. Luego, invoca al espíritu de la selenita, diciendo:

«Al igual que la Luna crece y carga.
Al igual que la Luna mengua y limpia.
Espíritu de la selenita, haz como tu homónima
para este tesoro contenido entre tus tres lanzas».

Entonces realizo el triángulo de la manifestación sobre el objeto, enmarcando con mis manos los bordes de la selenita. *¡Voilà!* Ya está limpio y cargado.

Ejercicio 45

Formulando el espacio triple

Instante mágicko: Cualquiera.

Materia:

• 3 velas candelita

Finalidad: Considero que esta formulación para un espacio sagrado es muy poderosa cuando quieres empoderar un monigote o un sigilo, o para ayudar a un espíritu a que se manifieste con más claridad. Recurre a las tres modalidades y a sus fases de creación, existencia y destrucción. Esta formulación esencialmente crea un circuito energético donde se invoca a esos tres poderes en un solo espacio, amplificando las energías del tiempo y del espacio de tal forma que sigue incrementándose mientas esté en su interior. De por sí, es perfecto para «avivar» formas de pensamiento de la manera que desees. Prueba a formularlo dentro de un círculo mágicko, y prueba a formularlo fuera de un círculo mágicko. Comprueba qué diferencias implica para ti energéticamente. Cómo te orientes dentro del triángulo dependerá de cuál sea tu propósito para tu trabajo mágicko. Si tu trabajo implica crear, te interesa realizar tu trabajo en el punto cardinal del triángulo, si consiste en alimentar o empoderar, entonces te interesa trabajar en el punto fijo del triángulo. Si quieres desmantelar algo que has avivado, te interesa trabajar en el punto mutable del triángulo.

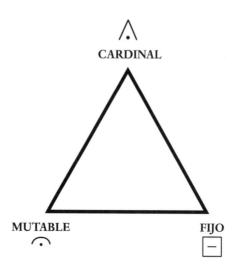

El espacio triple

Instrucciones: Coloca una vela candelita en cada punto de tu triángulo. Al igual que cuando formulas un círculo, vas a «pintar» con luz energética lo que proyectes.[15] Empezando por el punto cardinal, enciente la vela candelita y di:

«Por el poder cardinal de la creación».

Dibuja una línea energética hasta el punto fijo desde el punto cardinal. Enciende la vela candelita y di:

«Por el poder fijo de la existencia».

Dibuja una línea energética desde el punto fijo hasta el punto mutable. Enciende la vela candelita y di:

«Por el poder mutable de la destrucción».

---

15. Para refrescar la tarea de dibujar con luz, véase el ejercicio 62 en el capítulo 10 de *Brujería psíquica*.

Dibuja una línea energética desde el punto mutable hasta el punto cardinal y di:

«Formulo el espacio triple».

Repite este proceso sin encender las velas ya encendidas, al tiempo que haces cada una de las afirmaciones siguientes en el mismo orden de cada punto del triángulo:

«Un circuito de energía
donde los tres son uno
y uno son los tres.
Formulo el espacio triple».

Y luego vuelve a repetir la formulación una vez más, diciendo:

«Donde las fuerzas se destilan.
Donde toda paradoja queda resuelta.
Para que sirva como crisol de mi voluntad
formulo el espacio triple».

Para liberar esta formulación, limítate a recorrer el triángulo soplando cada vela para apagarla y afirmando:

«El trabajo aquí hecho ya está completo.
Los tres poderes desembarcan ahora.
El espacio triple ahora está liberado
mientras las llamas regresan a la oscuridad».

Los cuadrados y los cubos

Los cuadrados estabilizan, almacenan y retienen energía. Dentro de un cuadrado, la energía parece asentarse y desacelerarse, en contraposición con las otras formas, donde la energía parece fluir y amplificarse de formas distintas. El cuadrado es el sólido platónico relacionado con el elemento de la tierra como forma que estabiliza la energía dentro de la naturaleza en lo que aparentemente es una forma estacionaria. Curiosamente, en la geometría mágicka el cuadrado consiste en cuatro líneas que crean equilibrio y estabilidad. Debido a eso, el cuadrado también tiene la habilidad de almacenar y retener energía en forma de información. Es una especie de dispositivo de almacenamiento de información en los términos de lo que sería un recipiente energético. Si todas las otras formas (cruces de caminos aparte) funcionan como recipientes de energía, el cuadrado opera en la mayoría de los casos como un contenedor de energía, almacenando información energética en su interior.

Ejercicio 46

∞

Bloquear un espíritu que te acosa

Instante mágicko: Un sábado, en la hora de Saturno, en una Luna negra o en una Luna nueva.

Materia:

- Un bolígrafo negro
- Un pedazo de papel pequeño y cuadrado
- Un hilo negro
- Una cubitera de cubitos cuadrados grandes (habitualmente los del whisky)
- Papel de aluminio

Finalidad: Como bruja o incluso como psíquica, es muy probable que te cruces con un espíritu que tenga de todo menos buenas intenciones, si no lo has hecho ya, o lo has hecho un buen puñado de veces, en realidad. Si un espíritu te acosa a ti o a tus seres queridos (como a un niño o incluso a una mascota), este hechizo funciona de maravilla. Este hechizo es como un botón de bloqueo para el espíritu al colocar su acoso en un cubito de hielo.

Los hechizos de congelación tienen una larga historia a lo largo de varias prácticas mágickas en Europa, las Américas y Rusia, e incluso posiblemente en otros lugares. Habitualmente, los hechizos de congelación son para atar a alguien que te está causando muchos problemas, como, por ejemplo, un acosador o un vecino que te acosa. La idea es que estás «congelando» su influencia en cierta área, si no se lo estás haciendo en conjunto. Uno de los mejores usos que he encontrado para los hechizos de congelación ni siquiera se aplica a personas, sino a espíritus, entidades y formas de pensamiento que tienen una obsesión insana por ti o que se están aprovechando de ti o te están atacando. Tomando los hechizos tradicionales de congelación como base de mi inspiración, así es como lo he adaptado para lograr con éxito que los espíritus malévolos me dejen en paz.

Este hechizo especifica que sólo es para un espíritu que te acosa o que pretende hacerte daño, de modo que los espíritus inocentes no se verán afectados. También sirve para debilitarlos después realizar el hechizo si intentan acosarte o acercarse a ti activamente. Debido a las propiedades mágickas de los cuadrados como contenedores, yo prefiero emplear cubiteras de cubitos de hielo grandes con la forma de cuadrados perfectos. Son bastante baratos y están pensados para los vasos de whisky.

Instrucciones: Escribe la frase «el espíritu que pretende hacerme daño» en un pedazo pequeño de papel cuadrado, y a medida que lo haces, piensa en ese espíritu o en qué sabes de él. Enrolla el cuadrado formando un pequeño pergamino y colócale un hilo negro alrededor para mantenerlo enrollado y cerrado. Deposita el rollo en tu cubitera de cubitos cuadrados y llénala de agua. Coloca tus manos por encima de la cubitera de cubitos de hielo cuadrados y afirma con firmeza:

«Tu poder no tiene ningún efecto sobre mí.
Oh, sombra; oh, fantasma; oh, espectro.
Oh, criatura, seas lo que seas.
Te impido que transgredas.
Te prohíbo que acoses atándote.
Aquí congelo tu influencia.
A menos que huyas, no serás libre».

Colócalo en tu congelador y deja que se congele. Una vez congelado, extrae el cubo del molde y entonces envuélvelo en papel de plata. Considero que el papel de plata es lo mejor para este tipo de trabajo porque refleja la luz aunque no puedas ver tu propio reflejo en él.

«Tú me buscas, tu visión se ha desviado.
Tu mano que busca constreñir
te golpeará en el pie.
Sombra, te ato para que te retires ahora,
tu influencia ya ha expirado».

Coloca el cubito de hielo envuelto en papel de plata en el fondo del congelador. Mi regla general para los hechizos de congelación es que una vez que sientas que se te ha dejado en paz, lo saques de tu congelador al cabo de tres meses. Entonces lo entierro en alguna parte en la tierra, puesto que sólo es agua, papel e hilo, todo ello biodegradable. (Recicla el papel de plata). A mí me gusta enterrarlo lejos de mi casa, por si acaso el propio espíritu se encuentra en su interior. Alternativamente, siempre puedes mantenerlo en el congelador.

Ejercicio 47

Incrustación y extracción de un cubo psíquico

Instante mágicko: Cualquiera.

Finalidad: Ésta es la formulación de un espacio sagrado que hago cuando necesito o bien almacenar cierta información psíquica en un objeto, o necesito extraer información psíquica de un objeto. Es increíblemente sencillo e increíblemente efectivo. Para este ejercicio, no necesitas más que el objeto con el que estés trabajando y un lugar donde puedas meditar con tranquilidad sin que te molesten. Empezaremos imprimiendo la información y luego te mostraré cómo extraer información de un objeto.

Instrucciones: Ánclate y céntrate y entra en el estado de las ondas cerebrales alfa. Sostén suavemente entre las manos el objeto que quieras imprimir de información. Visualízate dentro de un cubo energético. Empieza a llenar el cubo poco a poco de cualquier información que quieras imprimir en el objeto.

Hazlo conjurando las emociones, las imágenes, los sonidos, la frase o cualquier cosa que quieras colocar en su interior. Por ejemplo, si me siento extremadamente feliz, conjuraré un cubo energético a mi alrededor y lo llenaré con la felicidad que se está exudando hacia el exterior, y lo visualizaré como una luz de colores llenando el cubo. Ya sea amarilla, rosa u otro color que asocio con ese sentimiento. Empieza a respirar lentamente y con regularidad. Con cada espiración, observa el cubo haciéndose cada vez más y más pequeño a tu alrededor, hasta que finalmente ya no está a tu alrededor y tan sólo está alrededor de tus manos, que sostienen el objeto. A medida que el cubo se va haciendo más pequeño, siente la impresión dentro del recipiente energético hacerse cada vez más fuerte. Finalmente, cuando la caja apenas sea lo suficientemente grande para rodear el objeto en sí, visualízala descomponiéndose en miles de minúsculos cubos energéticos y envolviendo cada molécula del objeto que estás sosteniendo.

Cuando hayas terminado, asevera: «¡Está fijado!».

Para extraer información de un objeto, el objeto no tiene por qué haber pasado por el proceso previo de impresión. Muy probablemente, tiene una impresión de algún tipo, incluso si es muy viejo. Esto lo empleo muchísimo cuando realizo psicometrías, lo cual consiste en recibir información psíquica de un objeto, y yo habitualmente lo hago con el propósito de la mediumnidad. Exactamente como antes, te conviene anclarte, céntrate y entrar en el estado de las ondas cerebrales alfa al tiempo que sostienes el objeto suavemente en tu mano o manos. Visualízate dentro de un cubo energético. Ahora imagina la energía del objeto entre tus manos. Visualiza un cubo pequeño a su alrededor que se va llenando de la energía del objeto. Empieza a respirar lentamente y con regularidad. Con cada espiración ves cómo el cubo se va haciendo cada vez más y más grande hasta que llena el cubo en el que estás, teniendo todo el espacio lleno de la energía del objeto.

Una vez que los cubos se hayan unido convirtiéndose en uno solo, siéntate pacientemente realizando una meditación contemplativa y estate pendiente de cualquier cosa que recibas. ¿Qué sentimientos notas? ¿Qué imágenes te vienen a la mente? ¿Algún nombre? ¿Caras? ¿Sonidos? ¿Temperaturas? ¿Sabores? ¿Olores? Toma nota de cualquier cosa que sientas. Este proceso es una especie de descompresión de un archivo comprimido y un despliegue de los datos. A menudo me parece que verbalizar lo que te llega ayuda a que la información fluya con más fuerza. Cuando hayas terminado, simplemente imagínate el cubo unido disipándose. Acaba anclándote y centrándote de nuevo.

Capítulo 6
LAS HERRAMIENTAS INTERNAS Y EXTERNAS

Los cuatro elementos son extremadamente fáciles y extremadamente difíciles de describir debido a su naturaleza abstracta. Eso ocurre porque cuando describimos los cuatro elementos, empleamos el lenguaje de las metáforas, incluidos los nombres que les damos como, por ejemplo, tierra, aire, fuego y agua. Los cuatro elementos no son sus nombres simbólicos. Resulta más fácil comprenderlo cuando te das cuenta de que eso tan sólo son nombres poéticos para diferentes tipos de energía. Por ejemplo, literalmente, el elemento del fuego no es una llama en la mecha de una vela. Sus homónimos son extremadamente antiguos y extremamente adecuados en su intento de describir cada uno de los elementos. Los elementos son bloques de construcción energéticos, que describimos poéticamente como tierra, aire, fuego y agua por la naturaleza del comportamiento del elemento y porque la sensación que transmite recuerda a esas etiquetas. Debemos ser claros nuevamente para que no se confunda el símbolo con lo que simboliza. Estos cuatro elementos (junto con el quinto elemento) componen lo que denominamos la energía etérica. Energía etérica es la energía sutil más cercana a la sustancia física. Es más bien el diseño de un plano o de una estructura, que puede tener o no una contrapartida física. Los elementos no son sólo energías etéricas, sino que también representan cualidades de nuestro interior y del interior de todas las cosas. Tal como afirma la ley de la correspondencia: «Como es arriba, es abajo. Como es dentro, es fuera». Por definición, vemos los elementos expresados de formas distintas en diferentes niveles de existencia.

Las brujas trabajan en lo liminar, el espacio de la paradoja y de la unión que no se encuentra ni aquí ni ahí, sino que está en ambos lugares y en ninguno, donde los límites se desdibujan y la magiak se avecina. Cuando podemos crear un puente entre ese mundo interno y el externo, la magiak que realizamos tanto internamente como externamente se ve aumentada y fortalecida, puesto que ambos están unidos. Los ocultistas, a lo largo del tiempo, han enfatizado el plano interior, el lugar donde nuestras facultades internas tocan el reino astral. Es aquí donde podemos encontrarnos y trabajar con espíritus en una especie de terreno intermedio y realizar magiak puramente con nuestra psique. Cuando podemos crear una unión entre los espacios interiores y exteriores, las herramientas, los aliados y la materia, nuestra magiak verdaderamente cobra vida. Al plano interior se accede mediante varias técnicas como la meditación guiada, la visualización enfocada, la inducción al trance, el sueño lúcido y la proyección astral.

Una de las técnicas que emplean las brujas y otros muchos practicantes de la magiak es la creación de un templo interior, un espacio sagrado semejante a un palacio de la memoria. La técnica del palacio de la memoria, también conocida como el método Loci, se atribuye al poeta griego Simónides de Ceos. La leyenda cuenta que acudió a un gran banquete celebrado en un palacio y que salió fuera durante la comida. Según qué versión de la historia leas, o bien el tejado se derrumbó sobre el banquete mientras él estaba fuera, o bien se produjo un gran incendio y el palacio quedó calcinado. Como había tantísimos invitados, la gente no estaba segura de quién había muerto en el palacio, porque los cuerpos estaban tan destrozados que la mayoría de ellos eran inidentificables. Simónides fue capaz de recordar quién estaba allí recreando mentalmente en el ojo de su memoria el recuerdo de haber pasado por cada habitación del banquete con el fin de recordar quién de los que había acudido estaba muerto. Más tarde se percató de que empleando esta técnica y aprehendiendo la imaginería mental interna de una ubicación y asociándola con varias informaciones, la mente podía almacenar, retener y recordar información. Esta técnica la mostraron en *Sherlock,* de la BBC, donde Sherlock tenía un palacio de la memoria bajo la imagen de una gran biblioteca que él emplea para acceder a recuerdos que atañían a información demasiado difícil para recordarla conscientemente.

El concepto del templo interior es distinto en el sentido de que no es sólo un lugar de donde extraer información consciente como en el palacio de la memoria, si bien es algo que también se puede hacer. En lugar de eso, el Templo interior es la sede central mágicka que te creas en los planos internos. El templo interior de cada cual es único y está basado en los gustos, el camino espiritual y la psique. A diferencia del palacio de la memoria, el templo interior se desplaza por sí mismo a través del tiempo como corresponda. Plantéatelo como tu TARDIS interior, de la longeva serie *El Doctor Who*. La TARDIS (el acrónimo de *Time and Relative Dimensions In Space*, tiempo y dimensión relativa en el espacio) es el vehículo del doctor, que adopta la forma de una pequeña cabina telefónica pero que es tremendamente «más grande por dentro». En ella, el doctor viaja a través del tiempo y del espacio y es donde él tiene acceso a recursos importantes. Cuando el doctor adopta una nueva forma (interpretada por un actor o actriz nuevos) la TARDIS cambia completamente por dentro, al igual que nuestro templo interior cambia a medida que cambiamos y nos desarrollamos. En nuestro templo interior tenemos un acceso directo a varios planos de realidad, a deidades, a espíritus y a todos los recursos mágickos, herramientas e información que podríamos imaginar. También diría que es el espacio más sagrado que tendrás, puesto que es un espacio que tendrás siempre. Podrías pensar que el templo interior simplemente está en tu mente y eso es verdad. Sin embargo, tal como dice el brillante ocultista Lon Milo DuQuette: «Está todo en tu cabeza…, simplemente no tienes ni idea de lo grande que es tu cabeza».[1] Recuerda también que el *Kybalión* afirma: «El Todo es la Mente; el Universo es Mental».

---

1. DuQuette, *Low Magick.*

Ejercicio 48

❦

Viajar a tu templo interior por primera vez

Realiza tu viaje al Árbol del Mundo. Llama a la *Anima Mundi* al tiempo que colocas la mano sobre el tronco del árbol. Solicita que te lleve a tu templo interior, tu santuario personal entre los mundos. A medida que lo haces, la corteza que hay bajo tu mano empieza a desprender un resplandor dorado y a vibrar. El resplandor dorado empieza a extenderse por la corteza ante ti, perfilando una puerta suficientemente grande para tu cuerpo. La corteza dorada desaparece, creando un pasaje hacia el interior del árbol. Da un paso entrando así dentro de la luz dorada del pasadizo. Deja que la luz dorada llene por completo tu visión interior, al igual que lo hace la niebla plateada cuando viajas al Árbol del Mundo.

A medida que la luz dorada empieza a desvanecerse, te darás cuenta de que ahora estás dentro de tu templo interior. ¿Cómo es? ¿Te hace rememorar cierta época o no? ¿Está desordenado o es agradable y organizado? ¿Es espacioso o pequeño? Tómate unos instantes para mirar a tu alrededor, percatándote de que hay numerosas puertas a lo largo de tu templo interior que explorarás más tarde. A medida que exploras tu templo interior, fíjate en que hay un altar primario en su interior. Aún no hay nada sobre el altar: sólo es una superficie plana. Tómate tu tiempo para explorar y conocer tu templo interior, intentando quedarte con los detalles. Éste es tu refugio seguro, tu lugar de poder y es sólo tuyo. Cuando hayas terminado de explorar, visualiza la luz dorada emergiendo de nuevo desde aparentemente todas partes y desde ninguna hasta que llene tu visión interior. Cuando la luz dorada se desvanezca, te verás de vuelta frente al Árbol del Mundo. Dale las gracias al espíritu de la *Anima Mundi* y apártate de ella una vez más, encontrándote la niebla plateada para volver a esta realidad. Acaba anclándote y centrándote de nuevo.

Puedes emplear este método para entrar en tu templo interior en cualquier momento atreviéndote a pasar a través del Árbol del Mundo, y este método es ideal para conocer al espíritu del Árbol del Mundo en sí, especialmente para futuros trabajos. Pero debes saber que también puedes entrar inmediatamente en tu templo interior con sólo cerrar los ojos, desear estar allí y visualizarlo.

El altar

El altar primario de la bruja es un área de trabajo que encarna su poder y soberanía en su magiak. Es su taller; donde elaboran y lanzan hechizos, profundizan su conexión con los poderes universales y comulgan con la divinidad dentro y fuera de ellas mismas. El altar primario hace las veces de puente entre el microcosmos y macrocosmos. En este sentido, es un macrocosmososos de los planos internos de realidad dentro de una misma y el microcosmos del exterior, los planos metafísicos de realidad más grandiosos. En el altar primario de la bruja, las propias brujas trabajan como una deidad, haciendo uso de las fuerzas contenidas en su interior para comandar y controlar las fuerzas universales externas mediante la conexión y la fusión de esas fuerzas internas y externas. Tradicionalmente, el altar contiene las cuatro herramientas elementales de la bruja: la varita mágica del fuego, la daga athame del aire, el cáliz del agua y el pentáculo o la piedra de altar de la tierra. No se puede restar importancia al vínculo entre la bruja y estas cuatro herramientas, puesto que no sólo cumplen la función de una herramienta, sino que son vehículos físicos de aspectos de la propia bruja y canales de energía de las fuerzas cósmicas elementales externas a la bruja. En las tradiciones en las que me he instruido, se añaden dos herramientas más: el caldero y el peyton –pentáculo de altar– como herramientas del espíritu o quintaesencia, el quinto elemento.

A veces, los altares y santuarios se emplean de forma indistinta conceptualmente, pero en la mayoría de las tradiciones de la brujería sus diferencias tienen un ligero matiz. Los altares suelen ser superficies planas donde se trabaja con la magiak y se conecta con otras energías espirituales y entidades como dioses, ancestros, fuerzas elementales, etcétera. Un santuario es similar, pero suele ser más devocional, dándose únicamente el trabajo de la intercesión; sobre todo es un lugar de reverencia y un lugar para proporcionar ofrendas a deidades, espíritus o ancestros específicos. Las brujas a menudo también tienen varios altares y santuarios. Por ejemplo, yo tengo mi altar primario, como el que os describo aquí, así como un altar dedicado a Hécate, una diosa con la que trabajo íntimamente, la cual está relacionada específicamente con los trabajos mágickos que la invocan a ella y a los espíritus bajo sus órdenes. Y también tengo un santuario a parte para Hécate, donde realizo mis actos de devoción y presento mis ofrendas.

También tengo un altar de la sanación dedicado a deidades y a trabajos a realizar relacionados específicamente con la sanación. Tengo un santuario ancestral, y hay numerosos santuarios distintos dedicados a varias deidades en mi hogar. Cuántos altares o santuarios tengas dependerá puramente de tus preferencias personales, aunque la principal escuela de pensamiento indica que no se deberían crear santuarios que se dejarán descuidados. Si vas a erigir un santuario para un espíritu, deberías dedicarte a realizar trabajos devocionales con regularidad y a cuidar y a mantener ese santuario.

Tradicionalmente, el altar también tiene dos objetos relacionados con los dos aspectos polares de lo divino. Estos dos aspectos son las formas primarias del cómo opera el espíritu universal singular mediante la polaridad. El espíritu universal, una fuerza no-binaria, andrógina (muy parecida a «la fuerza» de *Star Wars*) compone y recorre toda la realidad. Los dos aspectos de este poder singular son opuestos y complementarios, creando una auténtica polaridad. Un aspecto es proyectivo y eléctrico por naturaleza y se lo asocia con la luz y la creación. El otro aspecto es receptivo y magnético por naturaleza y se lo asocia con la oscuridad y la destrucción. En el ocultismo, históricamente se hacía referencia a estas dos fuerzas recurriendo a un lenguaje heteronormativo anticuado como el Gran Dios y la Gran Diosa, respectivamente.

En muchas prácticas esotéricas occidentales, el Andrógino Divino se divide en los Mellizos Divinos de género binario, y a estas dos fuerzas se las une simbólicamente de una forma ritual, así como internamente, para crear a un niño divino, al que se define como andrógino y completo. Este proceso de división y reunificación encarna los principios primarios de Baphomet, la representación simbólica de la fuerza universal andrógina que está separándose y uniéndose a perpetuidad; tal como aparece escrito en los brazos de Baphomet: «solve et coagula». Los objetos situados sobre el altar que representan estas dos fuerzas tienden a ser o una vela negra y otra blanca, representando las fuerzas polares existentes en lo divino, o estatuas de deidades polares que el practicante tiene en alta estima.

El lugar donde se colocan los objetos en el altar también posee un significado simbólico. La vela negra se coloca tradicionalmente en el lado izquierdo del altar, y todas las herramientas receptivas también se colocan en el lado izquierdo del altar, mientras que la vela blanca tradicionalmente se coloca en el lado derecho del altar, y todas las herramientas proyectivas se colocan en el lado derecho del altar. Las cuatro herramientas elementales se sitúan sobre el altar en sus direcciones tradicionales. El pentáculo o la piedra de altar en el norte, la daga athame en el este, la varita mágica en el sur, el cáliz en el oeste, y el caldero en el medio del altar.

El poder del altar primario está basado en la energía, la conexión y el significado simbólico que depositas en él. Dicho eso, en realidad no existen unas reglas rígidas y rápidas respecto a cómo montar tu altar y muchas brujas usan todo tipo de altares. Este formato simplemente tiende a ser el que a mí me funciona con un éxito extraordinario. El altar debería ser un reflejo de ti misma y de tu conexión con tu magiak.

Varias escuelas de pensamiento existen basándose en los cuatro elementos, sus herramientas y sus ubicaciones. Lo mismo se aplica en relación a qué elementos van en qué dirección. Algunas brujas intentan alinear sus elementos basándose en qué es significativo para su localización física. Por ejemplo, si viven en un lugar que tiene el mar al este y las montañas al sur, podrían colocar el agua en el este y la tierra en el sur. Yo tiendo a quedarme con aquello con lo que crecí y a lo que estoy acostumbrado: la tierra en el norte, el aire en el este, el fuego en el sur y el agua en el oeste, porque para mí los elementos que estoy aprovechando son los «elementos del sabio», las fuerzas primordiales que componen el universo, no sus representaciones simbólicas en el reino físico. Algunas escuelas de pensamiento también cambian la orientación de las direcciones elementales basándose en cuál es el nivel de realidad con el que están trabajando. En *Temple of Witchcraft*, Christopher Penczak nos enseña esas correspondencias para las direcciones elementales basadas en cuál de los mundos estemos operando.[2]

	Tierra	Aire	Fuego	Agua
Mundo Superior	El este *(Tauro)*	El norte *(Acuario)*	El sur *(Leo)*	El oeste *(Escorpio)*
Mundo Intermedio	El norte *(El invierno y la medianoche)*	El Este *(La primavera y el amanecer)*	El Sur *(El verano y el mediodía)*	El oeste *(El otoño y la puesta de Sol)*
Mundo Inferior	El norte *(Frío y seco)*	El sur *(Caliente y seco)*	El este *(Caliente y húmedo)*	El oeste *(Frío y húmedo)*

La lógica que hay detrás de esto es que el Mundo Inferior es elementalmente equilibrado, y este posicionamiento de los elementos en su dirección equilibra los atributos elementales con los elementos complementarios y opuestos uno frente al otro, creando una sinergia alquímica para la creación con los elementos húmedos y secos uno frente al otro siendo como son lo mismo. La tierra, que es alquímicamente fría y seca (y el elemento más denso), es el opuesto del aire, que es cálido y seco (y el elemento menos denso). El fuego, que es cálido y húmedo, es el opuesto del agua, que es fría y húmeda. Los atributos tradicionales de las direcciones elementales son el posicionamiento del Mundo Intermedio y se alinean con cómo experimentamos los ciclos de la vida en relación con el Sol. El Sol sale por el este y se pone por el oeste; esta orientación retiene las correspondencias tradicionales estacionales de los elementos, con la primavera y el amanecer dándose en el este y el aire, siendo la puesta de Sol y el otoño cosas asociadas con el oeste y

---

2. Penczak, *Foundations of the Temple.*

el agua, y siendo la tierra el punto liminal estéril del invierno y de la medianoche. La lógica que hay detrás del posicionamiento del Mundo Superior está relacionado con el Zodíaco y sus atributos elementales fijos con la tierra en el este con Tauro, el aire en el norte con Acuario, el fuego en el sur con Leo, y el agua en el oeste con Escorpio. En este conjunto de orientaciones elementales, tenemos de nuevo el Mundo Inferior en correspondencia con las energías sublunares elementales, el Mundo Intermedio en correspondencia con las energías solares, y el Mundo Superior en correspondencia con las energías celestiales.

Yo recomiendo experimentar con estos posicionamientos distintos en función de qué meta tenga tu trabajo mágicko. ¿Estás haciendo magiak relacionada con el Yo Superior o con el Mundo Superior? Prueba la orientación del Mundo Superior del posicionamiento elemental. ¿Estás haciendo magiak relacionada con tu yo interior, trabajos de la sombra, el Yo Inferior o el Mundo Inferior? Prueba la orientación del Mundo Inferior del posicionamiento elemental. Para cualquier otra cosa, quédate con el posicionamiento elemental del Mundo Intermedio tradicional.

Para ser sincero, no importa en qué direcciones te coloques en relación con tus elementos, mientras que comprendas por qué las estás ubicando donde están. El poder reside en tu conexión personal y en las asociaciones con las direcciones; en mi cosmología mágicka, tiendo a quedarme con las orientaciones de Christopher porque añaden a la magiak con la que trabajo significados simbólicos a unos niveles inmensos en relación con las Tres Almas y los Tres Mundos.

Las herramientas elementales

Las herramientas rituales de los cuatro elementos primarios del mago nos vienen dadas por los magos ceremoniales de la Hermetic Order of the Golden Dawn.[3] Además de estar asociada cada herramienta con

---

3. También conocida como Orden Hermética de la Aurora Dorada; organización secreta y esotérica fundada en Londres en 1888 por William Wynn Westcott, Samuel MacGregor Mathers y William Robert Woodman. *(N. de la T.)*

un elemento, también puede estar conectada esotéricamente a la mitología pagana irlandesa de los *Four Hallows* o los cuatro tesoros de Tuatha Dé Danann. La asociación de los cuatro poderes elementales con los Cuatro Tesoros tiene su origen en la poetisa visionaria Fiona MacLeod (pseudónimo de William Sharp), cuyo trabajo está influido por la Golden Dawn y la Wicca[4] moderna. Los Tuatha Dé Danann tenían cuatro *Hallows*, siendo *hallow* algo sagrado o santo. Se dice que esos dioses ancianos trajeron esos tesoros de cuatro ciudades míticas y que una deidad diferente poseía uno de los tres. Estos cuatro tesoros son el Caldero del Dagda procedente de la mítica ciudad de Murias, la Espada de Luz de Núada procedente de la mítica ciudad de Finias, la Lanza de Lugh procedente de Gorias y la Piedra de Fal procedente de Falias.

La Piedra de Fal, también conocida como la Piedra del Destino, no pertenece a ninguna deidad en concreto, sino que era propiedad del territorio irlandés y de su gente. Según la leyenda, la Piedra de Fal rugía cuando el rey de pleno derecho colocaba su pié sobre ella, y presuntamente eso revitalizaría al rey y lo bendeciría con un largo reinado. La Piedra de Fal simboliza la herramienta del elemento de la tierra e influyó sobre la herramienta que tienen el mago y la bruja: el pentáculo de altar o la piedra de altar. Se decía que nada podía escapar a la Espada de Luz de Núada una vez que se la desenvainaba. La Espada de Núada simboliza la herramienta del elemento del aire e influyó sobre la herramienta que tienen el mago y la bruja: la daga athame. En la brujería y las tradiciones ceremoniales, la daga athame y la espada suelen ser las herramientas más agresivas cuando se trabaja con espíritus. Se emplea para expulsar a espíritus agresivos, y en algunas tradiciones, para intimidar o conminar a los espíritus desmadrados que se comporten ante su mera presencia. Aunque no todas las brujas estén cómodas manejando así a los espíritus, vemos que tiene un gran sentido simbólico cuando recordamos que ésta es una herramienta de aire, y por lo tanto de la mente y el habla. Nuestras palabras tienen poder, así como

---

4. Penczak, *The Temple of High Witchcraft*, 202.

lo tienen nuestros pensamientos, y no sólo nos permiten formular planes, sino también expresarlos y ejecutarlos. Si has visto una lucha con espadas alguna vez, sabrás que debes pensar con rapidez cuando estás empleando una espada, puesto que cuando la usamos se produce una especie de danza marcial y tenemos que bloquear la espada del oponente al tiempo que también intentamos atacarle con ella.

Se dice que la Lanza de Lugh fue una contra la que nunca se sostuvo una batalla, ni tampoco contra la persona que la sostuvo. Christopher Penczak señala que, «la traducción del nombre [el de Lugh] está sujeta a disputas, pero él estaba ligado a lo solar, la luz y a la imaginería del relámpago, así como al "vigor inagotable", lo cual es perfecto como elemento del fuego y su lanza representa el poder del deseo o el impulso».[5] También deberíamos señalar que las lanzas son armas que empleamos para clavarlas o para cargar hacia delante. Tienen un movimiento de empuje que es más directo en su gesto que, digamos, la espada, blandida y manipulada en la batalla de forma más compleja. La Lanza de Lugh influyó sobre la herramienta que tienen el mago y la bruja: la varita mágica. La cual dirige nuestra fuerza de voluntad y energía.

El Caldero del Dagda (o «el buen Dios») nunca se quedaba vacío, y todo aquel que compartía su contenido quedaba satisfecho y lleno. Ésta era la herramienta de la generosidad y al parecer simboliza la culminación emocional y la generosidad del corazón, las propiedades del elemento del agua, y los calderos contienen líquidos en su interior; tanto si son sopas, estofados, cocciones o pociones. El Caldero de Dagda simboliza el elemento del agua e influyó sobre la herramienta que tienen el mago y la bruja: el cáliz. Morgan Daimler, el autor y estudioso del paganismo y del folklore irlandés, relaciona los cuatro tesoros con cuatro valores; la piedra es la soberanía, el caldero la hospitalidad, la varita mágica lo defensivo y el cuchillo lo ofensivo.[6]

---

5. Penczak, *The Temple of High Witchcraft*, 294.

6. Daimler, *Pagan Portals–Fairy Witchcraft*.

La daga athame y la varita mágica, ¿aire o fuego?

Hay una división de opiniones entre muchas brujas sobre si la daga athame o la varita mágica representan el aire o el fuego. Para algunas brujas, la varita mágica es el aire y la daga athame es el fuego. Algunos profesores notables de la brujería que adoptaron esto incluyen a Raven Grimassi y a su estudiante Scott Cunningham. Para ellos, la lógica indica que las varitas mágicas provienen de los árboles, los cuales tienen ramas que se agitan en el viento y que se extienden para alcanzar el cielo, y que las dagas athame están forjadas al fuego y que el elemento no debería destruir la herramienta. Esto no supone inconveniente alguno, insisto, siempre y cuando comprendas bajo qué razonamiento se asocia un elemento con una herramienta; entonces ve a por todas. Cuando asignamos poder a un símbolo y aprovechamos ese símbolo durante largos períodos de tiempo, éste queda profundamente arraigado en la propia consciencia y esto ocurre mucho más deprisa cuando se trata de una herramienta empleada en un ritual. Para mí, el quid de las herramientas está más bien en cómo operan con los elementos en sí. La varita mágica está hecha de madera, lo cual la convierte en un vehículo para transportar, dirigir y alimentar al fuego; asimismo, la varita mágica es una extensión de nuestra fuerza de voluntad y la herramienta para dirigirla. La daga athame, al igual que una espada, corta y separa el viento, y a menudo produce un sonido mientras lo hace, algo que se suele describir como cantar. El español también está lleno de términos y expresiones que conectan palabras y expresiones con la hoja. Cuando hablamos de la inteligencia de una persona, a menudo decimos cosas como que es «aguda» o «tosca». Cuando alguien nos marea con palabrería, le pedimos «que se ponga al tajo» o que «corte el rollo». Existen multitud de ejemplos aparte de éstos, pero espero que esto ilustre este punto, juego de palabras aparte.

La varita mágica del fuego

La varita mágica es la herramienta del elemento del fuego y, quizá, la herramienta más íntimamente asociada con la magiak; desde las varitas mágicas y los bastones legendarios de hechiceros y magos, hasta Harry Potter, que ha ayudado a que la herramienta vuelva a ganar popularidad ante la gente. En la tradición de la brujería, la varita mágica debería cubrir la longitud que hay desde tu codo hasta la punta del dedo índice. Pese a que ésta no es una norma, nos da una idea de la naturaleza y del uso de la varita mágica. Las brujas emplean el dedo índice no sólo para proyectar su energía, sino también para focalizarla y controlarla. La varita mágica es una extensión de la voluntad, del poder, del impulso, de la pasión y de la fuerza vital de la bruja. Recuerda al cetro o al bastón ceremonial de un monarca, un símbolo de poder, de preponderancia y de autoridad sobre el propio ser, la propia vida y la propia magiak.

La varita mágica habitualmente está hecha de madera, que se hace eco del Árbol del Mundo y de los Tres Mundos. Al igual que la varita mágica del heraldo de Hermes, el caduceo, que le dio la autoridad de viajar por los mundos con toda libertad. De por sí, comanda y simboliza la maestría del individuo sobre los diferentes niveles de realidad y esto es por lo que prefiero emplear la varita mágica para formular un círculo, ya que estás creando un lugar energético fuera del mundo físico en sí. Trabajar con la varita mágica fortalece nuestro poder energético inherente y amplifica nuestra voluntad. Una de las representaciones de una varita mágica en uso más tempranas se encuentra en la historia griega de Circe, quien la empleaba para canalizar su energía. También podemos ver paralelos con la magiak en los bastones mágickos de Aarón y de Moisés, también símbolos de su autoridad.

Ejercicio 49

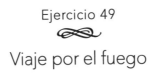

Viaje por el fuego

El Árbol del Mundo se alza en un punto central situado entre los mundos. Desde este centro, date la vuelta para mirar al sur. Ante ti tienes una puerta dorada de gran tamaño, cubierta por un cactus trepador con pinchos afilados y unas flores ostentosas. El símbolo alquímico del fuego está grabado sobre esta puerta: un triángulo que apunta hacia arriba. Permite que tu mirada se suavice mientras te imaginas mirando a través de este símbolo. Respira hondo y vacíate de todo pensamiento y emoción. No existe nada excepto tú misma, esta puerta y el símbolo a través del cual ahora focalizas tu atención.

Imagínate que avanzas paso a paso con cada respiración…, con cada latido del corazón. Al acercarte a la puerta, ésta se abre –como por arte de magia– y ves la luz abrasadora del Sol estival. Una brisa cálida sopla a través de la puerta. Respira hondo… y a medida que alcanzas la puerta, asevera mentalmente tu intención de viajar al reino del fuego elemental. Y con una respiración cargada de poder, atraviesa el umbral y entra en la luz…

Estás de pie en el patio de un templo ubicado en un desierto, repleto de suave arena, salpicado de pequeños fuegos por todas partes. Aquí es verano por toda la eternidad… y mediodía por toda la eternidad. Ante ti, el muro de piedra envuelve una enorme vidriera circular policromada, situada encima de ti, bellamente iluminada, puesto que la luz del mediodía brilla a través de ella. La abrasadora luz del Sol reluce a través de la ventana y se proyecta hacia abajo, iluminando un altar en el centro del patio.

Respira hondo y camina hacia el altar, permitiéndote tomar conciencia de cualquier otro detalle que pueda surgir de este lugar. Emplea todos tus sentidos para que este lugar te parezca más real. ¿Qué ves? ¿Qué oyes? ¿Qué sientes? ¿Qué hueles? Comprueba tus emociones. ¿Qué te hace sentir este lugar? Comprueba tu cuerpo. Fíjate en cualquier dolor o sufrimiento. Fíjate en tu postura.

A medida que llegas al altar, en pie delante de éste y de la vidriera de colores, asevera mentalmente tu intención de llamar al guardián del elemento. Entra en la luz del Sol e imagínate abriéndote a ti misma más profundamente al poder elemental. Sobre el altar hay una vela roja. Recurre a tu propia luz interior y úsala para encender ahora la vela e invocar al guardián.

A medida que la vela arde, la luz del Sol parece volverse más brillante. Con cada respiración esta luz brilla con más fuerza desde los cielos y a través de la vidriera de colores, derramándose alrededor del altar y de ti en un círculo de dorados brillantes y rojos intensos. Notas una vibración que retumba por el suelo y notas como si los mismísimos muros que tienes a tu alrededor se estuvieran agitando.

Ante ti, fuera del círculo de luz, emerge el guardián, que entra en el círculo, ahora iluminado por completo por la luz del Sol. Fíjate en cómo se presentan ante ti.[7] ¿Qué forma (si tienen alguna) adoptan? ¿Qué te hace sentir su presencia? Preséntate ante ellos. Pregúntales su nombre. Date algo de tiempo para recibir ese nombre. Es posible que te haga falta preguntarlo más de una vez. Tómate tu tiempo.

Una vez que hayas recibido un nombre, el guardián empieza a irradiar una luz brillante carmesí. Dan un paso adelante y te entregan la varita mágica. En cuanto la tomas, tus manos la tocan y esa luz carmesí te envuelve; la esencia del fuego elemental…, la luz de la voluntad. Sientes este resplandor entrar en tu cuerpo, agitar tu espíritu, enfocar tu voluntad.

Enfócate en esta sensación al tiempo que el sentido de tu propia voluntad crece más y más, envolviéndote por completo tal como lo hace esta luz carmesí. Siente tu determinación, permitiendo que todos tus pensamientos, sentimientos y adhesiones desemboquen en esa luz carmesí, dejándote fuerte y del todo presente.

El guardián se retira y tú sostienes la varita mágica cerca de ti. La luz del Sol parece proyectarse directamente sobre la varita mágica mientras contemplas las lecciones del fuego elemental: está caliente y es seco, es activo y proyectivo, es voluntad. Siente cómo esta varita mágica encarna esas cualidades. Tómate unos instantes para sentirlo realmente.

Ahora, pregúntale a la herramienta su nombre secreto. Te puede responder de alguna forma, o el guardián te puede ofrecer una respuesta. Insisto, tómate tu tiempo. Es posible que te haga falta preguntar más de una vez.

---

7. En el original, pese a estar interactuando con el guardián (definido en primer lugar como singular), en el propio texto se pasa al plural en varios momentos. Lo que en origen estaba en plural, en la traducción se ha mantenido como tal. *(N. de la T.)*

Una vez que hayas recibido un nombre, ten presente que puedes emplear este nombre siempre que quieras para invocar la esencia psíquica de esta herramienta incorporándola a tu trabajo y que ahora aparecerá en tu propio altar interior.

Tómate unos instantes para comulgar aún más con el guardián. Pregúntales si tienen algún mensaje o enseñanza para ti. Cuando hayas terminado, genera un sentido de gratitud en el centro de tu corazón e imagínate transmitiéndoselo al guardián, dándoles las gracias por sus mensajes y por el obsequio. Salúdalos y despídete. Su luz se desvanece y retroceden unos pasos y desaparecen.

Date la vuelta y sal del círculo de luz, vuelve por donde has venido, atravesando el patio y cruzando por la puerta dorada, regresando al centro y cara a cara con el Árbol del Mundo. Tómate unos instantes para permitir que todas tus experiencias vuelvan a ti. Efectúa tres respiraciones profundas cargadas de poder. Ya está hecho.

La daga athame del aire

La daga athame, una daga ceremonial, tradicionalmente presenta un mango negro y doble filo, y es la herramienta del elemento del aire. Es el poder simbólico de nuestros pensamientos y nuestras palabras, nuestra inspiración y nuestras epifanías. La daga athame es la herramienta físicamente más peligrosa de todas las herramientas del altar y de por sí, la mayoría de las que encontrarás son romas. Esto también se debe a que en algunas tradiciones, la daga athame nunca se emplea para cortar algo físico; en otras tradiciones también se la emplea en la magiak para cortar cosas físicamente. A menudo se emplea otra hoja para cortar físicamente en la magiak, o bien la guadaña de mano (llamada bolina) o simplemente, otra hoja más afilada. Tradicionalmente, estas hojas llevan un mango blanco, mientras que la daga athame lleva un mango negro. Independientemente de cómo esté de afilada la hoja, siempre deberías emplear la daga athame con precaución para evitar herirte a ti o a otra persona. La daga athame puede cortar a través de las ilusiones y de los planos de realidad, especialmente en lo que al pensamiento y la palabra concierne. En los planteamientos con grupos numerosos, la daga athame a veces se la intercambia por la espada, que tiene unos usos idénticos a los de la daga athame.

Ejercicio 50

Viaje por el aire

El Árbol del Mundo se alza en un punto central situado entre los mundos. Desde ese centro, date la vuelta para mirar al este. Ante ti tienes una puerta plateada de gran tamaño, cubierta de finas enredaderas con flores delicadas. El símbolo alquímico del aire está grabado sobre esta puerta: un triángulo mirando hacia arriba, dividido en partes iguales por una línea horizontal. Permite que tu mirada se suavice mientras te imaginas mirando a través de este símbolo. Respira hondo y vacíate de todo pensamiento y emoción. No existe nada excepto tú misma, esa puerta y el símbolo a través del cual ahora focalizas tu atención.

Imagínate que avanzas paso a paso con cada respiración…, con cada latido del corazón. Al acercarte a la puerta, ésta se abre —como por arte de magia— y ves la luz dorada de una nueva mañana. Una brisa fresca y refrescante sopla a través de la puerta, revigorizándote a medida que te aproximas. Respira hondo…, y a medida que alcanzas la puerta, asevera mentalmente tu intención de viajar al reino del aire elemental. Y con una respiración cargada de poder, atraviesa el umbral y entra en la luz…

Estás de pie en el patio de un templo, repleto de suave y verde hierba, salpicado de varias flores salvajes coloridas por todas partes. Aquí es primavera por toda la eternidad… y está amaneciendo por toda la eternidad. Ante ti, el muro de piedra envuelve una enorme vidriera circular policromada, situada encima de ti, bellamente iluminada puesto que la luz de la mañana brilla a través de ella. La luz del Sol matinal cae en cascada suavemente a través de la ventana y se proyecta hacia abajo, iluminando un altar en el centro del patio.

Respira hondo y camina hacia ese altar, permitiéndote tomar conciencia de cualquier otro detalle que pueda surgir de este lugar. Emplea todos tus sentidos para que este lugar te parezca más real. ¿Qué ves? ¿Qué oyes? ¿Qué sientes? ¿Qué hueles? Comprueba tus emociones. ¿Qué te hace sentir este lugar? Comprueba tu cuerpo. Fíjate en cualquier dolor o sufrimiento. Fíjate en tu postura.

A medida que llegas al altar, de pie delante de éste y de la vidriera de colores, asevera mentalmente tu intención de llamar al guardián del elemento. Entra en la luz del Sol e imagínate abriéndote a ti misma más profundamente al poder elemental. Sobre el altar hay una vela amarilla. Recurre a tu propia luz interior y úsala para encender ahora la vela e invocar al guardián.

A medida que la vela arde, la luz del Sol parece hacerse más brillante. Con cada respiración, esta luz brilla con más fuerza desde los cielos y a través de la vidriera de colores, derramándose alrededor del altar y de ti en un círculo de dorados brillantes y verdes suaves. Notas una vibración que retumba por el suelo y te sientes como si los mismísimos muros que tienes a tu alrededor se estuvieran agitando.

Ante ti, fuera del círculo de luz, emerge el guardián, que entra en el círculo, ahora iluminado por completo por la luz del Sol. Fíjate en cómo se presentan ante ti.[8] ¿Qué forma (si tienen alguna) adoptan? ¿Qué te hace sentir su presencia? Preséntate ante ellos. Pregúntales su nombre. Date algo de tiempo para recibir ese nombre. Es posible que te haga falta preguntarlo más de una vez. Tómate tu tiempo.

Una vez que hayas recibido un nombre, el guardián empieza irradiar una luz brillante dorada. Dan un paso adelante y te entregan la daga athame. En cuanto la tomas, tus manos la tocan y esa luz dorada te envuelve; la esencia del aire elemental…, la luz del conocimiento. Notas este resplandor entrar en tus pulmones, limpiar tu mente y aguzar tu atención. Enfócate en esta sensación a medida

---

8. En el original, pese a estar interactuando con el guardián (definido en primer lugar como singular), en el propio texto se pasa al plural en varios momentos. Lo que en origen estaba en plural, en la traducción se ha mantenido como tal. *(N. de la T.)*

que la sensación de conocimiento crece más y más, envolviéndote por completo tal como lo hace esta luz dorada. Siente esa agudeza en tu mente, permitiendo que todos tus pensamientos, sentimientos y adhesiones desemboquen en la luz dorada, dejándote fuerte y del todo presente.

El guardián se retira y tú sostienes la hoja cerca de ti. La luz del Sol parece proyectarse directamente sobre la hoja mientras contemplas las lecciones del aire elemental: está caliente y mojado, es fresco y puro, es el conocimiento. Siente cómo esta hoja encarna esas cualidades. Tómate unos instantes para sentirlo realmente.

Ahora, pregúntale a la herramienta su nombre secreto. Puede responderte de alguna forma, o el guardián puede ofrecerte una respuesta. Insisto, tómate tu tiempo. Es posible que te haga falta preguntarlo más de una vez.

Una vez que hayas recibido un nombre, ten presente que puedes emplear este nombre siempre que quieras para invocar la esencia psíquica de esta herramienta incorporándola a tu trabajo y que ahora aparecerá en tu propio altar interior.

Tómate unos instantes para comulgar aún más con el guardián. Pregúntales si tienen algún mensaje o enseñanza para ti. Cuando hayas terminado, genera un sentido de gratitud en el centro de tu corazón e imagínate transmitiéndoselo al guardián, dándoles las gracias por sus mensajes y por el obsequio. Salúdalos y despídete. Su luz se desvanece y retroceden unos pasos y desaparecen.

Date la vuelta y sal del círculo de luz, vuelve por donde has venido, atravesando el patio y cruzando por la puerta plateada, regresando al centro y cara a cara con el Árbol del Mundo. Tómate unos instantes para permitir que todas tus experiencias vuelvan a ti. Efectúa tres respiraciones profundas cargadas de poder. Ya está hecho.

La piedra de la tierra

Muchas tradiciones de la brujería emplean el pentáculo de altar (también denominado peyton o pentáculo de altar) como herramienta para la tierra elemental. Curiosamente, ninguna de las tradiciones de la brujería en las que me he instruido personalmente ha adoptado esta línea de pensamiento, pese a que es bastante común, y no necesariamente equívoca. La herramienta que yo empleo en mi práctica es una «piedra de altar». La piedra de altar suele ser un cristal o una piedra de algún tipo empleada para anclar y centrar la tierra elemental en el altar. Otras tradiciones, como la Black Rose Witchcraft emplean un cubo como herramienta elemental. En el tarot, el palo de los pentáculos (habitualmente hecho de madera o de metal) representa el elemento de la tierra. La piedra simboliza la providencia de la bruja que lleva una relación correcta con su entorno. La Lia Fáil, la piedra de la coronación de las fábulas, sólo hablaba cuando el dirigente de pleno derecho colocaba su pie sobre ella. En el mito artúrico de la espada y la roca, la espada Excalibur tan sólo la podía extraer de la piedra el rey legítimo. En los mitos celtas y las leyendas artúricas, el rey estaba desposado con el territorio, a menudo personificado como una diosa. Tal como Caitlin Matthews, estudiosa de lo celta y lo artúrico señala: «Esta idea no se ha perdido por completo, ya que podemos verlo si no nos vamos muy lejos y le echamos un vistazo al rito británico de la coronación, donde el monarca se desposa ceremonialmente con el territorio con el anillo nupcial de Inglaterra en la presentación de los ropajes de gala».[9] La cuestión es que si el monarca mantiene una buena relación con la tierra y su gente, entonces al territorio lo bendecirá la fertilidad, la felicidad y la seguridad. Las piedras han existido durante mucho más tiempo que los humanos y seguirán haciéndolo durante mucho más tiempo después de nuestra partida. De por sí, también son un símbolo de las bendiciones de la permanencia, de los ancestros y del linaje.

---

9. J. Matthews, G. Knight, V. Chandler, *Arthurian Magic*, 125.

Ejercicio 51

❧

Viaje por la tierra

El Árbol del Mundo se alza en un punto central situado entre los mundos. Desde este centro, date la vuelta para mirar al norte. Ante ti tienes una puerta de piedra de gran tamaño, cubierta de gruesos zarcillos de hiedra verde. El símbolo alquímico de la tierra está grabado sobre esta puerta: un triángulo que mira hacia abajo, dividido en partes iguales por una línea horizontal. Permite que tu mirada se suavice mientras te imaginas mirando a través de este símbolo. Respira hondo y vacíate de todo pensamiento y emoción. No existe nada excepto tú misma, esta puerta y el símbolo a través del cual ahora focalizas tu atención.

Imagínate que avanzas paso a paso con cada respiración…, con cada latido del corazón. Al acercarte a la puerta, ésta se abre –como por arte de magia– y no ves nada más allá; sólo oscuridad total. Un viento frío y cortante sopla a través de la puerta, helándote a medida que te aproximas. Respira hondo…, y a medida que alcanzas la puerta, asevera mentalmente tu intención de viajar al reino de la tierra elemental. Y con una respiración cargada de poder, atraviesa el umbral y entra en la oscuridad…

Estás en pie en una habitación enorme, de piedra…, en un templo antiguo de la tierra elemental. Aquí es invierno por toda la eternidad… y medianoche por toda la eternidad. En la fría oscuridad, tus ojos dedican unos instantes a adaptarse, y ahora puedes distinguir una tenue luz que brilla por encima de ti y justo delante: la estrella polar. Ves como parpadea sobre ti y poco a poco empiezas a fijarte en que estás observando esta estrella a través de una enorme vidriera de colores circular. Esta luz de las estrellas cae en cascada a través de la ventana, y se proyecta hacia abajo, iluminando un altar en el centro de la habitación.

Respira hondo y camina hacia el altar, permitiéndote tomar conciencia de cualquier otro detalle que pueda surgir de este lugar. Emplea todos tus sentidos para que este lugar te parezca más real. ¿Qué ves? ¿Qué oyes? ¿Qué sientes? ¿Qué hueles? Comprueba tus emociones. ¿Qué te hace sentir este lugar? Comprueba tu cuerpo. Fíjate en cualquier dolor o sufrimiento. Fíjate en tu postura.

A medida que llegas al altar, de pie delante de éste y de la vidriera de colores, asevera mentalmente tu intención de llamar al guardián del elemento. Entra en la luz de la estrella e imagínate abriéndote a ti misma más profundamente al poder elemental. Sobre el altar hay una vela verde. Recurre a tu propia luz interior y úsala para encender ahora la vela e invocar al guardián.

A medida que la vela arde, la luz de la estrella polar parece hacerse más brillante. Con cada respiración, esta luz estelar brilla con más fuerza desde los cielos y a través de la vidriera de colores, derramándose alrededor del altar y de ti en un círculo de verdes y marrones. Notas una vibración que retumba por el suelo y notas como si los mismísimos muros que tienes a tu alrededor se estuvieran agitando de impaciencia.

Ante ti, fuera del círculo de luz, emerge el guardián, que entra en el círculo, ahora iluminado por completo por la luz de las estrellas. Fíjate en cómo se presentan ante ti.[10] ¿Qué forma (si tienen alguna) adoptan? ¿Qué te hace sentir su presencia? Preséntate ante ellos. Pregúntales su nombre. Date algo de tiempo para recibir ese nombre. Es posible que te haga falta preguntarlo más de una vez. Tómate tu tiempo.

Una vez que hayas recibido un nombre, el guardián empieza a irradiar una luz verde intensa. Dan un paso adelante y te entregan una piedra natural o un cristal. En cuanto la tomas, tus manos la tocan y esa luz verde te envuelve; la esencia de la tierra elemental... Siente la quietud y el silencio entre cada respiración. Enfócate en esta sensación a medida que la quietud y el silencio crecen más y más, envolviéndote por completo tal como lo hace esta luz verde. Siente la

---

10. En el original, pese a estar interactuando con el guardián (definido en primer lugar como singular), en el propio texto se pasa al plural en varios momentos. Lo que en origen estaba en plural, en la traducción se ha mantenido como tal. *(N. de la T.)*

quietud en tus huesos y hurga a una profundidad aún mayor en los átomos y moléculas y en el vasto vacío que hay entre ellos, y en el silencio que lo sustenta todo. Deja que todos tus pensamientos, sentimientos y adhesiones desemboquen en la luz verde, dejándote vacío, quieto y silencioso.

El guardián se retira y tú sostienes la piedra cerca de ti. La luz de la estrella polar parece proyectarse directamente sobre la piedra mientras contemplas las lecciones de la tierra elemental: es fría y seca. Es inmóvil y silenciosa. Es la muerte. Aunque también es la vida. Siente cómo la tierra bajo tus pies es una fuerza vital viva –¡incluso en la muerte del invierno!– lenta y casi imperceptible, está escondida en la tierra, en las raíces, esperando pacientemente a surgir a su debido tiempo; siente cómo esta piedra encarna todas esas cualidades. Tómate unos instantes para sentirlo realmente.

Ahora, pregúntale a la herramienta su nombre secreto. Puede responderte de alguna forma, o el guardián puede ofrecerte una respuesta. Insisto, tómate tu tiempo. Es posible que te haga falta preguntarlo más de una vez.

Una vez que hayas recibido un nombre, ten presente que puedes emplear este nombre siempre que quieras para invocar la esencia psíquica de esta herramienta incorporándola a tu trabajo y que ahora aparecerá en tu propio altar interior.

Tómate unos instantes para comulgar aún más con el guardián. Pregúntales si tienen algún mensaje o enseñanza para ti. Cuando hayas terminado, genera un sentido de gratitud en el centro de tu corazón e imagínate transmitiéndoselo al guardián, dándoles las gracias por sus mensajes y por el obsequio. Salúdalos y despídete. Su luz se desvanece y retroceden unos pasos y desaparecen.

Date la vuelta y sal del círculo de luz, vuelve por donde has venido, atravesando el suelo de piedra y de vuelta por la oscuridad y la puerta de piedra, regresando al centro y cara a cara con el Árbol del Mundo. Tómate unos instantes para permitir que todas tus experiencias vuelvan a ti. Efectúa tres respiraciones profundas cargadas de poder. Ya está hecho.

El cáliz del agua

El cáliz es la herramienta del elemento del agua. Simboliza nuestras emociones, la intuición, los sueños, la fluidez, la receptividad, y la adaptabilidad. El agua también es el elemento del amor en todas sus formas, desde el amor divino, el amor romántico, hasta el amor de la familia, amigos y extraños. El agua, al igual que las emociones, puede ser extremamente sanadora y nutritiva o extremamente destructiva. La clave de su firma energética es que fluye y adopta la forma de cualquier continente. El cáliz es un recipiente para contener esa energía en un estado tranquilo, centrado, receptivo y estable. Es muy probable que la forma más temprana de cáliz fuera el caldero de Dagda de la hospitalidad que nunca se vaciaba, y luego el caldero de Cerridwen, en el cual ella infusionaba su poción de la divina inspiración denominada *greal*. Parece que más tarde ese grial empezó a tomar la forma del santo grial de la leyenda artúrica, una mezcla entre la cristiandad y el paganismo celta. El santo grial supuestamente fue la copa que Jesús empleó en la última cena y también el recipiente empleado para recoger su sangre en la cruz, símbolo del sacrificio del amor divino. Las leyendas de la búsqueda del santo grial a menudo son historias románticas. Al igual que el caldero de Dagda, el cáliz es una herramienta que representa la comunión y compartir con otros, tanto si son compañeros de aquelarre o los espíritus y los propios dioses. A través del cáliz recibimos las energías y las bendiciones de nuestras deidades y espíritus aliados y las integramos en nuestros cuerpos físicos y energéticos mediante el gesto de bebérnoslas.

Ejercicio 52

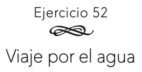

Viaje por el agua

El Árbol del Mundo se alza en un punto central situado entre los mundos. Desde este centro, date la vuelta para mirar al oeste. Ante ti tienes una puerta plateada de gran tamaño, cubierta de algas y de hierbas marinas. El símbolo alquímico del agua está grabado sobre esta puerta: un triángulo que mira hacia abajo. Permite que tu mirada se suavice mientras te imaginas mirando a través de este símbolo. Respira hondo y vacíate de todo pensamiento y emoción. No existe nada excepto tú misma, esta puerta y el símbolo a través del cual ahora focalizas tu atención.

Imagínate que avanzas paso a paso con cada respiración…, con cada latido del corazón. Al acercarte a la puerta, ésta se abre –como por arte de magia– y ves la luz suave del Sol poniente. Una brisa fresca sopla a través de la puerta, trayendo consigo el aroma de la mar salada. Respira hondo…, y a medida que alcanzas la puerta, asevera mentalmente tu intención de viajar al reino del agua elemental. Y con una respiración cargada de poder, traspasa el umbral y métete en la luz…

Estás de pie en un templo abierto situado en una playa. Un enorme arco de piedra se erige al oeste, abierto de cara al vasto océano, y envuelve una enorme vidriera circular policromada, situada encima de ti. Aquí es otoño por toda la eternidad… y el Sol está poniéndose bajo el agua y el horizonte por toda la eternidad. La luz del Sol vespertino brilla a través de la vidriera y se proyecta hacia abajo, iluminando un altar instalado en la arena.

Respira hondo, y camina hacia el altar, permitiéndote tomar conciencia de cualquier otro detalle que pueda surgir de este lugar. Emplea todos tus sentidos para que este lugar te parezca más real. ¿Qué ves? ¿Qué oyes? ¿Qué sientes? ¿Qué hueles? Comprueba tus emociones. ¿Qué te hace sentir este lugar? Comprueba tu cuerpo. Fíjate en cualquier dolor o sufrimiento. Fíjate en tu postura.

A medida que llegas al altar, de pie delante de éste y de la vidriera de colores, asevera mentalmente tu intención de llamar al guardián del elemento. Entra en la luz del Sol e imagínate abriéndote a ti misma más profundamente al poder elemental. Sobre el altar hay una vela azul. Recurre a tu propia luz interior y úsala para encender ahora la vela e invocar al guardián.

A medida que la vela arde, la luz del Sol poniente parece intensificarse suavemente. Con cada respiración, esta luz brilla con más fuerza desde los cielos y allende las aguas, y a través de la vidriera de colores, derramándose alrededor del altar y de ti en un círculo de azules suaves y grises. Notas una vibración que retumbando por el suelo.

Ante ti, desde fuera del círculo de esa luz colorida, emerge el guardián, que entra en el círculo, ahora iluminado por completo por la luz del Sol. Fíjate en cómo se presentan ante ti.[11] ¿Qué forma (si tienen alguna) adoptan? ¿Qué te hace sentir su presencia? Preséntate ante ellos. Pregúntales su nombre. Date algo de tiempo para recibir ese nombre. Es posible que te haga falta preguntarlo más de una vez. Tómate tu tiempo.

Una vez que hayas recibido un nombre, el guardián empieza a irradiar una luz brillante del color del zafiro. Dan un paso adelante y te entregan un cáliz. En cuanto lo tomas, tus manos lo tocan y esa luz azul te envuelve; la esencia del agua elemental…, la luz de la audacia. Sientes este resplandor entrar en tu cuerpo, removiendo tus emociones, abriendo tu corazón.

Enfócate en esta sensación a medida que notas tus propios sentimientos crecer más y más, envolviéndote por completo tal como lo hace esta luz del color del zafiro. Siente que tus sentimientos, pensamientos y adhesiones desembocan en la luz azul, dejándote con la sensación de tener el corazón abierto, vehementemente audaz.

El guardián se retira y tú sostienes el cáliz cerca de ti. La luz del Sol parece proyectarse directamente sobre el cáliz mientras contemplas las lecciones del agua elemental: está fría y mojada; es pasiva y receptiva. Es la profundidad…, el inconsciente…, las emociones…, los sueños. Siente cómo este cáliz encarna esas cualidades. Tómate unos instantes para sentirlo realmente.

---

11. En el original, pese a estar interactuando con el guardián (definido en primer lugar como singular), en el propio texto se pasa al plural en varios momentos. Lo que en origen estaba en plural, en la traducción se ha mantenido como tal. *(N. de la T.)*

Ahora, pregúntale a la herramienta su nombre secreto. Puede responderte de alguna forma, o el guardián puede ofrecerte una respuesta. Insisto, tómate tu tiempo. Es posible que te haga falta preguntarlo más de una vez.

Una vez que hayas recibido un nombre, ten presente que puedes emplear este nombre siempre que quieras para invocar la esencia psíquica de esta herramienta incorporándola a tu trabajo y que ahora aparecerá en tu propio altar interior.

Tómate unos instantes para comulgar aún más con el guardián. Pregúntales si tienen algún mensaje o enseñanza para ti. Cuando hayas terminado, genera un sentido de gratitud en el centro de tu corazón e imagínate transmitiéndoselo al guardián, dándoles las gracias por sus mensajes y por el obsequio. Salúdalos y despídete. Su luz se desvanece y retroceden unos pasos y desaparecen.

Date la vuelta y sal del círculo de luz, vuelve por donde has venido, atravesando la playa y a través de la puerta plateada, regresando al centro y cara a cara con el Árbol del Mundo. Tómate unos instantes para permitir que todas tus experiencias vuelvan a ti. Efectúa tres respiraciones profundas cargadas de poder. Ya está hecho.

El quinto elemento/Los quintos elementos

El quinto elemento es todavía más difícil de comentar y de describir, porque es muchas cosas pero también una sola. Me encanta la opinión que tiene Ivo Dominguez Jr. respecto al quinto elemento entendido como «los quintos elementos». Él los define y los divide de una forma brillante que para mí tiene todo el sentido del mundo y que encaja perfectamente en mi infraestructura cosmológica de la magiak. Él divide el quinto elemento en tres partes, empleando términos que históricamente se han ido empleando indistintamente: el éter, el espíritu y la quintaesencia. Ahí va cómo los diferencia, junto a mi propia comprensión y mis epifanías sobre este modelo de tres divisiones.

En este caso, el éter es la divinidad como algo inmanente. La inmanencia denota la idea conforme la divinidad existe en el interior y que está plenamente integrada dentro de todas las cosas en el universo físico. El éter es la divinidad entendida como la fuerza «generativa» de nuestro acrónimo G.O.D. Es la fuerza del *Coagula* en la alquimia, la fuerza que aúna, que enlaza, que forma y que une mientras ésta asciende. Es la fuerza de la que emergen los dieciséis subelementos (como combinaciones) para formar los cuatro elementos primarios. Yo asocio la energía etérica con el Yo Inferior, el Mundo Inferior, el Caldero del Calor y poseer una naturaleza cardinal. En la tradición de la brujería de los fuegos sagrados denominamos a esta fuerza Energía-Z.[12] La Energía-Z es lo que comprende la totalidad de la realidad y la fuerza de la creación en sí misma. A fin de evitar confusiones con otros usos del término «etérico», de ahora en adelante denominaré a este concepto Energía-Z.

El elemento del espíritu, por otra parte, es la divinidad entendida como algo trascendente. La trascendencia denota la idea conforme la divinidad existe fuera de los confines de nuestra realidad física y del universo. El espíritu es la divinidad entendida como la fuerza «destructiva» en nuestro acrónimo G.O.D., o más bien, es el aspecto diluyente, como una gota de agua fundiéndose con el océano. De por sí, es la fuerza del *Solve* en la alquimia, la fuerza que divide a medida que ésta desciende. Ahora bien, supongo que eso realmente depende de nuestro punto de vista. A medida que el éter asciende hacia el espíritu, construye y unifica las facetas de la energía. A medida que el espíritu desciende hacia el éter, se descompone y divide las facetas de la energía. Yo asocio el espíritu con el Yo Superior, el Mundo Superior, el Caldero de la Sabiduría y poseer una naturaleza mutable.

La quintaesencia es donde la Energía-Z y el espíritu confluyen. En este caso, la quintaesencia es un poco paradójica. Es la membrana, el espacio liminal, el contenedor y el núcleo de la divinidad contenido dentro de algo. Si el espíritu se descompone mientras desciende, es la quintaesencia la que se incrementa. Si la Energía-Z se consolida mientras asciende, es la quintaesencia la que disminuye. La Energía-Z es lo

---

12. Hunter, *The Witch's Book of Mysteries*, 39-40.

que da a algo una identidad intrínseca y una identidad constitutiva central, tanto si es físico, como no físico. De la misma manera que el Yo Intermedio da el sentido de la personalidad y de la individualidad partiendo de cosas externas al ser, la quintaesencia también da la energía que define el núcleo de algo a través de lo que contiene, al igual que ocurre con el uso de la palabra quintaesencial. Por ejemplo, en nuestra visión del cuerpo de siete capas del individuo, la quintaesencia es cada linde definida y el punto liminal de solapamiento donde paradójicamente es ambas cosas y ninguna.

El peyton -pentáculo de altar- y el caldero

Las dos herramientas primarias que empleo en mi altar para el quinto elemento son el peyton[13] y el caldero. El peyton es un pentáculo físico, a menudo un disco hecho de madera o metal. Es una herramienta de equilibrio, conexión, bendición, protección y de los elementos en armonía. Como amuleto, el peyton puede ser considerado un escudo espiritual que neutraliza las energías desequilibradas que te salen al paso. Éste también es uno de los motivos por el que diversas brujas llevan amuletos de pentáculos. No es sólo un símbolo de su camino, sino que también las escuda espiritualmente de las energías desequilibradas. También sirve para bendecir equilibrando las propias energías. Como herramienta de bendición y de manifestación, se pueden depositar peticiones y hechizos en él para acelerar y amplificar la meta del hechizo, y también se puede emplear para cargar y activar la potencia de la materia que se ha depositado sobre éste.

En la tradición de la brujería Cabot, empleamos el peyton para invocar y descartar energías elementales, especialmente cuando invocamos a los cuatro elementos y a sus guardianes en el círculo mágicko. El peyton se sostiene en alto con la mano de la Luna, la mano receptiva, cuando invocamos energías elementales, y con la mano del Sol, la mano proyectiva, cuando las descartamos. Cuando no se dispone de un pcyton, las propias manos se emplean de la misma forma con los cinco

---

13. También conocido como patena; la tradición Cabot emplea el término «peyton».

dedos extendidos simbolizando los cinco elementos. Puedes ver un ejemplo de un peyton empleado de esta forma en el vídeo musical creado para «Voodoo» de Godsmack, en el que aparecen Laurie Cabot e iniciados de la Cabot, dado que el propio cantante solista Sully Erna es un iniciado de la Cabot.

La otra herramienta es el caldero, que ya hemos tocado por encima cuando hemos comentado el elemento del agua. El caldero es el epítome de «Coagula y Solve», la creación y la destrucción, combinar y separar. Es una herramienta de renacimiento y regeneración. Como recipiente que puede contener los cuatro elementos, es increíblemente versátil en sus usos. Puede servir como punto focal físico para los Tres Calderos espirituales que llevamos en nuestro interior y los cambios personales que nos gustaría hacer en nosotros mismos, en nuestras vidas y en nuestro mundo.

En mi altar primario personal, coloco el peyton en el centro y el caldero encima de éste cuando trabajo con el caldero y asimismo deposito el peyton encima del caldero cuando trabajo con el peyton. El centro del altar y el propio espacio sagrado es la dirección asignada al quinto elemento/los quintos elementos, que también es por qué la bruja o el mago conducen la mayoría de su trabajo dentro del círculo rodeado por los cuatro elementos situados en su posición designada alrededor del círculo mágicko.

Ejercicio 53

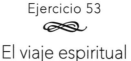

El viaje espiritual

Entra en tu templo interior. Repara en una puerta que hay dentro del templo. Ésta es la entrada a tu templo espiritual.

Imagínate que avanzas paso a paso con cada respiración…, con cada latido del corazón. Al acercarte a la puerta, ésta se abre —como por arte de magia— y ves que los muros del templo parecen estar formados por el vacío del espacio en sí mismo y que hay mil millones de pequeñas estrellas en todo él, iluminando el templo. Es como si aquí el

Mundo Inferior y el Mundo Superior fueran uno solo y el mismo. Te percatas de que las cuatro vidrieras policromadas de los templos elementales anteriores están en lo alto de la habitación; la portadora de agua de Acuario al norte, el toro de Tauro al este, el león de Leo en el sur, y el águila de Escorpio al oeste.

Respira hondo, y camina hacia ese centro del templo, permitiéndote tomar conciencia de cualquier otro detalle que pueda surgir de este lugar. Emplea todos tus sentidos para que este lugar te parezca más real. ¿Qué ves? ¿Qué oyes? ¿Qué sientes? ¿Qué hueles? Comprueba tus emociones. ¿Qué te hace sentir este lugar? Comprueba tu cuerpo. Fíjate en cualquier dolor o sufrimiento. Fíjate en tu postura.

Partiendo de tu propia divinidad interior, llama al Gran Dios y a la Gran Diosa, quienes brillan como el Sol y la Luna respectivamente. Tómate unos instantes para sentir su presencia, dos fuerzas complementarias, pero duales. ¿Qué te parecen? ¿Te resultan familiares o no? ¿Son lo que esperabas o son diferentes? ¿Puedes verlos claramente o hay algún tipo de velo que en cierta forma te impide verlos directamente esta vez?

Extiendes la mano izquierda y la Diosa deposita el caldero en ella. Tómate unos instantes para reflexionar sobre sus misterios: el del nacimiento y el renacimiento, el de la creación y la destrucción, el de la vida y la muerte, el de la tumba y el vientre. Todas las cosas surgen del Gran Caldero y todas las cosas vuelven al Gran Caldero.

Ahora, pregúntale al caldero que has recibido su nombre secreto. Puede responderte de alguna forma, o la Diosa puede ofrecerte una respuesta. Insisto, tómate tu tiempo. Es posible que te haga falta preguntarlo más de una vez.

Una vez que hayas recibido un nombre, ten presente que puedes emplear este nombre siempre que quieras para invocar la esencia psíquica de esta herramienta incorporándola a tu trabajo y que ahora aparecerá en tu propio altar interior.

Extiendes la mano derecha y el Dios deposita el peyton en ella. Tómate unos instantes para reflexionar sobre sus misterios; todo está intrínsecamente conectado, porque todas las cosas son facetas del espíritu: todas las fuerzas elementales, toda la materia, toda la energía, todo el pensamiento y todas las emociones. Todo contiene en su interior todo lo demás. Todo está vivo y está dotado de un espíritu y es consciente a algún nivel. Cada causa tiene un efecto y cada efecto tuvo una causa.

Ahora, pregúntale al peyton que has recibido su nombre secreto. Puede responderte de alguna forma, o el Dios puede ofrecerte una respuesta. Insisto, tómate tu tiempo. Es posible que te haga falta preguntarlo más de una vez.

Una vez que hayas recibido un nombre, ten presente que puedes emplear este nombre siempre que quieras para invocar la esencia psíquica de esta herramienta incorporándola a tu trabajo y que ahora aparecerá en tu propio altar interior.

Tómate unos instantes para comulgar aún más con el Dios y la Diosa. Pregúntales si tienen algún mensaje o enseñanza para ti. Cuando hayas terminado, genera un sentido de gratitud en el centro de tu corazón e imagínate transmitiéndoselo, dándoles las gracias por sus mensajes y por el obsequio. Salúdalos y despídete. Sus luces se funden en una sola y se van disipando lentamente en el todo y en la nada.

Date la vuelta y encuentra la puerta por la que has venido; ábrela y vuelve a tu templo interior. Tómate unos instantes para permitir que todas tus experiencias vuelvan a ti. Las seis herramientas están en tu altar interior. Siempre que necesites realizar magiak, puedes hacerlo aquí. Tienes todas las herramientas, la materia y los recursos a tu disposición en tu templo interior. Cuando hayas terminado, Efectúa tres respiraciones regulares profundas y vuelve a la conciencia despierta.

Disposición del rito de la inspiración del alma

Ejercicio 54

❧

El rito de la inspiración del alma

Instante mágicko: Cualquiera.

Materia:

- Olíbano

- Un caldero o un recipiente para el agua

- 10 velas candelita

Finalidad: Este ritual invoca a Mnemósine *(Mnēmosýnē)* y a las nueve Musas para que te bendigan con inspiración. Mnemósine es la titánide griega de la memoria. Al trabajar con Mnemósine, he descubierto que ella no sólo es la memoria en sí misma, sino también la diosa que gobierna las facultades mentales, incluida la visualización; el puente entre el Yo Intermedio y El Yo Superior, donde se produce la habilidad psíquica. Ésta es mi gnosis personal, y lo más cerca que he estado de verificarla es una línea del *Himno Órfico*[14] dedicado a ella, que afirma: «Vigorosa para excitar el ojo mental de la oscura noche del olvido».[15] He descubierto que, como tal, ella es una ayuda espléndida en la activación de los poderes psíquicos de la mente, especialmente la clarividencia, así como una ayuda para descubrir la auténtica voluntad. Las Musas son las diosas de la inspiración, la creatividad y la innovación. Trabajando con las Musas, obtendrás una mayor creatividad en tu vida, incluso en la creación de hechizos y en lo ritual. Trabajar con las Musas y con su madre también puede aportar sabiduría a nivel del alma e innovación a tu camino espiritual, incluida la brujería.

Mnemósine reside en el Mundo Inferior en un estanque que lleva su nombre. En el Mundo Inferior, el estanque contrarresta el río Lete, del que las almas beben; entonces olvidan sus vidas mortales y se reencarnan. En el orfismo, a los iniciados se les ordenaba que no bebieran del Lete, sino más bien que se esperaran y que bebieran del estanque de Mnemósine para recordar sus vidas pasadas, finalizar el ciclo del renacimiento y morar junto a Orfeo y otras almas heroicas y legendarias en el más allá. Así que, para mí, Mnemósine no sólo es la diosa de la memoria en sí misma, sino también la memoria del Yo Superior, el alma inmortal.

En la mitología griega, se acostó con Zeus nueve noches seguidas, dando así a luz a las nueve Musas. Como madre de las Musas que es, yo conecto con ella más a fondo con el Yo Superior, ya que en la cultura griega de la antigüedad se decía que la auténtica inspiración venía por medio del *daemon* (llamado el genio en la cultura romana de la antigüedad). Platón contemplaba al *daemon* como un espíritu personal que velaba por la persona, que los ocultistas modernos correlacionan con el concepto del ángel guardián sagrado o el Yo Superior. Así que, para mí, ella es la diosa de la inspiración de la Auténtica Voluntad del Yo Superior. El *Himno Órfico* afirma que Mnemósine es «por quien el

---

14. Conjunto de composiciones poéticas griegas preclásicas que se sirven de la figura mítica de Orfeo para reflejar las nociones religiosas de la época. *(N. de la T.)*

15. Orpheus, *The Hymns of Orpheus*, 93-94.

alma y el intelecto se unen», los cuales están relacionados con los puntos de vista de Platón sobre la memoria (como una fuerza cósmica) que es el poder de unir el intelecto (la mente, o el Yo Intermedio) con el alma (o el Yo Superior).[16]

Instrucciones: Empieza quemando olíbano a modo de ofrenda, dado que es sagrado para las Musas y para Mnemósine.[17] Coloca un caldero u otro recipiente lleno de agua en el centro de tu altar. Pon una vela candelita dentro. Debería flotar en la superficie. Luego toma nueve velas candelita más y colócalas formando un triángulo en grupos de tres alrededor del caldero. Enciende la vela de dentro del caldero y di:

> «Llamo a la madre de las Musas, Mnemósine.
> Llamo a la diosa titánide de la memoria.
> Reveladora de la auténtica luz del alma,
> que otorga la visión interior.
> ¡Mediante la llama de luz contenida en esta agua,
> abro el camino para tus hijas!».

Haz una pequeña pausa y enfócate en la presencia de Mnemósine. Entonces di:

> «Espíritus engendrados por Zeus el altísimo,
> nueve hermanas, venid ahora, acercaos.
> Tres por tres son vuestras llamas sagradas.
> Una a una, os llamaré por vuestros nombres sagrados».

Ahora enciende una tras otra cada vela yendo de la primera hasta la novena. A medida que enciendes la vela, di el nombre de la Musa y dedica un rato a enfocarte en su presencia.

---

16. Orpheus, *The Hymns of Orpheus*, 72.
17. Orpheus, *The Hymns of Orpheus*.

1. Calíope *(Kalliópê)*

2. Clío *(Kleiô)*

3. Erató *(Eratô)*

4. Euterpe *(Eutérpê)*

5. Melpómene *(Melpoménê)*

6. Polimnia *(Polymnía)*

7. Terpsícore *(Terpsichóra)*

8. Talía *(Thália)*

9. Urania *(Ouranía)*

Cuando todas las velas estén encendidas, enfócate en tu Caldero de la Sabiduría, que es el punto de anclaje energético del Yo Superior, localizado en tu coronilla. Observa el caldero en el ojo de tu mente por encima de tu cabeza. Visualiza a las Musas vertiendo inspiración dentro del caldero como si fuera una luz líquida. Observa cómo la luz líquida empieza a desbordarse y a verterse en torno a todo tu cuerpo energético, llenando tu aura. A medida que lo haces, di:

«Os pido que llenéis mi Caldero de Sabiduría
con las chispas de vuestra inspiración.
A través de la voluntad de mi *daemon* sagrado,
iluminad la creatividad contenida en mi mente.
Y sirviéndome de mis palabras y mis manos
le daré forma en esta tierra».

Ahora puedes pasarte un rato meditando y comulgando con las Musas si así lo deseas. Deja que las velas candelita se consuman del todo. Cuando hayan terminado, saca las velas candelita del interior del caldero y vierte el agua en un vaso. Añade el agua a un baño o, si no tienes una bañera, derrámala sobre tu cabeza al final de una ducha. Después de que hayas hecho eso, dale las gracias a las Musas por los dones de la inspiración. Te recomiendo que quemes más olíbano a manera de ofrenda de gratitud.

El espíritu
El oído
Clairaudiencia

El aire
El olfato
Clairaliencia

El agua
El gusto
Clairgustancia

La tierra
El tacto
Claritangencia

El fuego
La vista
Clarividencia

El pentáculo psíquico

Los elementos, los sentidos y las clari -percepciones extrasensoriales-

Me enseñaron que a cada elemento se lo asocia con un sentido primario y su clari psíquica equivalente. La tierra gobierna nuestro sentido del tacto y las interacciones físicas y la claritangencia, la habilidad de sentir físicamente la información mediante el tacto o las sensaciones corporales. El aire se asocia con los aromas que transporta el aire y su equivalente psíquico es la clairaliencia, el fenómeno psíquico del olfato.

Asimismo, el sentido físico del agua es el gusto debido a la saliva de la lengua y de la boca, y su equivalente psíquico es la clarigustancia, obteniéndose así información psíquica de los sabores fantasma que se dan en la boca. El fuego se asocia con la vista, mayormente porque la visión depende de que los ojos capten la luz, y naturalmente, la clarividencia es la clari asociada con él. El elemento del espíritu se asocia con el oído y la clairaudiencia, el oído psíquico. La clairaudiencia tiende a ser el sentido psíquico más cercano a la mediumnidad y a la comunicación con espíritus. Por lo tanto, he descubierto que invocar a tu aliado elemental (que te encuentras en tus viajes) puede ayudarte a fortalecer esas áreas cuando estás trabajando para desarrollarlas y fortalecerlas. Todo lo que tienes que hacer es llamar mental o verbalmente al espíritu por el nombre que te ha proporcionado.

Capítulo 7

SINCRONIZÁNDOSE CON EL SOL, LA LUNA Y LAS ESTACIONES

Los instantes mágickos tienen su origen en la astrología. La astrología es el estudio del movimiento de los cuerpos celestiales y de cómo afectan a la vida de la gente de la Tierra. Muchas culturas distintas han empleado la astrología a lo largo de la historia, y pese a que se ha practicado durante miles de años, se desconoce cuáles son sus orígenes exactos. Las raíces de la astrología documentadas históricamente se remontan al antiguo Egipto y a Mesopotamia, donde nuestras culturas y civilizaciones más tempranas se servían de las estrellas para comprender el mundo que las rodeaba. La gente de la antigüedad vio unos patrones en los movimientos celestiales, tanto en la naturaleza como entre ellos mismos. Esta ciencia observacional de los cielos más tarde se convirtió en una práctica que realizaba predicciones mediante su uso. No tardaron mucho en darse cuenta de que la gente podía emplear los instantes astrológicos en la magiak para obtener una mayor eficacia.

Aunque los instantes mágickos no son necesarios para el lanzamiento de hechizos o para practicar la magiak, es un componente poderoso que se pasa por alto fácilmente. Las brujas ven el universo como un inmenso espacio de energías interactuando unas con otras mediante la causa y el efecto y la influencia, y la astrología es lo que nos permite rastrear y comprender esas influencias energéticas a un nivel macrocósmico.

La forma más fácil de plantearte los instantes mágickos es ver tu hechizo como si estuvieras jugando a los bolos. Los bolos que hay al final de la bolera son la meta a la que aspiras, y tu bola es el hechizo.

Lo ideal es que quieras lograr un *strike,* tumbando a todos los bolos de un solo lanzamiento; no quieres que tu bola caiga en la canaleta y no tumbe ningún bolo. Incorporar los instantes mágickos astrológicos a nuestros hechizos es como colocar una barrera en la bolera. Cuantos más tiempos mágickos incorpores al hechizo, más «barreras» estarás colocando en la bolera para que te ayuden a lograr tu meta y con suerte lograrás ese *strike.*

Pese a que, por supuesto, lo ideal sería que todas las correspondencias astrológicas fueran perfectas para nuestros instantes mágickos en relación con el lanzamiento de hechizos, te podrías pasar años o décadas esperando a que las condiciones adecuadas se alineen. Debido a esto, intentamos enfocarnos en las influencias astrológicas que tienen un impacto más fuerte sobre nuestra magiak: la Luna y el Sol. Esto es especialmente cierto, puesto que son los que completan con más rapidez un ciclo entero. Esto significa que se tienen más oportunidades de alinear tu magia con este instante para tener éxito que esperar treinta años para tener las condiciones perfectas para lanzar el hechizo perfecto. Ninguno de nosotros tenemos tiempo para hacerlo.

El Sol

Históricamente, a la brujería se la asocia más con la Luna y con la noche, con brujas realizando su magiak bajo el oscuro velo del secretismo. Aunque esto no sea falso, no todo se reduce a eso. Las brujas trabajan con el Sol tanto como lo hacen con la Luna, y trabajar con el Sol supone un gran beneficio para cualquier bruja, especialmente porque la mayoría de nosotros, a excepción de quienes realizan turnos de noche, estamos despiertos y vivimos nuestras vidas durante el día. Para la bruja, el Sol es una fuerza vital pura y activa, lo cual motiva que muchos pueblos de la antigüedad vieran en su salida, su puesta y su desaparición un ciclo vital relacionado con la muerte y el renacimiento. La luz solar nutre la vida. Ayuda a que crezca la flora en nuestro planeta, que es el ligamen principal de la cadena alimentaria de todos nuestros ecosistemas. Estas plantas que dependen del Sol también crean y regulan los niveles de oxígeno, lo cual crea las condiciones perfectas para que los animales, incluidos nosotros mismos, puedan vivir y respirar. El Sol también trae calor y confort. La relación del Sol con nuestro planeta determina lo cálida que es un área, como ocurre con el ecuador, alineado directamente con el Sol; o lo fría que es un área, como ocurre con los polos norte y sur.

La primavera

La primavera se extiende desde el equinoccio de la primavera hasta el solsticio de verano. En primavera es cuando la energía para la manifestación mágicka empieza a generarse y a incrementarse, así como lo hace la habilidad psíquica relacionada con acontecimientos externos y con la gente de tu vida. Ésta es una época para poner en marcha magiak destinada a manifestaciones a gran escala relacionadas con cambios que te gustaría que fructificaran a lo largo del año. Dicho de otra forma, ésta es la época perfecta para empezar a lanzar magiak para manifestar las mayores metas que tengas en la vida. El contacto con los guías espirituales y espíritus familiares suele producirse con más facilidad en esta época, así como el experimentar un incremento en los poderes de la empatía psíquica y las energías emocionales. En esta época, los sueños tienden a tener una naturaleza más profética.

El verano

El verano se extiende desde el solsticio de verano hasta el equinoccio de otoño. Durante el verano, la oleada de energía mágicka tiende a ser más intensa, y en esta época se suele tener más éxito al lanzar magiak para una manifestación más rápida de cosas que ya están en macha. Lo que quiero decir con esto es que mientras que la primavera sería una época fabulosa para lanzar magiak para una nueva carrera, el verano es una época fabulosa para lanzar magiak destinada a una carrera que ya tienes. Ésta es una época en la que puedes emplear la magiak para afinar y enderezar cosas en tu vida, en lugar de manifestar algo completamente nuevo. Tradicionalmente, el verano es una época que complica trabajos psíquicos como la mediumnidad, pero es una época fabulosa para emplear tu habilidad psíquica a fin de echarle un vistazo a la estructura de tu vida, así como para ver cómo está influyendo en ese momento el pasado sobre el presente y el futuro. Esta época facilita viajar al Mundo Superior.

El otoño

El otoño se extiende desde el equinoccio de otoño hasta el solsticio de invierno. Mágickamente, el otoño es una época fantástica para realizar magiak con el objetivo de incrementar tus cosechas en la vida, sean cuales sean para ti. Durante el otoño es posible que percibas un drástico aumento en tu habilidad psíquica, específicamente relacionado con la mediumnidad y una claridad intensa en la adivinación concerniente al futuro. La mediumnidad es tan fuerte durante esta época que puede darse casi sin esfuerzo o accidentalmente, y no es raro que tengas espíritus visitándote en tus sueños con más frecuencia durante esta estación que en cualquier otra. Ésta también es la época ideal para evaluar aspectos de tu vida que no te resultan útiles, adivinar cómo sería tu vida sin esas cosas, y lanzar magiak para quitarte de encima a esa gente, lugares, acontecimientos, actitudes, situaciones y hábitos de tu vida que te están poniendo trabas. Durante el otoño, la proyección astral resulta más sencilla, así como los sueños lúcidos y cualquier tipo de magiak onírica.

El invierno

El invierno se extiende desde el solsticio de invierno hasta el equinoccio de primavera. En invierno es cuando la corriente de energía mágicka está en su nivel más bajo. Las energías están más enfocadas hacia el interior que hacia el exterior. Esto produce intensas proyecciones astrales y sueños muy vívidos y lúcidos. Éste es el período donde se hace más crucial cuidar de una misma, no sólo debido a los efectos biológicos/psicológicos de la falta de luz solar, sino también porque éste es el período para descansar de veras y recargarte mágickamente para la próxima estación a medida que la rueda reinicia su ciclo. La magiak relacionada con cambiar aspectos psicológicos y emocionales de una misma se intensifican al igual que lo hace la sanación relacionada con esas partes de ti misma.

Ésta es la época de la contemplación profunda, de la meditación y de la gratitud por las bendiciones presentes en tu vida (lo cual es un elemento clave en una vida de manifestación). Esta época es ideal para la limpieza, la purificación y expulsar. La actividad de los espíritus también aumenta en cierta forma durante esta época, aunque intentar comunicarte con ellos mediante la mediumnidad puede ser un poco más complicado que en otras ocasiones. Esta época es la que facilita más viajar al Mundo Inferior.

Los momentos del día

En lo que concierne a momentos del día relacionados con el Sol y los instantes mágicos, tendemos a dividir al día y a la noche en cuatro períodos principales: del alba hasta el mediodía, del mediodía hasta la puesta de Sol, de puesta de Sol hasta medianoche y de medianoche hasta el alba.

El alba

Desde el alba (la salida del Sol) hasta el mediodía es cuando se tiende a realizar magiak relacionada con atraer y manifestar cosas nuevas en tu vida o simplemente para marcar el tono del día. El alba es uno de los momentos más fuertes para esta magiak, y aprovecha los poderes del incremento.

El mediodía

Desde el mediodía, cuando el Sol está en su punto más alto durante el día, hasta puesta de Sol, es cuando la magiak relacionada con incrementos, así como con el crecimiento, la fortaleza, la estabilidad y la abundancia, resulta más beneficiosa. El mediodía es el momento más beneficioso para ese tipo de trabajos.

La puesta de Sol

Desde la puesta de Sol hasta medianoche, es preferible realizar magiak relacionada con decisiones, destierros, amarres, limpiezas, finales y cortar lazos, siendo la puesta de Sol el momento álgido.

La medianoche

El período que va desde medianoche hasta el alba tiene los mismos atributos que el que va desde la puesta de Sol hasta la medianoche, ya que todavía es un período de oscuridad. Sin embargo, este espacio de tiempo se inclina por la magiak ideal para la necromancia, el contacto con espíritus, y la proyección astral y la magiak onírica tienden a incrementarse de forma inmensa; exploraremos algunas teorías al respecto dentro de un momento. Tradicionalmente, el punto álgido para la magiak en ese período es la medianoche.

Ejercicio 55

Un hechizo para abrir tu tercer ojo
de *Melanie Barnum*

Instante mágicko: La puesta de Sol.

Materia:

- Un frasco de purpurina biodegradable (preferiblemente multicolor)

Finalidad: Este hechizo está pensado para ayudarte a abrir tu tercer ojo, el espacio situado en el centro de la frente, ligeramente por encima de la cejas. Tu tercer ojo es la sede de tu clarividencia o de tu visión psíquica. Este hechizo aumentará tus habilidades psíquicas o intuitivas actuales y te ayudará a quitar del medio cualquier residuo que impida que tus dones florezcan y se evidencien.

Instrucciones: Éste es un hechizo sencillo, pero es necesario que lo realices con la clara determinación de abrir tu clarividencia. Te interesa estar al aire libre, bajo el cielo, al anochecer, preferiblemente en algún lugar entre la hierba y con un poco de privacidad para que no te molesten. Es crítico, asimismo, tener una noche seca. Cualquier tipo de chubasco, tal como la lluvia o la nieve, será contraproducente.

Llévate el frasco de purpurina contigo cuando salgas. Antes de empezar tu hechizo, respira hondo y entonces espira. Respira hondo de nuevo y di las palabras:

«Mi intención es abrir el tercer ojo para que me ayude
a sintonizarme con mis habilidades psíquicas naturales».

Ahora, con el frasco abierto y listo en tu mano derecha, mira hacia el norte y recita estas palabras en voz alta:

«Abundan los colores del mundo
y los pueden ver libremente
desde el cielo hasta el suelo
quienes creen y desean que así sea».

Entonces, mirando todavía hacia el norte, con la mano derecha, lanza un poco de purpurina al aire. A medida que va cayendo, atrapa parte de ella con la mano izquierda. Entonces, frótala un poco sobre tu tercer ojo con esa misma mano.

Ahora, date la vuelta hacia el sur, y con el rostro mirando hacia el cielo di:

«Mi visión psíquica es clara.
Mi intención es sincera.
Las imágenes empezarán a aparecer
a medida que el cielo se oscurezca partiendo del azul».

Con tu purpurina en la mano derecha, lanza un poco hacia el cielo, atrapando de nuevo parte de ella con la mano izquierda y frotándola sobre tu tercer ojo en círculo. A continuación gira hacia el este. Con tu alma abierta y preparada declara en voz alta:

«Potenciar mis dotes intuitivas
abriendo mi tercer ojo
conducirá a un cambio completo
y permitirá que mi visión vuele».

Repite tu ritual de la purpurina, termina poniendo la purpurina en la sede clarividente de tu frente. Luego, gírate hacia el oeste. Di lo siguiente:

«Declaro con un propósito completo
que ahora soy capaz de comprender
las vistas y las visiones que se presentan.
Mis habilidades clarividentes no tienen fin».

Por última vez, lanza purpurina al aire frente a ti, atrapando una pequeña cantidad de ésta con la mano izquierda. Esta vez, frota la purpurina en el área de tu tercer ojo y entonces mantén el frasco de la purpurina a la altura de la frente, agradeciendo que ahora seas capaz de abrir tu regalo clarividente.

Al final, gira poco a poco y echa la purpurina restante a medida que formas un círculo completo con el giro, repitiendo todas las frases en voz alta a medida que lo haces. Permite que los colores de la purpurina se combinen con todos los colores del universo, abriendo tu clarividencia a todos los mensajes coloridos que recibirás.

La habilidad psíquica, la manifestación del espíritu, los períodos de luz y de oscuridad

El Sol parece ejercer una influencia directa no sólo sobre tu habilidad psíquica, sino también sobre la manifestación y la actividad de ciertos tipos de espíritus. Para empezar, el Sol está ligado directamente con nuestros ritmos circadianos. El ritmo circadiano es el reloj interno del cuerpo que regula nuestros ciclos de sueño y de vigilia alterando los ciclos de nuestras ondas cerebrales por medio de la melatonina. En mi libro anterior, *Brujería psíquica*, hablé de la conexión entre la glándula pineal, los ritmos circadianos, la luz, la producción de melatonina, los estados de las ondas cerebrales y la habilidad psíquica. También hablé sobre por qué esto hace que la iluminación oscura y trabajar por la noche sea el momento más preferible para lanzar magiak.

Lo que resulta especialmente interesante de todo esto es que la producción de melatonina a través del sistema circadiano muestra picos durante el día en un adulto normal. Al hacerlo, altera el estado de nuestras ondas cerebrales para que estén más aferradas a alfa deslizándose hacia theta (que es cuando se produce la habilidad psíquica). La primera es entre la 1-3 a. m. y la otra entre las 2-4 p. m. Esto viene a sugerir que éstos son los períodos en los que las habilidades psíquicas se intensifican de forma natural en una persona normal en un ciclo de sueño regular.

Lo que me parece especialmente fascinante de esto es que la franja de la 1-3 a. m. está justo en medio de la Hora de las Brujas, cuando la actividad espiritual y la percepción tienden a incrementarse.

Otro aspecto fascinante en la relación entre el Sol y los espíritus es la correlación entre la manifestación de espíritus y la luz del Sol. Al parecer, existe una gama de espíritus que se manifiestan con mucha más fuerza en la oscuridad. Las historias de espíritus que aparecen por la noche no sólo son algo que la mayoría da por sentado tomándolo prácticamente como una norma universal, sino que lo interesante es que ese tipo de espíritus también tienden a manifestarse y a interactuar con el plano de nuestra realidad independientemente del momento si es un lugar privado de cualquier luz, especialmente de la luz del Sol. Piensa en la cantidad de veces que la gente declara la existencia de espíritus en buhardillas y sótanos completamente a resguardo de cualquier luz, especialmente de la luz del Sol. Ésta no es sólo una experiencia corriente, sino que se ha convertido en un motivo recurrente en los medios y en las historias de nuestra cultura.

Así pues, antes de empezar, quiero dejar completamente claro nuevamente que unas vibraciones más altas o unas vibraciones más bajas no son indicadores de la moralidad o de ser un espíritu «bueno» o «malo». A diferencia de ciertas religiones o de la representación del tema en los medios populares, el residir en cierto plano vibracional no hace a un espíritu inherentemente bueno o malo. Esto es como decir que los animales que viven en la tierra son inherentemente malignos y que los animales que viven en los árboles son inherentemente superiores moralmente. No sólo es ésta la afirmación osada de una ignorancia que ignora cualquier matiz, sino que también es un gran prejuicio con el que muchos cargan.

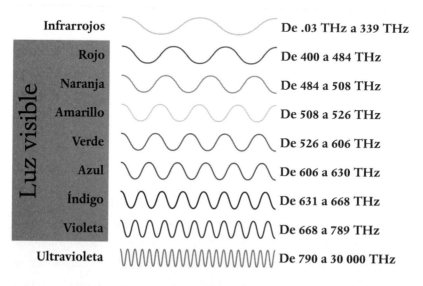

El espectro de la luz

Respecto a la frecuencia, echémosle un vistazo al espectro de la luz. El espectro de la luz que los humanos pueden ver físicamente con los ojos está entre los 430 terahercios (THz) y los 750 terahercios. El espectro de la luz roja existe en la franja de los 400 a los 484 terahercios y es la longitud de onda lumínica más lenta que podemos apreciar con la vista. De los 399 terahercios a los .03 terahercios se da una vibración de longitud de onda tan baja que es invisible a simple vista y entra en lo que llamamos luz infrarroja. El espectro violeta se produce de los 668 terahercios a los 789 terahercios y es la longitud de onda lumínica más rápida que podemos apreciar con la vista. De los 790 terahercios a los 30000 terahercios vibra a una longitud de onda demasiado rápida para que el ojo la perciba y se le da el nombre de ultravioleta. El Sol es la fuente primaria de la luz ultravioleta.

Volviendo a nuestro debate sobre la luz y los espíritus, resulta interesante comentar la larga historia y la tradición de ciertos espíritus, especialmente fantasmas y demonios, que son más activos por la noche o en la oscuridad, cuando no hay luz visible alguna, especialmente la luz del Sol. Yo creo que esto se debe a que esos espíritus residen en una frecuencia vibracional más baja compatible con las frecuencias más lentas y más bajas de la luz más allá de la percepción humana, en alguna parte del espectro infrarrojo. Resulta interesante señalar que en la mediumnidad y en las sesiones espiritistas clásicas, las médium emplean luces rojas cuando invocan a los espíritus porque creen por experiencia que eso las harán más conductivas para la manifestación del espíritu del difunto, así como para la creación del fenómeno del ectoplasma. Están creando las condiciones ideales para los espíritus en esa frecuencia de la realidad para interactuar con los nuestros, creando un puente de superposiciones.

Puesto que cuanto más lenta es la longitud de onda menos energía se despliega, parecería que la longitud de onda vibratoria de la luz más lenta les facilitaría manifestarse e interactuar con nuestro nivel de realidad, que, insisto, coincide en el mismo espacio multidimensional que el nuestro. En mi experiencia, los seres con las vibraciones más altas no tienen dificultades para actuar con nosotros o para manifestarse siempre que quieran. Dado que ya están vibrando a un ritmo más rápido y que están desplegando más energía que la de nuestro espectro de luz visible, éstos simplemente necesitan disminuir su velocidad de vibración para hacerlo.

Por otra parte, también parecería que las frecuencias más altas de luz, especialmente la luz ultravioleta producida por el Sol, le complican mucho más a un ser con las vibraciones más bajas que se manifieste e interactúe directamente en nuestro plano. Sé incluso de una autoridad de la brujería que les pone luces ultravioletas a las apariciones especialmente desagradables. Puede parecer algo poco convencional según los estándares de la brujería, pero es una forma efectiva de terminar con esas apariciones maliciosas. A veces es permanente, pero a menudo es temporal, y luego se añade el realizar su expulsión y su exorcismo. Creo que esas prácticas se deberían reservar a los casos más extremos con los seres espirituales más terribles. Conectar con un espíritu y averiguar qué es lo que desea o necesita es una aproximación mucho más útil y duradera que beneficia a todo el mundo, tanto a los seres físicos como a los no físicos. Algunos espíritus son completamente inofensivos y prefieren que no se los moleste, ni ellos te molestarán a ti. Algunos quieren que se les ayude y no saben cómo llamar nuestra atención sin hacer cosas que nos asustan.

Aunque sea absolutamente posible contactar, comunicarse o trabajar con cualquier espíritu a cualquier hora del día, definitivamente existen condiciones que hacen mucho más fácil hacerlo. Entre las condiciones internas de los ciclos de las ondas cerebrales de la mente debido a nuestro ritmo circadiano entre la una y las tres de la madrugada, y la falta de luz que se produce en la medianoche, la Hora de las Brujas definitivamente tiene algo que hace que sea un momento en que el contacto con espíritus, su comunicación y su aparición sean las más idóneas.

Ejercicio 56

Las adoraciones solares

Instante mágicko: A lo largo del día tal como se especifica.

Finalidad: Las adoraciones solares son una práctica habitual en Thelema, donde uno saluda al Sol a lo largo de varios momentos del día. A la práctica, a menudo se la conoce como «escenificación Resh», ya que viene dada por *Liber Resh vel Helios*[1] de Aleister Crowley. *Liber* significa «libro», *Resh* es una letra hebrea que en la cábala está asociada con el Sol, con las deidades solares y con la carta del tarot del Sol. Helios es el Titan solar de la religión griega de la antigüedad. Crowley se inspiró en parte en la práctica islámica de rezar cinco veces al día durante varios momentos concretos: al amanecer, al mediodía, por la tarde al ponerse el Sol y por la noche.[2] En la versión de Crowley, el mago se dirige a varias deidades solares egipcias asociadas con cuatro momentos del día al tiempo que mira hacia distintas direcciones cardinales. Durante estos momentos del día, el Sol se encuentra en «estaciones» situadas dentro del cielo.

Esta práctica tiene diversos propósitos. Te conecta con la energía solar y vitaliza tus cuerpos energéticos y tus poderes mágickos. También ayuda a sincronizarte con los ritmos de la naturaleza, puesto que está cumpliendo ciclos mucho más rápido que las estaciones o incluso que la Luna debido a que el Sol sale y se pone cada día. Sobre todo, pretende ser un punto focal de reflexión meditativa en el que el practicante ve el Sol como símbolo de su Yo Superior, su parte divina. La importancia que tiene esto desde el punto de vista de estar viviendo la vida en un cuerpo físico aquí en el planeta Tierra, es que parece que el Sol sale y se pone, pero eso es una ilusión. En muchas culturas de la antigüedad, se creía que el Sol nacía cada día y moría cada noche, o que estaba viajando a través del Mundo Superior durante el día y lue-

---

1. Crowley, Waddle, y Desti, *Magick: Liber Aba*.
2. DuQuette, *et al., Llewellyn's Complete Book of Ceremonial Magick*, 343.

go por el Mundo Inferior por la noche en un ciclo diario. No es el Sol el que se mueve. El Sol es eterno y permanece inmóvil; en cambio, somos nosotros quienes nos movemos en nuestra relación con la percepción que tenemos del Sol a medida que nuestro planeta rota.

Así pues, si vemos el Sol como un símbolo de nuestro Yo Superior y a nosotros aquí en la Tierra como nuestra actual encarnación, podemos ver que, efectivamente, somos eternos y que nuestra existencia ni depende de nuestra encarnación física ni termina con la muerte. Por lo tanto, también nos recuerda al Gran Cometido del ocultista, que el ocultista francés Éliphas Lévi define como ser «la creación del hombre por sí mismo por encima de todas las cosas. O sea, la plena y entera conquista de sus facultades y de su futuro, especialmente la perfecta emancipación de su voluntad, garantizando un pleno poder sobre el Agente Mágico Universal. Este Agente, camuflado por los filósofos de la antigüedad bajo el nombre de Primera Materia, determina las formas de la sustancia modificable, y sirviéndonos de sus medios, realmente podemos llegar a la transmutación metálica y la medicina universal».[3] Dicho de otra forma, el Gran Cometido consiste en transformar el propio ser a un nivel interior para desbloquear nuestro pleno potencial como humanos para estar alineadoo nuevamente con nuestra auténtica naturaleza divina, tal como lo simboliza la misión del alquimista de convertir el plomo en oro.

Así pues, en resumidas cuentas, la práctica de las adoraciones solares fortalece nuestra magiak y nuestros cuerpos energéticos, nos sincroniza con los ritmos de la naturaleza, nos alinea con nuestro Yo Superior, nos recuerda nuestra naturaleza eterna y nos recuerda el Gran Cometido. Aquí ofrezco mi versión de éste, la cual elimina nombres de deidades específicas así como el género y reenfatiza sus puntos principales. También he integrado la Pirámide de la Bruja, que es un plano para el Gran Cometido del camino de la bruja. Aunque algunos thelemitas podrían ofenderse porque se cambie alguno de los rituales de Crowley, el propio Crowley escribió que sus rituales «no tienen por

---

3. Lévi, *Transcendental Magic*, 104.

qué imitarse servilmente; al contrario, el estudiante no debería hacer nada cuyo objeto no comprenda; también, si tiene alguna capacidad sea cual sea, a él le parecerá que sus rituales rudimentarios son más eficientes que los extremadamente pulidos de otra gente».[4]

Instrucciones: Al despertarte (pero preferentemente al amanecer) mira hacia el este y saluda al Sol levantando los brazos con las palmas de las manos mirando hacia fuera. Cierra los ojos y di:

«Salve al Soberano Solar de la Luz,
mientras pareces elevarte en el mundo de la forma,
siempre inalterable en tu trono.
Te invoco como compañero.
De Alma a Alma y de Sol a Sol.
Lo que me enseñes a conocer
estará alineado con el Gran Cometido,
para que yo también me conozca a mí mismo en todas las facetas».

Al mediodía, cuando el Sol esté en su cúspide, mira hacia el sur y levanta los brazos con las palmas de las manos mirando hacia fuera haciendo el saludo al Sol. Cierra los ojos y di:

«Salve al Soberano Solar de la Luz
mientras pareces elevarte en el mundo de la forma,
siempre inalterable en tu trono.
Te invoco como compañero.
De Alma a Alma y de Sol a Sol
Lo que me enseñes a desear
estará alineado con el Gran Cometido,
para que yo también me conozca a mí mismo en todas las facetas».

---

4. Crowley, *The Equinox.*

Cuando se ponga el Sol mira hacia el oeste y saluda al Sol levantando los brazos con las palmas de las manos mirando hacia fuera. Cierra los ojos y di:

«Salve al Soberano Solar de la Luz
mientras pareces elevarte en el mundo de la forma,
siempre inalterable en tu trono.
Te invoco como compañero.
De Alma a Alma y de Sol a Sol.
Lo que me enseñes a desafiar
estará al servicio del Gran Cometido,
para que yo también me conozca a mí mismo en todas las facetas».

En algún momento durante la noche (aunque preferiblemente a medianoche) mira hacia el norte y saluda al Sol con las palmas de las manos mirando hacia fuera aunque no puedas verlo. Cierra los ojos y di:

«Salve al Soberano Solar de la Luz
mientras pareces estar oculto en el mundo de la forma,
siempre inalterable en tu trono.
Te invoco como compañero.
De Alma a Alma y de Sol a Sol.
Tú me enseñarás a quedarme en silencio
al servicio del Gran Cometido.
Para que yo también me conozca a mí mismo en todas las facetas».

La Luna

El cuerpo celestial más asociado con las brujas y la brujería es la Luna. La imagen de un aquelarre de brujas reuniéndose por la noche bajo la Luna llena está muy arraigada a nuestros ideales culturales de lo que hacen las brujas, y eso no dista mucho de la realidad. La Luna está ligada culturalmente a la brujería de diversas formas. Obviamente, la

Luna es una fuente de luz en el cielo nocturno, y es difícil huir del hecho que muchos símbolos relacionados con la brujería proceden de la antigüedad, cuando la Luna era la única fuente de luz que la gente tenía por la noche.

La Luna también representa el misterio de lo desconocido y los reinos inconscientes. La conexión entre las brujas y la Luna aparentemente también está arraigada en los mitos, leyendas y religiones de la antigüedad. Las diosas en la mitología greco-romana asociadas explícitamente con la brujería y la magiak también eran diosas lunares, como por ejemplo Hécate, Diana y Selene. Asimismo, a varias de las brujas y de las hechiceras famosas de la mitología greco-romana, tales como Circe y Medea, se las describía como hijas o sacerdotisas de Hécate.

La Luna también es la representación física perfecta del psiquismo y de las habilidades mágicas, que son dos caras de la misma moneda y que sólo es cuestión de si estamos recibiendo y percibiendo energía o de si estamos haciendo uso de ella y enviándola al universo. La Luna recibe la luz del Sol y entonces la refleja sobre la Tierra. La Luna también es una cambiaformas, que modifica su forma a lo largo del mes, equilibrándose a ella misma en la oscuridad y en la luz, tal como ocurre en el camino espiritual de la bruja. La Luna también rige sobre esas mareas de energías mágickas y psíquicas, tal como ocurre con las mareas de luz y de oscuridad que tiene a través de sus fases y de la forma en la que la gravedad de la Luna afecta tanto al océano de la Tierra como a las mareas fundidas. En la brujería, la Luna afecta al flujo de energía psíquica y astral en mareas a lo largo de sus fases.

La Luna nueva/la Luna negra

Hay gente que recurre a la Luna nueva y a la Luna negra indistintamente, y otra gente discute sobre qué diferencias hay entre las dos. Las diferentes tradiciones y las escuelas de pensamiento las definirán de una forma un poco distinta. Para mí, la Luna negra forma parte de la Luna nueva. La Luna negra se produce cuando la fase lunar está iluminada exactamente al cero por ciento y es completamente invisible a simple vista. Yo defino la Luna nueva como el período que se da justo después de eso, cuando la Luna está empezando a ser creciente. Astronómicamente, la Luna nueva es el momento en el que la Luna se encuentra entre el Sol y la Tierra, así que se refleja muy poco durante este período.

Ésta es una temporada en la que hago o muy pocos o ningún trabajo con hechizos que impliquen la manifestación externa. En lugar de eso, para mí éste es un período de tiempo para enfocarme en ir hacia el interior y en descansar. El trabajo de la sombra,[5] los viajes interiores, la automejora, la meditación y la contemplación se ven extremamente empoderadas durante esta época. Asimismo, es un momento excelente para empezar a planificar y a preparar los trabajos mágickos. A menudo empleo este período de tiempo para enfocarme en determinar qué voluntad tengo para un hechizo y decidir qué quiero manifestar con mi magiak. Te sugiero que aproveches este período para ser clara como el agua con tu voluntad y su resultado final todo lo posible y entonces empezar a formular el plan de cómo quieres encarar la formulación de tu hechizo.

La Luna llena

La Luna llena se produce cuando la fase lunar está iluminada exactamente al cien por cien. Astronómicamente, la Luna llena es el período de tiempo en que desde el punto de vista del Sol, la Luna se encuentra en el lado completamente opuesto a la Tierra, y por ello el Sol se refleja por completo en ella. Históricamente, la Luna llena es la fase lunar más asociada con las brujas a lo largo de la historia, y por una buena razón. Mágickamente, cuando es Luna llena, está en la cúspide de su poder, pero también en un estado liminal entre una Luna completamente menguante y una completamente creciente. Muchas brujas

---

5. El trabajo de la sombra consiste en trabajar con la mente inconsciente para descubrir lo que uno reprime. Este trabajo puede contemplar traumas o partes de uno que el individuo considera indeseables. *(N. de la T.)*

consideran que el día anterior y el día posterior a una Luna llena es la Luna llena para todos los propósitos y metas mágickas. Éste es un buen momento para hacer prácticamente cualquier cosa mágicamente, y la eficacia de cualquier lanzamiento de hechizos se ve notablemente incrementada. Ésta es la época predilecta para limpiar y cargar los objetos mágicos (insisto, por estar en ese punto liminal perfecto entre la creciente y la menguante).

La creciente y la menguante

La fase entre la Luna llena y la Luna nueva y viceversa se produce cuando tenemos la segunda gran división de las fases de la Luna, las cuales son la creciente y la menguante. Éstas son las principales mareas de movimiento para la energía lunar. Dicho simplemente, cuando la Luna es creciente, su luz se está incrementando y se encamina hacia la Luna llena. Cuando la Luna es menguante, su luz está disminuyendo y se encamina hacia la Luna nueva. Una gran forma de plantearse la Luna creciente y la menguante en términos de las habilidades mágickas es verlo de esta forma: cuando la Luna es creciente, está incrementando su reflexión de luz hacia el exterior y es un momento fabuloso para enviar metas mágicas relacionadas con manifestar cambios en tu vida y en el mundo físico. Cuando la Luna es menguante, está reduciendo su reflexión lumínica, lo cual lo convierte en un período fabuloso para realizar magiak relacionada con expulsar cosas de tu vida y del mundo físico y para atraer esos cambios que has enviado. Plantéate tu magiak como un boomerang que lanzaste al universo mientras la Luna era creciente; sus resultados empiezan a venir con más fuerza durante la Luna menguante como ese búmeran metafísico que vuelve a ti.

Una forma sencilla de mirar la Luna y determinar si es creciente o menguante es colocar la mano dándole la forma de la media luna y comprobar con qué mano coincide. Si se parece a la media luna de tu mano derecha (la mano que en general es la más proyectiva de la anatomía energética), la Luna es creciente. Asimismo, si la Luna se parece a la media luna de tu mano izquierda (la mano que en general es la más receptiva de la anatomía energética), la Luna es menguante. Otro truco nemotécnico para determinar en qué fase está la Luna es pensar en las diosas romanas Diana y Hécate. Cuando la Luna tiene la curvatura de la D de Diana, es creciente e incrementa su energía. Cuando la Luna está curvada como la C de Hécate, es menguante y disminuye su energía. El último método para discernir si la Luna es creciente o menguante tiene relación con lo que se nos enseña de niños en la escuela; pensar en los símbolos matemáticos que representan que algo es mayor que y menor que algo. Cuando la Luna se parece más al signo para indicar que algo es mayor (>) es creciente. Cuando se parece más al signo para indicar que algo es menor (<) es menguante.

Los cuartos lunares

La división siguiente de la Luna se refiere a los cuartos, y tal como el nombre sugiere hay cuatro. El sistema de cuartos incluye la Luna nueva y la Luna llena, pero también los puntos intermedios entre ellas, que es aproximadamente siete días después. De la misma forma que la Luna afecta a las corrientes de energía mágicka, también afecta a las oleadas de energía psíquica.

El primer cuarto

El primer cuarto es el período que va desde la Luna nueva hasta el punto intermedio en su avance creciente hacia la Luna llena. Una mitad de la Luna está a la sombra, ofreciendo el aspecto de la letra D. Éste es un momento fabuloso para emplear tu magiak a fin de formar y construir energías y ponerlas en movimiento, y que así empiecen a manifestar tu voluntad. La magiak relacionada con la motivación también es especialmente poderosa en este momento. En el período del primer cuarto lunar, la percepción psíquica tiende a empezar a incrementarse de forma natural. Éste es un gran período para realizar lecturas psíquicas o adivinación relacionadas con cosas que acaban de empezar o que están naciendo. En gran medida, te dará la impresión de que estás más afinada para realizar prácticas de adivinación, y te parecerá que puedes comprender qué están diciendo tus lecturas con mucha más claridad de lo normal. A lo mejor notas que tus espíritus aliados empiezan a transmitirte mensajes. Durante esta fase lunar, la gente tiende a ser un poco más empática y sensible a las energías emocionales de los demás. Personalmente, considero que éste es el período en el que mis sueños son mucho más vívidos de lo habitual y me inclino más por los sueños lúcidos o la proyección astral.

El segundo cuarto

El segundo cuarto es el período que va desde ese punto intermedio hasta la Luna llena en sí. Éste es un momento fabuloso para enfocarse en los pequeños matices del lanzamiento de tu magiak, incrementar cosas, acelerar las cosas y aumentarlas. Éste es un momento fabuloso para la magiak relacionada con la expansión y traer la armonía y el equilibrio a tu vida. En el período del segundo cuarto lunar, la percepción psíquica suele ser las más fuerte en la gente. Todo lo que vaya desde las emociones hasta los sueños y la orientación espiritual de los aliados se percibe como si se hubiera subido el volumen al máximo. Este período es fabuloso para trabajar en el desarrollo psíquico, y la adivinación tiende a ser la más clara que obtendremos en relación con la influencia de la Luna. Éste es un momento ideal para el desarrollo y para las prácticas de la mediumnidad, y es muy probable que te percates de que notas cómo tu intuición está en pleno apogeo. Ésta es una época en la que los sueños tienden a más proféticos que nunca, y cuanto más cerca se esté de la Luna llena, más idóneo resulta practicar la oniromancia, que es la práctica consistente en recibir respuestas de tus sueños. Éste también es el momento en que obtendrás la respuesta de una consulta por parte de un espíritu, de una deidad o de tus guías.

El tercer cuarto

El tercer cuarto es el período que se extiende desde la Luna llena hasta un punto intermedio entre la Luna llena y la Luna nueva. Éste es un momento fabuloso para la magiak para completar una meta y cosechar sus resultados. Es un momento fabuloso para expulsar cosas de tu vida y para integrar en tu vida los resultados que has cosechado de tu manifestación. Es un gran momento para la magiak relacionada con repeler, protegerse, la autodefensa y el expulsar cosas. En el período del tercer cuarto lunar, la percepción psíquica tiende a empezar a replegarse un poco y a ir hacia el interior. Podrías notar que los espíritus externos se vuelven más patentes, especialmente los espíritus de la tierra y los espíritus de los difuntos. Verás que la meditación y la habilidad de la visualización pueden verse intensificadas en torno a esta época al tiempo que te parecerá que la adivinación y las lecturas psíquicas empiezan a perder parte de su claridad o comprensión en lo que estás percibiendo.

El último cuarto

El último cuarto es el punto intermedio entre la Luna menguante que va hacia la Luna nueva hasta la Luna nueva en sí. Una mitad de la Luna está a la sombra, ofreciendo el aspecto de la letra D al revés. Éste es un período de tiempo tradicionalmente empleado para la magiak destructiva, la magiak maléfica, finalizaciones, separaciones, limitaciones, amarres, y trabajos de retroversión. También es un período fabuloso para descansar y recobrarse. Según mi experiencia, en el período del cuarto cuarto lunar la actividad espiritual se ve más incrementada. La adivinación y la habilidad psíquica tienden a ser mucho más difíciles de descifrar durante este cuarto cuando intentas percibir cosas situadas fuera de ti misma. Éste es el momento ideal para meditar y realizar trabajos internos, el trabajo de la sombra, y desbloquear y desvelar aspectos de ti misma y tu sabiduría interior. Éste sería un momento ideal para dejar a un lado tus intentos psíquicos y adivinatorios y darles un descanso, especialmente dado que estás más cerca de la Luna nueva.

La Luna vacía de curso

La Luna vacía de curso se produce cuando la Luna se mueve fuera de su signo actual, pero aún no ha llegado al siguiente. Generalmente, este período se considera un momento de inestabilidad. Se la considera «vacía» en el sentido de que no crea un aspecto, un término que en la astrología denota el ángulo específico en relación con cualquiera de los otros planetas, hasta que entra en el siguiente signo zodiacal; también es «vacía» porque no estamos recibiendo información energética alguna de la Luna de una forma estable que se pueda emplear. Debido a esto, a menudo se la considera mágickamente nula. A mí siempre me han enseñado que la Luna vacía de curso es un momento desfavorable para lanzar hechizos, pero algunas personas discrepan. En verdad, según mi experiencia, los hechizos lanzados durante el período de la Luna vacía de curso suelen ser más débiles que los hechizos lanzados durante otros momentos, y eso en el mejor de los casos. Habitualmente, en mi experiencia, los hechizos sólo tienden a manifestarse parcialmente o no se manifiestan como pretendo que lo hagan en absoluto.

En el peor de los casos, son contraproducentes. En la astrología, se recomienda no empezar nada nuevo o firmar contrato nuevo alguno durante estos momentos, de lo contrario, se lo considera un mal augurio. Recomiendo firmemente no lanzar magiak durante estos momentos, que no serán gran cosa porque no perdurarán demasiado –habitualmente sólo de unas pocas horas a un día a lo sumo–. Puedes averiguar si la Luna está vacía de curso consultando una efeméride astrológica o anuarios mágickos especializados como el *Llewellyn's Witches' Spell–A–Day Almanac*. A la Luna vacía de curso habitualmente se la anota como «v/c» en los almanaques y en las fuentes astrológicas.

Ejercicio 57

∞

Las aguas luminarias

Instante mágicko: Cualquiera, dependiendo de la intención con tu correspondencia.

Materia:

- Un tarro transparente o una botella de cristal con tapa

- Agua potable

- Algo para etiquetarla

Finalidad: El agua luminaria (también denominada a veces agua solar o agua lunar) es una de las prácticas más sencillas a realizar y es extremadamente versátil. Esencialmente, esas aguas capturan la luz del Sol o la luz de la Luna y se les infunde energéticamente su poder. El agua es energética y literalmente es tanto un receptivo como un disolvente. Plantéate el agua como una especie de esponja energética. Si haces agua lunar, toma nota mental de la fase en la que está la Luna y en qué signo está la Luna, puesto que adquirirá esas propiedades inherentes. Lo mismo ocurre con el Sol y con el signo zodiacal de turno en el que esté. Independientemente de en qué fase o signos esté, tendrán la energía de la Luna o del Sol y a veces bastará con eso.

Puedes beberte el agua para incorporar esas energías en ti misma; puedes añadir parte de ella a los baños rituales, limpiar herramientas mágickas, limpiar y bendecir tu casa o usarlo como un espray. Esencialmente, puedes emplearla para cualquier cosa para lo que normalmente utilizarías el agua, y de por sí es una forma fantástica de integrar la magiak en lo aparentemente mundano. Asegúrate de emplear un tarro o una botella transparentes e incoloros, ya que el cristal coloreado evita que cierta luz penetre en el interior, motivo por el cual los frascos de pastillas y las botellas de aceites esenciales nunca son transparentes e incoloros.

Instrucciones: Llena la botella de agua y deposítala en el exterior o en el alféizar de tu ventana con la tapa puesta. La clave es no limitarse a depositar la botella bajo la luz de la Luna o la luz del Sol. Sería preferible dejarla de forma que la luz directa caiga sobre ella, pero eso no siempre es posible debido al tiempo y a otros factores; no te preocupes, funcionará igualmente, aunque no de forma tan poderosa. Asegúrate de que tiene puesta una tapa, ya que no quieres que el polvo o quién sabe qué caiga dentro mientras la tienes depositada fuera. La clave de las aguas luminarias, como cualquier magiak, gira en torno a la intención y la voluntad. Limitarse a dejar el agua fuera irreflexivamente no hará gran cosa. A mí me gusta conectar con el agua en sí y hacerle saber qué quiero de ella. Me sintonizo con ella, la sostengo y recito lo siguiente.

Para el agua lunar digo:

«Espíritu del agua, recuerda y conoce
el poder del resplandor de la Luna de esta noche.
Recuerda su signo, recuerda su fase
para así emplearlo en mis caminos mágickos».

Para el agua solar digo:

«Espíritu del agua, recuerda y conoce
el poder del poderoso resplandor solar.
Recuerda su signo en este día
para así emplearlo en mis caminos mágickos».

¡Ya lo tienes! Ahora simplemente déjala fuera y deja que se empape de energía. Al agua lunar habitualmente se la deja fuera de noche y se la retira de la luz de la Luna y del exterior antes de que salga el Sol. Asimismo, al agua solar habitualmente se la deja fuera durante el día y se la retira de la luz del Sol y del exterior antes de que se ponga el Sol. Si se te pasan estos tempos, no te preocupes. No quedan mágickamente nulas de repente, especialmente dado que has especificado qué energía quieres que absorba y recuerde. Asegúrate de etiquetar tus aguas para saber cuál es cada una.

Ejercicio 58

El aceite del tercer ojo en la Luna llena
de *Kate Freuler*

Instante mágicko: Cualquier Luna llena.

Materia:

- Una foto pequeña o el dibujo de un ojo con el diseño que prefieras. El simple hecho de dibujar el contorno de un ojo invoca poder a causa de su antiguo simbolismo

- 1 cristal pequeño de amatista

- 1 cucharita de té de ajenjo seco

- 1 cucharita de té de lavanda seca

- 1 flor fresca en plena floración sin tallo

- Un tarro con una tapa que pueda quedar bien cerrado

- ½ taza de un aceite que diluya los aceites esenciales como el aceite de jojoba o de oliva

Finalidad: El símbolo del ojo se ve por todo el mundo y a lo largo de la historia, representando el conocimiento, la iluminación y la sabiduría espiritual intensificada. Este aceite está pensado para ayudar a abrir el tercer ojo, localizado en el centro de la frente. Abrir el tercer ojo aumenta la percepción, la intuición y las habilidades psíquicas. En correspondencia con nuestro tercer ojo, tenemos la glándula pineal, una minúscula glándula localizada en el centro de nuestro cerebro que tiene la forma de una espiral semejante a una piña. La espiral es una parte importante de la geometría sagrada que conforma el mundo natural. Los pétalos de las flores también crecen siguiendo este patrón. Por lo tanto, la flor contenida en este aceite, en plena floración, refleja la apertura del tercer ojo.

Instrucciones: En una noche de Luna llena, reúne tus ingredientes en tu altar o en una superficie de trabajo en el exterior. Siente la energía de la Luna llena iluminando tu espacio (aunque no puedas ver físicamente la Luna, podrás sentir su energía). Permanece un momento focalizándote en la imagen del ojo, visualizándola bañada en la energía y la luz de la Luna llena y resplandeciente. El ojo y la Luna ahora están conectados en tu mente.

Deposita la amatista, las hierbas y la flor en la imagen del ojo. Imagínatelas empapadas de la energía de la Luna llena que les llega desde arriba, y del simbolismo del ojo místico que les llega de la imagen que tienen debajo. Dedica unos instantes a contemplar los ingredientes bañados en este poder compartido. Esto puede adoptar la apariencia de una luz violeta y blanca creando una espiral a su alrededor, o una burbuja de energía a su alrededor.

Deposita todos los ingredientes dentro del frasco, cúbrelo todo con el aceite y cierra la tapa. Sostén el frasco a la altura de tu frente. Di:

«Mi tercer ojo se abre como una flor en su plenitud.
Mi tercer ojo revela lo invisible como la Luna».

Deposita el frasco sobre la imagen del ojo durante tres noches mientras éste se empapa de la esencia de las hierbas y de la flor.

Cuela y almacena el aceite en un lugar oscuro y seco.

Cuando quieras realizar cualquier tipo de trabajo psíquico, úngete la frente con una pequeña cantidad de este aceite y repite el conjuro de arriba mientras imaginas tu tercer ojo abriéndose como una flor. También puedes ungirte la frente antes de dormir para tener sueños proféticos, antes de hacer una lectura con el oráculo de tu elección, durante una adivinación o mientras meditas.

Capítulo 8
LAS ENERGÍAS PLANETARIAS

E n Mesopotamia, la cuna de la civilización, los astrólogos de la antigüedad les dieron a los siete planetas clásicos visibles el nombre de sus dioses. Los griegos helénicos, que estaban influidos por la astrología babilónica, también asociaban los planetas con sus propias deidades que parecían corresponder a la mayoría de las deidades babilónicas y sumerias. Los romanos adoptaron esta tradición y asignaron uno de los planetas a cada día de la semana. A nuestros planetas aún se los nombra así en lenguas romances por las deidades romanas, y vemos que esa tradición se mantiene en nuestra nomenclatura de los días de la semana asignados a las deidades; sin embargo, en ingles vemos que varias deidades romanas fueron reemplazadas por deidades nórdicas que comparten una función arquetípica con el poder del planeta. Con esto no se está diciendo que sean equivalentes o las mismas deidades, sino que sus roles comparten un arquetipo similar al de las áreas que gobiernan en la vida.

En nuestros calendarios en inglés, al martes *–tuesday–* (el día de *Tiw –Tiw's day–)* se lo llamó así por el dios nórdico Tyr (y su nombre *Tiw* en inglés antiguo) que es el dios nórdico de la guerra, un papel que comparte el dios romano Marte. Al miércoles *–wednesday–* (el día de *Woden –Woden's day–)* se lo llamó así por Woden, el dios nórdico del aprendizaje, de la poesía y de la magia, que son rasgos que posee el dios romano Mercurio. Al jueves *–thursday–* (el día de Thor *–Thor's day–)* se lo llamó así por el dios nórdico Thor, y la conexión con el dios romano Júpiter parece la más endeble de todas, pero ambos son los dioses del trueno y de los relámpagos, y ambos son hijos del rey de los dioses de sus respectivos panteones (con Júpiter usurpándole esa posición a su padre Saturno), aunque parece que la comparación termina ahí. Al viernes *–friday–* (el día de Frigga *–Frigga's day–)* se lo llamó así por la diosa nórdica Frigga, quien a semejanza de la diosa romana Venus era la diosa del amor, la belleza y la fertilidad. El sábado –*saturday*– (el día de Saturno –*Saturn's day*–) mantiene su nomenclatura romana y el domingo –*sunday*– (el día del Sol –*Sun's day*–) y el lunes –*monday*– (el día de la Luna –*Moon's day*–) mantienen su relación planetaria muy clara. Mientras que el Sol y Luna no son planetas según las definiciones astronómicas modernas, sí que lo son según las definiciones astrológicas de la antigüedad, refiriéndose esto a los objetos que vagaban por el cielo nocturno.

Observar los poderes planetarios a través de la lente del psiquismo y de la magiak

Ahora que comprendemos qué planetas regentan qué días de la semana, sumerjámonos más a fondo en qué regentan esos planetas y qué función energética tienen para obtener una mejor comprensión de qué son estas fuerzas en relación con la magiak y con la habilidad psíquica. Cuando la gente piensa en los poderes planetarios, tiende a pensar en ellos en términos de qué áreas regentan y los emplean únicamente para eso, sin comprobar por qué lo hacen. Cada planeta tiene un efecto energético arquetípico sobre la energía. Expresándolo con una metáfora muy sencilla, plantéate cada planeta como un filtro sobre una imagen. Un filtro dejará una foto en blanco y negro, otro la dejará en color sepia, otro invertirá los colores, otro agudizará los detalles, otro desenfocará la imagen, etcétera. Puedes aplicar cualquiera de los filtros a una foto, pero algunos irán mejor que otros para tus propósitos y para qué intentas expresar con la foto. También puedes emplear una combinación de filtros distintos para crear una síntesis de efectos a fin de trasmitir una cierta sensación a la imagen. Del mismo modo, cada planeta altera la energía de formas diferentes. Puedes aplicar cualquier energía planetaria a cualquier meta mágicka y obtendrás resultados distintos, algunos más gratificantes para con lo que deseas y otros que directamente envían al traste lo que planeabas conseguir.

Saco esto a colación porque entenderlo te ayudará a comprender cómo se puede aplicar cada energía planetaria al psiquismo, así como a cualquier otra área de la vida. Por ejemplo, la mayoría de la gente trabajará con Júpiter y sólo Júpiter en lo que se refiere a magiak de dinero. Yo no. El efecto de Júpiter en la energía es la expansión, pero para empezar necesitas algo que expandir. Así que yo recurro a Venus (que casi siempre se emplea sólo para la magiak amorosa) para atraer primero el dinero y luego empleo a Júpiter para expandirlo, porque Venus tiene un efecto magnético y atrayente sobre la energía. Así que en lugar de comentar las áreas que cada planeta gobierna tal como hice en *Brujería psíquica*, también vamos a echar un vistazo al núcleo de la función energética de cada planeta.

Los siete planetas funcionan energéticamente en pares de fuerzas opuestas pero complementarias: el Sol y la Luna, Júpiter y Saturno, Marte y Venus. Mercurio no tiene una energía planetaria opuesta complementaria con la que emparejarlo, ya que se lo considera un planeta de unión y de síntesis de energías opuestas en sí. Mitológicamente, Mercurio es un psicopompo[1] y una deidad liminal, uno de los pocos seres que podían viajar libremente por cualquier reino, en medio y entre todos los lugares y cosas.

---

1. Denominación que reciben los seres que en varias religiones llevan a cabo la labor de conducir las almas de los difuntos hacia el otro mundo. *(N. de la T.)*

El Sol

Aunque no se lo considere un planeta según las definiciones astronómicas modernas, los astrólogos de la antigüedad consideraban que el Sol era uno de los siete antiguos planetas, pese a que, por supuesto, en realidad es una estrella. La función energética principal del Sol es crear y sustentar. Podemos entenderlo fácilmente echándole un vistazo a las propiedades vivificantes del Sol en sí mismo en relación con nuestro planeta. El Sol hace que las plantas crezcan en el suelo por medio de la fotosíntesis, lo cual es crucial para la creación y mantenimiento de toda la cadena alimentaria y de los ecosistemas. A partir de ahí, la humanidad fue capaz de cultivar la tierra y finalmente crear civilizaciones e imperios. Debido a esas habilidades, además de brindar luz y calor y un sentido de seguridad y de supervivencia, resulta fácil de comprender por qué muchas culturas de la antigüedad relacionaban el Sol con las deidades creadoras.

Dado que al Sol a menudo se lo liga con la divinidad, éste también se convierte en el símbolo de varios de los aspectos divinos personales de nuestra alma. También sabemos que todas las cosas en nuestro sistema solar, incluido nuestro propio planeta, giran alrededor del Sol, lo que simbólicamente lo convierte en nuestro planeta más importante de nuestro sistema solar. Cada cuerpo planetario de nuestro sistema solar fue creado literalmente a partir del Sol. A partir de la nebulosa del sistema solar el Sol se convirtió en su centro y todo lo demás se formó a su alrededor. El Sol también es el único cuerpo de nuestro sistema solar que puede generar su propia luz. Debido a estas funciones energéticas, el Sol (astrológicamente hablando) rige sobre aspectos de nosotros mismos y de nuestras vidas que queremos crear, hacer crecer, brillar, sanar, vitalizar o empoderar.

> **Efectos energéticos del Sol:** Creación y restauración. Manifestar externamente e iluminar.

> **Formas de emplear la energía solar:** Puedes aprovechar la energía solar para ganar claridad en alguna de las áreas de los proyectos mágickos sobre los que rige el Sol. También puedes apro-

vechar la energía solar para revelar información oculta, para realizar exploraciones médicas psíquicas, para conectar con fuerzas superiores y entidades con unas vibraciones más altas, para conectar con el Yo Superior y para recibir orientación divina.

La Luna

Al igual que el Sol, la Luna ya no se la considera un planeta según las definiciones astronómicas modernas de la palabra, pero lo era en la astrología de la antigüedad. Ahora sabemos que la Luna es un satélite. La función energética principal de la Luna es la del ritmo y de la transmutación. Cuando digo ritmo, me refiero al principio hermético del ritmo tal y como se lo describe en *The Kybalión*, que afirma: «Todo fluye hacia fuera y hacia dentro; todas las cosas tienen sus mareas; todas las cosas ascienden y caen; la oscilación del péndulo se manifiesta en todas las cosas; la medida de la oscilación a la derecha es la medida de la oscilación a la izquierda; el ritmo compensa».[2] La implicación de este principio indica que una persona puede transmutar cualquier cosa a su opuesto en diversos grados dentro de la escala que hay de un polo al otro.

La Luna lo ejemplifica a la perfección con sus fases y sus efectos sobre las mareas de la Tierra y el crecimiento de las cosechas.

La Luna es la más versátil de las energías planetarias y abarca todo el espectro de las energías. A veces es proyectiva, a veces es receptiva, a veces es luminosa, a veces es oscura, siempre creciendo y menguando en el cielo nocturno. Entre las brujas, esta gama y versatilidad la han convertido en la energía favorita para trabajar, especialmente dado que mucha de nuestra magiak consiste en la transformación, tanto si es la de nosotros mismos o la de nuestras vidas. La Luna proyecta luz tan sólo para supuestamente crear la ilusión de traer esa luz hacia el interior de manera receptiva, haciéndola poderosa para trabajos internos

---

2. Anónimo, *The Kybalión*.

como la habilidad psíquica, el trabajo onírico, y la proyección astral por una parte, y el trabajo externo de la manifestación mágicka en nuestras vidas por la otra. También podría argumentar que en cierta medida ejemplifica todos los efectos energéticos de cada planeta, dependiendo de en qué fase lunar esté. En lo tocante a su energía, ésta puede manifestar y desaparecer, puede proyectar y recibir, puede expandir y contraer, etcétera.

> **Efectos energéticos lunares:** Ciclos y transformación. La interiorización y la reflexión. La energía lunar puede transmutar cualquier cosa a su polo opuesto; también puede mantener las cosas fluyendo y circulando.

> **Formas de emplear la energía lunar:** En cierta forma, la Luna es la energía estándar para recurrir a cualquier cosa relacionada con el psiquismo, pero especialmente para ganar claridad en alguna de las áreas de los proyectos mágickos sobre los que rige la Luna. La energía lunar es especialmente poderosa para el psiquismo porque puede ayudarte a ver los ciclos y los patrones de las cosas, ayudándote a distinguir hacia dónde se encaminan.

Mercurio

La función energética principal de Mercurio es la del intercambio y el movimiento. Mercurio es el planeta que se mueve más deprisa en nuestro sistema solar, lo cual refleja su habilidad para agitar las cosas y ponerlas en movimiento. Mercurio se suele asociar con la comunicación, lo cual es intercambiar pensamientos de una persona a otra, independientemente si se trata de hablar, escribir, mensajes de texto, *posts* en redes sociales, correos electrónicos o lenguaje de signos. Otras cosas en las que la función energética del movimiento de Mercurio queda ejemplificada incluyen cualquier cosa relativa a viajar, que es moverse de un lugar a otro, tanto si es en avión, tren, coche, barco o incluso andando.

Entre sus otros ámbitos hay otras áreas relacionadas con el intercambio y el movimiento, tales como transacciones de negocios, sistemas electrónicos, maquinaria o cualquier otra cosa que implique funcionar con transferencia de energía, ya sea moneda, electricidad, datos, etcétera. Al igual que los sistemas electrónicos, que están basados en el movimiento de información en su interior, las cosas relativas a la mente como los pensamientos están relacionadas con Mercurio, puesto que el cerebro mueve información en el propio cerebro para pensar.

La influencia de Mercurio es sutil, pero persuasiva, a diferencia de la de Marte, la cual es contundente y directa. Mientras que Venus tradicionalmente se ve como receptiva y femenina, y Marte se ve como contundente y masculino, Mercurio se considera la unión de esos dos como un andrógino en un término medio. Mercurio conecta la proyección con la recepción para crear una conexión.

> **Efectos energéticos mercurianos:** Movimiento y conexión. La energía de Mercurio puede acelerar cualquier cosa y conectar cosas distintas uniéndolas así como sintetizarlas. También puede afectar sutilmente a situaciones de maneras más encubiertas y nada obvias.

> **Formas de emplear la energía mercuriana:** Puedes aprovechar la energía de Mercurio para ganar claridad en alguna de las áreas de los proyectos mágickos sobre los que rige Mercurio. Mercurio es ideal para cualquier tipo de comunicación psíquica, tanto si es telepatía, mediumnidad o canalización.

Venus

La función energética principal de Venus consiste en suscitar y recibir. Es una fuerza mágicka que atrae, y en este sentido, Venus es magnético, siempre tirando hacia sí mismo, recibiendo. La energía venusina puede ser placentera, y a menudo trae consigo la estética visual de la belleza y de todas las cosas que nos hacen sentir bien.

Esta fuerza planetaria se la podría resumir mejor con el antiguo proverbio «es más fácil atrapar moscas con miel que con vinagre». Energéticamente, Venus se puede ver como un flautista de Hamelín, llamando y esperando. Deja que las cosas vengan, en lugar de ir a por ellas. ¿Y las cosas que llegan? Llegan para venerar –la propia palabra brota de la misma Venus– esa fuerza receptiva que tira de algo, crea, da.

Independientemente de la reputación unilateral que suele tener Venus –esa belleza estereotípica, envuelta en romanticismo y amor– el quid de esa energía está en cómo se la usa, no en lo que es. La energía venusina puede ser empleada para el bien o para el mal. Las sirenas cantan canciones tan bellas que llevan a los marineros a saltar de sus barcos sólo para acabar ahogados; los rapes hembra atraen a sus parejas hacia ellas, sólo para fundirlos poco a poco en su propio cuerpo; la mantis religiosa muerde la cabeza de su pareja. No todo lo tentador y lo seductor es beneficioso, y Venus puede aleccionarnos respecto a esto. Venus puede seducir por amor, por creación, por unión o por sus propios intereses. Con un fuerte glamur, en ambas connotaciones positivas y negativas de la palabra, Venus nos recuerda que estas energías siempre crean, pero pueden destruir. Sólo es cuestión de qué aspecto tenga esa unión, y podía ser perfectamente una unión en la propia digestión. Nunca olvides que el nombre de la Venus atrapamoscas carnívora está muy bien elegido.

Efectos energéticos venusianos: Magnetismo y receptividad, atraer y tentar a cualquier cosa hacia ésta como un imán.

Formas de emplear la energía venusiana: Puedes aprovechar la energía venusiana para ganar claridad en alguna de las áreas de los proyectos mágickos sobre los que rige Venus. También puedes recurrir a Venus para acentuar la receptividad de tus sentidos psíquicos o para atraer una información psíquica específica hacia ti.

Marte

La función energética principal de Marte consiste en la proyección y dirección de la fuerza, la clase de energía contundente respaldada por pura fuerza de voluntad, casi lo opuesto a Venus. Proactivo, quizá a veces en su detrimento, Marte se lanza de cabeza a la primera. Es puro impulso y fuerza de voluntad e iniciativa; el deseo en todo el sentido de la palabra; impulsado por el hecho de querer algo, en cualquier forma que eso pueda adoptar. Como encarnación del anhelo de la ambición personal, Marte ve lo que quieres y va a por ello. Como un fiero volcán en erupción con lava fluyendo insistentemente, Marte seguirá avanzado, destruyendo cualquier cosa a su paso y no se detendrá hasta que logre la victoria o él mismo acabe destruido. Mientras que Venus tienta, Marte se presenta en la puerta. Es dinámico, impulsivo y activo, Marte es la energía de la aseveración y del dominio, de la vigorización, de la audacia.

Por estas razones, Marte a menudo se invoca en los conflictos para proveer de defensa y de protección o para un ataque energético. Ese conflicto, sin embargo, no está exento de una contrapartida. A menudo se olvida que Marte es el dios de los jardines, del crecimiento, y que para crecer siempre se requiere un empuje de avance constante. Al igual que Venus, Marte actúa como una polaridad, impulsando la producción, la manifestación, las ideas, y la clase de destrucción necesaria para la sanación y el cambio.

Efectos energéticos marcianos: Dinamismos y fuerza, propulsar, proyectarse hacia delante como una flecha hacia una diana.

Formas de emplear la energía marciana: Puedes aprovechar su energía para ganar claridad en alguna de las áreas de los proyectos mágickos sobre los que rige Marte. Marte también se puede emplear para romper los bloqueos psíquicos y obtener información de difícil acceso que estés buscando.

Júpiter

La función energética principal de Júpiter es la de la expansión y la de la elevación y el incremento. Como arquetipo, Júpiter posee la posición más elevada en tanto que es un ser que no sólo se alza como un soberano o un dios, sino que es el gobernador de los propios dioses. La energía de Júpiter es la de la elevación de cualquier cosa, no sólo el propio estatus. Ya se trate de elevar las emociones para estar «jovial» o designar míticamente a soberanos o divinizarlos. La energía joviana está centrada en elevar el espíritu humano y la mente, y como tal rige sobre la religión, la espiritualidad y la filosofía. De la misma forma que los reyes desean expandir sus reinos, la energía joviana siempre busca expandirse y mira el panorama global sin perderse en los detalles.

La energía joviana es la de los incrementos y la abundancia, tanto si eso es buena fortuna entendida como buena suerte y dinero o en cualquier otra esfera de la vida. Esa energía de la abundancia también puede ser negativa. Abundancia simplemente significa mucho de algo (por lo que no se recomienda lanzar o manifestar «abundancia» sin aclarar de qué se quiere tener abundancia). La energía joviana puede incrementar cualquier cosa positiva, y también puede incrementar lo contrario. La energía de Júpiter busca sobrepasar confines y barreras. Sin embargo, de no estar correctamente atemperada, la energía de Júpiter puede extralimitarse y llegar a un agotamiento extremo. Al tener la energía de Júpiter una naturaleza expansiva, puede provocar que algo se extienda de forma demasiado aguda.

> **Efectos energéticos jovianos:** La elevación y el incremento. La energía joviana es la de la magnificación y la amplificación.

> **Formas de emplear energía joviana:** Puedes aprovechar la energía joviana para ganar claridad en alguna de las áreas de los proyectos mágickos sobre los que rige Júpiter. Júpiter puede ayudarte a ver el panorama global en lo que se refiere al psiquismo y puede ayudarte a ampliar tu percepción psíquica.

Saturno

El arquetipo energético principal de Saturno consiste en la restricción y la estructuración y la disminución. Mientras que Júpiter es la energía de la expansión, la elevación y el panorama global, Saturno posee la energía de la restricción, la disminución y los detalles. Saturno ve los bosques por los árboles, propiamente dicho. Es el primer paso en la escalera del Gran Cometido, y en la alquimia, Saturno se simboliza con el metal del plomo en bruto y la calcinación y los procesos de incineración. La palabra «calcinación» proviene de la palabra latina medieval *calcināre*, la cual significa «reducir a la *calx*». La *calx* es el residuo de óxido en polvo restante de incinerar meticulosamente un metal con el fuego. El proceso espiritual de la calcinación es lo que podríamos denominar como muerte del ego; está quemando lo que se considera impuro, nuestra sobreidentificación con nuestros egos personales que nos distancian de nuestras naturalezas espirituales puras y de nuestra Auténtica Voluntad. Dicho de otra forma, consiste en reconocer qué nos impide realizarnos espiritualmente y eso a menudo lo provocan las falsas creencias, ideas y percepciones que nos hayamos construido en respuesta a la vida y la sociedad. Nosotros quemamos metafóricamente esas limitaciones de creación propia recurriendo a los fuegos interiores espirituales de la transformación. Es el proceso del fénix muriendo y ardiendo hasta quedar hecho cenizas antes de que pueda renacer. Éste suele ser un proceso aleccionador y hace que a menudo nos obligue a hacer frente a verdades muy duras. Éste es el proceso de lo que Jung denominaba trabajo de la sombra. El trabajo de la sombra requiere mucha disciplina, y la disciplina es la restricción de nuestros deseos personales en favor de la fuerza de voluntad. El trabajo de la sombra también exige una evaluación extremadamente sincera de nosotros mismos, y no sólo lo que queremos ver o creer sobre nosotros mismos.

Efectos energéticos saturninos: Restricción y estructuración. La energía de Saturno es la del ajuste de precisión y de la disminución.

Formas de emplear la energía saturnina: Puedes aprovechar la energía saturnina para ganar claridad en alguna de las áreas de los proyectos mágickos sobre los que rige Saturno. Psíquicamente, Saturno puede ayudarte a destruir ilusiones y aspectos glamurosos para revelar las verdades. Saturno también se puede invocar para cualquier cosa que lidie con el reino de la muerte, como la necromancia, la mediumnidad o el trabajo ancestral. Mágickamente, Saturno rige sobre las restricciones en el sentido de crear trabas y barreras para nosotros y para los demás. Estas barreras pueden darse bajo la forma de la protección psíquica o mágicka, o puede consistir en crearlas para otras personas bajo la forma de magiak maléfica, maldiciones y embrujos. Saturno nos ayuda a ver qué nos limita y nos imparte lecciones que quizá no queramos aprender necesariamente, pero que necesitamos aprender a fin de progresar espiritualmente en la vida. Puedes servirte de Saturno para incrementar tu disciplina, lo cual es el primer paso a la hora de dominar tu propia vida, así como de aprender. También puedes servirte de Saturno cuando intentes observar los detalles y las especificidades. Todo conocimiento tiene que lidiar con hacer frente a problemas o a lecciones, tanto si es espiritualmente o en lo mundano. Saturno se emplea para reestructurar las cosas en nuestra vida, y toda estructura necesita normas, planes, disciplina y fronteras.

Las horas planetarias

Las horas planetarias son otro tipo de instante mágicko. Existe una creencia mágicka muy antigua regida por uno de los siete planetas clásicos. Esto significa que cada hora del día contiene una energía específica que tiene su residencia en un poder planetario Eso significa que esas horas están más favorecidas por la energía de ese planeta, que se pueden aprovechar para estimular los hechizos relacionados con el área de regencia de ese planeta. El uso de las horas planetarias mágicas se remonta a la Grecia de la antigüedad. Es muy probable que tenga sus raíces en el antiguo Egipto, donde cada una de las veinticuatro horas del día estaba regentada por una deidad distinta.[3]

En el Renacimiento, cuando los relojes mecánicos empezaron a desplazar a los relojes de Sol, empezó a ponerse de moda entre los magos el basar sus horas planetarias en los incrementos y divisiones de sesenta minutos del reloj para la asignación de las horas planetarias.[4] El mago ceremonial Arthur Waite, popularmente conocido por su baraja de tarot Rider-Waite-Smith, favorecía ese método, prefiriendo los incrementos de una hora de sesenta minutos definidos por el ser humano en contraposición con otros métodos tradicionales como el de la Llave de Salomón y los de grimorios más antiguos que calculaban los poderes planetarios desde la salida del Sol hasta la puesta del Sol.[5] No estoy de acuerdo con el método de Waite, puesto que me da la impresión de que la astrología de los cálculos en relación al amanecer y la puesta del Sol es mucho más poderosa y mucho más precisa. Aparentemente, uno de los principales malentendidos que tuvo Waite era que «las horas» en la antigüedad no tenían incrementos perfectos de sesenta minutos, sino que más bien estaban definidas astrológicamente desde del amanecer hasta la puesta del Sol dividas entre doce, mientras que el reloj de Sol calculaba la hora basándose en el amanecer y la puesta del Sol según la sombra que se proyectaba. Pese a que el método de Waite es más simple, como brujas intentamos sincronizarnos con las fuerzas y los ciclos de la naturaleza. Es más, tal como sabemos por la Rueda del Año, la duración de la luz diurna varía a lo largo del año y cuando lanzas conceptos creados por los humanos como el horario de verano para ahorrar luz, las zonas horarias y la localización, emplear el instante mágicko del método de la medianoche a la medianoche basándose en un reloj se me antoja impreciso y endeble.

---

3. DuQuette, *et al.* *Llewellyn's Complete Book of Ceremonial Magick.*

4. Pepper, *Witches All,* 26-27.

5. Waite, *The Book of Black Magic.*

Las horas planetarias diurnas

Hora	Domingo	Lunes	Martes	Miércoles	Jueves	Viernes	Sábado
1	☼	☾	♂	☿	♃	♀	♄
2	♀	♄	☼	☾	♂	☿	♃
3	☿	♃	♀	♄	☼	☾	♂
4	☾	♂	☿	♃	♀	♄	☼
5	♄	☼	☾	♂	☿	♃	♀
6	♃	♀	♄	☼	☾	♂	☿
7	♂	☿	♃	♀	♄	☼	☾
8	☼	☾	♂	☿	♃	♀	♄
9	♀	♄	☼	☾	♂	☿	♃
10	☿	♃	♀	♄	☼	☾	♂
11	☾	♂	☿	♃	♀	♄	☼
12	♄	☼	☾	♂	☿	♃	♀

Las horas planetarias nocturnas

Hora	Domingo	Lunes	Martes	Miércoles	Jueves	Viernes	Sábado
1	♃	♀	♄	☼	☾	♂	☿
2	♂	☿	♃	♀	♄	☼	☾
3	☼	☾	♂	☿	♃	♀	♄
4	♀	♄	☼	☾	♂	☿	♃
5	☿	♃	♀	♄	☼	☾	♂
6	☾	♂	☿	♃	♀	♄	☼
7	♄	☼	☾	♂	☿	♃	♀
8	♃	♀	♄	☼	☾	♂	☿
9	♂	☿	♃	♀	♄	☼	☾
10	☼	☾	♂	☿	♃	♀	♄
11	♀	♄	☼	☾	♂	☿	♃
12	☿	♃	♀	♄	☼	☾	♂

Esencialmente, para calcular las horas planetarias, averigua a qué hora amanece y se pone el Sol donde vives (la mayoría de los periódicos o las páginas web meteorológicas tienen esta información) y divide eso entre doce para crear las horas. Las horas siguen el orden del orden planetario caldeo, empezando por el planeta que rige el día. Sin embargo, hoy en día hay diversas aplicaciones disponibles que emplean el GPS para precisar tu localización y toman ese dato para sacar esa información sobre el amanecer y la puesta del Sol del lugar donde vivas, y entonces calcular automáticamente las horas planetarias a lo largo del día. La mayoría de las brujas que conozco emplean esas aplicaciones hoy en día, ya que les ahorran mucho tiempo y cálculos.

Los días planetarios

Los días planetarios

Un método sencillo para recordar el orden de las horas planetarias es dibujar un septagrama, una estrella de siete puntas. En la punta superior del septagrama, empieza por el primer día de la semana, el domingo y su regente, el Sol. Recorriendo el pentagrama empezando desde la punta inferior hacia la derecha, coloca los días de la semana siguiendo el orden de su poder planetario. Una vez completado, el orden de las horas planetarias diurnas empezarán con el Sol (el domingo) y darán vueltas alrededor de cada punta del septagrama siguiendo el orden de las agujas del reloj. Dado que hay doce horas y sólo siete puntas, el círculo continuará desde la séptima hora de Marte volviendo al Sol, que actuará como la octava hora y continúa hasta que llega a Saturno como la duodécima hora planetaria del día. Las horas planetarias de la noche continúan ahí, moviéndose hacia Júpiter tras Saturno actuando como la primera hora de la noche los domingos y va realizado todo el ciclo hasta que llega a Mercurio, que se tiene como la duodécima hora. Una vez que la duodécima hora de la noche termina, el ciclo se reinicia y se resetea al amanecer para dar paso a la primera hora planetaria del día siguiente (p. e. la Luna el lunes).

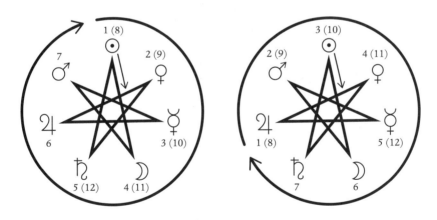

Horas diurnas planetarias   **Horas nocturnas planetarias**

Horas diurnas planetarias y horas nocturnas planetarias

Trabajando con Piscis para recibir orientación psíquica y visión
de *Durgadas Allon Duriel*

Instante mágicko: Para un resultado óptimo, realizar este hechizo de noche cuando la Luna esté en Piscis, Escorpio o Cáncer, o un lunes («el día de la Luna»), o durante otro momento en que el agua y la energía estén amplificadas en la astrología (p. e. la Luna en su conjunción con Júpiter, el cual es tradicionalmente el planeta regente de Piscis).

Materia:

- Una hoja de papel blanco

- Un rotulador de color índigo o de color violeta oscuro

- Una vela blanca, índigo o violeta (realizar esto a la luz de las velas)

Finalidad: Este hechizo implica el pentagrama invocador de Piscis. En sus frecuencias más altas, Piscis se asocia con la visión psíquica, la espiritualidad y otros planos de consciencia. Sintonizarnos conscientemente con la frecuencia de Piscis puede ayudarnos a abrir nuestros sentidos psíquicos y a recibir la orientación y la visión de nuestro Yo Superior o de otras entidades benéficas superiores del plano superior con las que queremos trabajar. A veces tenemos una visión o mensaje a nuestra disposición y nosotros sólo necesitamos un impulso extra de energía que abra el conducto para que llegue hasta nosotros, o para ponernos a nosotros mismos en cierto estado a fin de recibirlo, o para construir nuestra habilidad a fin de abrirnos psíquicamente a voluntad. Este hechizo ayuda en ese proceso.

Instrucciones: *Nota:* Con el tiempo, dibujar el sigilo en este hechizo se convierte en algo opcional. Al principio, se dibuja para ayudar a desarrollar en nuestras mentes la forma de pensamiento de éste a las que se recurre en el hechizo. Una vez que esa forma de pensamiento te sea claramente accesible, no te hace falta volver a dibujar el sigilo (y también puedes reutilizar el sigilo de papel hasta entonces, el cual acumulará poder por su cuenta).

Primero, involúcrate en cualquier forma de anclaje, de centrado, de expulsión y de repulsión que emplees. Es importante que no sólo limpies el espacio psíquico, sino que también expulses cualquier influencia que pretenda confundir o nublar tu visión.

A continuación, siéntate en una silla junto a una mesa y dibuja el pentagrama invocador de Piscis (dibujado) de color índigo. El índigo es un color que muchos asocian con el tercer ojo, y se dice que la frecuencia del índigo, por lo tanto, facilita la apertura o activación del tercer ojo.

Después de dibujar este símbolo, escribe la pegunta que hayas preparado en un trozo de papel y deposítala debajo del símbolo. Intenta formularla de la forma más concisa y precisa posible. Si es más bien pedir información general o una visión, indica sobre qué tema buscas información de la forma más específica posible.

A continuación, entra en un estado de semitrance y mira fijamente el símbolo durante treinta segundos por lo menos. Esfuérzate en sentir la energía que desprende. Cierra los ojos y visualiza el símbolo en el punto que tienes entre las cejas (la ubicación del tercer ojo), con el pentagrama invocador de piscis en una esfera de luz cálida y dorada. A medida que lo visualizas, recita el encantamiento siguiente tres veces, permitiendo que tu voz vaya bajando su volumen de tal forma, que al final sea casi inaudible, mientras visualizas el símbolo brillando cada vez con más fuerza en tu interior.

«Indicio de la visión,
indicio de la mirada,
concédeme orientación,
esta noche».

Tras esto, permite que la visualización se disipe y espera a que llegue la respuesta en una postura meditativa confortable. Esfuérzate al máximo en no presionarte a ti misma para que esa forma adquiera una forma en concreto. Simplemente deja que tu mente se quede en blanco, permanece en ese estado de semitrance y permite que las imágenes aparezcan. Si notas que tienes muchas dificultades con esto, puedes pedir que una imagen venga de una forma que te resulte familiar, como, por ejemplo, una carta de tarot. (Una vez hice eso en una meditación guiada para obtener visión y apareció una carta. Luego, ese mismo día, ¡saque la misma carta en el plano físico en una lectura de cartas!).

Una vez que hayas recibido lo que percibes como un flujo completo de imágenes (y la intensidad de las imágenes es menos relevante que su contenido), abre los ojos y escribe lo que has visto. No lo juzgues o lo interpretes, simplemente escríbelo. Tras captar esto, empieza con el proceso de reflexionar sobre su significado. Entonces, haz lo que hagas habitualmente para limpiar un espacio después de trabajar con hechizos y vuelve al estado mental más propio del día a día.

La energía zodiacal y las tres modalidades

Hay doce signos del Zodíaco, y cada uno está relacionado con uno de los elementos expresados de una forma distinta o modalidad. Las tres modalidades son cardinal, mutable y fija. Cada cual muestra cómo se manifiestan los cuatro elementos de formas distintas. Tenemos los signos de fuego de Aries, Leo y Sagitario. Para el agua tenemos Cáncer, Escorpio y Piscis. Luego tenemos los signos de aire de Libra, Acuario y Géminis. Finalmente, tenemos Capricornio, Tauro y Virgo para los signos de tierra. Cada grupo de elementos representa una de las tres modalidades de lo cardinal, lo fijo o lo mutable respectivamente en ese orden. Los signos cardinales son Aries (fuego), Cáncer (agua), Libra (aire) y Capricornio (tierra). Los signos fijos son Tauro (tierra), Leo (fuego), Escorpión (agua) y Acuario (aire). Eso significa que Géminis (aire), Virgo (tierra), Sagitario (Fuego) y Piscis (agua) son los signos mutables.

Pasando de signo a signo, el Zodíaco va alternando los cuatro elementos siguiendo el orden: fuego, tierra, aire y agua. Asimismo, de signo a signo el Zodíaco va alternando las tres modalidades. Por lo tanto, Aries, que inicia la rueda del Zodíaco, es un signo de fuego y es cardinal. Después de Aries está Tauro, que es un signo de tierra y es fijo. Luego llega Géminis, que es un signo de aire y es mutable. A continuación de Géminis está Cáncer, que es un signo de agua y reinicia el patrón de las tres modalidades al ser cardinal. El patrón se sigue repitiendo hasta que los doce signos del Zodíaco aparecen expresados como las tres modalidades de los cuatro elementos.

Muchas brujas trabajan con un concepto llamado la Rueda del Año[6] que marca los ocho Sabbats. Los Sabbats son los días de celebración mágicka que honran los ciclos de la Tierra y del Sol. Los cuatro Sabbats Menores los señalan dos equinoccios y dos solsticios, lo cual ocurre al principio de los signos zodiacales cardinales. A los cuatro Sabbats Mayores se los señala astrológicamente calculando el punto intermedio exacto entre cada Sabbat, y éstos ocurren durante los signos fijos.

---

6. Calendario usado en la Wicca y otras religiones neopaganas empleado para marcar y celebrar el ciclo de las estaciones. *(N. de la T.)*

La energía cardinal

La palabra «cardinal» proviene de la raíz latina que significa «bisagra».[7] Al igual que la bisagra de una puerta que permite que se la abra, los cuatro signos cardinales abren la puerta metafórica que marca el inicio de las estaciones, tal como hemos explorado en la Rueda del Año, con los Sabbats Menores de los solsticios y equinoccios. Es en estos puntos donde la Rueda del Año verdaderamente pasa de una estación a otra. Podemos platearnos la energía a semejanza de cómo veríamos la Luna creciente, en el sentido de que es un flujo de energía que está naciendo. También podemos compararla con la Moira[8] griega Cloto, la hiladora en el sentido de que ella hila el hilo de la vida haciendo que ésta nazca. El glifo para lo cardinal es el punto del espíritu dentro de un triángulo sin una línea en su base. El símbolo representa la construcción del espíritu y el enfoque. La energía cardinal puede corresponder al Yo Inferior.

La energía fija

A continuación vienen los cuatro signos fijos, los cuales marcan la mitad y el apogeo de una estación. Los signos fijos los marcan los Sabbats Mayores. Los signos fijos son firmes y estables en su energía e influencia elemental, al estar en el cénit de su poder. Es muy posible que por eso, Doreen Valiente se refiriera a ellos como los Sabbats Mayores, no insinuando que sean mejores o más importantes que los Sabbats Menores, sino más bien en referencia a qué volumen de energía astrológi-

---

7. https://www.etymonline.com/word/cardinal#etymonline_v_33702
8. Según la mitología griega, las tres Moiras, hijas de Zeus y Temis, que presidían el destino del hombre. *(N. de la T.)*

ca y elemental llega a través del Zodíaco. Podemos plantearnos la energía fija a semejanza de cómo veríamos la Luna llena, en el sentido que es cuando el poder de la Luna está en su cénit y estabilizado, no crece ni mengua.

También podemos compararlo con la Moira griega Láquesis, la distribuidora en el sentido que ella mantiene la plenitud del hilo de la vida estable y firme. El glifo de lo fijo es una línea dentro de un cuadrado. Tal como se ha comentado antes, el cuadrado es un símbolo de equilibrio y de estabilidad, donde la energía queda contenida de una forma equitativa, pero sosegada. La línea representa el equilibrio, enfatizando nuevamente que la energía se distribuye de una forma igualada, equilibrada, y estable. La energía fija puede corresponder al Yo Intermedio.

La energía mutable

Para terminar, tenemos los cuatro signos mutables, que no forman parte de la Rueda del Año. Mutable significa que es cambiante y que marca el fin de una estación que está a punto de hacer su transición a la siguiente.

Los signos son liminares por naturaleza, al estar en el proceso de transformación pasando de una cosa a la otra. Podemos plantearnos la Energía Mutable a semejanza de cómo veríamos la Luna menguante, en el sentido que es la plenitud del poder disminuyendo para transformarse en la Luna nueva y empezando un nuevo ciclo lunar. También podemos compararla con la Moira griega Atropos, la Moira que corta el hilo de la vida, acabando con ella. Pero la muerte no es el final, es la transición que hay entre pasar de un estado a otro. El glifo de la energía mutable es el punto del espíritu bajo el medio círculo del alma. En lugar de ser dinámico y enfocado hacia fuera como el glifo cardinal, la media circunferencia creciente ilustra el enfocarse hacia el interior así como la suavidad de la flexibilidad. La energía mutable puede representar el Yo Superior.

Cardinal: La creación, la acción, el crecimiento.

Fijo: La estabilidad, el equilibrio, la cúspide.

Mutable: La adaptabilidad, la transformación, la consecución.

Cada signo zodiacal tiene un regente planetario. En la astrología clásica y en la magiak sólo se emplean los siete primeros planetas conocidos y luminarias de nuestro sistema solar. Más tarde, con el descubrimiento de Urano, Neptuno y Plutón, éstos se hicieron amos de algunos signos zodiacales como regentes. A esos tres nuevos planetas externos se los considera octavas superiores de los planetas cuya regencia se han apropiado. Neptuno está una octava más arriba que Júpiter, Urano está una octava más arriba que Saturno y Plutón está una octava más arriba que Marte. En la regencia original, cada planeta regía sobre dos signos mientras que el Sol y la Luna regían sobre un signo cada uno. En la astrología moderna, cada planeta rige sobre un signo zodiacal excepto Marte, Venus y Mercurio, los cuales aún rigen sobre dos. Personalmente, en lo que se refiere a realizar magiak, prefiero adherirme a los siete planetas tradicionales. Definitivamente, os animo a investigar los tres planetas externos, a familiarizaros con su energía y a experimentar con ellos en vuestra magiak y luego decidir qué sistema preferís. La razón por la que prefiero el sistema de los siete planetas para mi magiak (si bien no en términos de la astrología en sí, donde admito a los planetas exteriores) no se debe sólo a que me parezca que hay una mayor simetría y equilibrio en esta distribución, sino porque cosmológicamente tiene sentido para mi paradigma.

Tal como comenté en *Brujería psíquica,* los siete poderes planetarios están relacionados con la energía astral, mientras que los elementos se refieren a la energía etérica, que es cómo las fuerzas de la energía base del universo hacen que ésta se estructure y se exprese por sí misma permitiendo que las cosas tomen forma, visible e invisible. Por lo tanto, los doce signos del Zodíaco son los cuatro elementos y los siete planetas unidos. A mí me gusta plantearme los signos del Zodíaco como las siete corrientes primarias de la energía astral (como los planetas) dado que éstos los expresan a través de los cuatro canales de la energía elemental, por ende creando estructuras de influencia y de potencial que permiten que las situaciones tomen forma y se manifiesten en lo físico. Yo veo la regencia de un planeta como la energía astral que está contenida dentro de los patrones etéricos del elemento. Las modalidades expresan las funciones de esas regencias planetarias y elementales, mostrando si la función es energéticamente creciente, menguante o una expresión de energía plena.

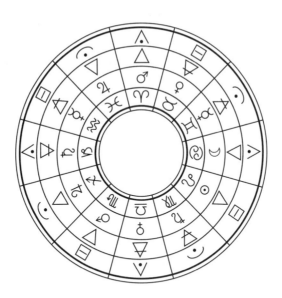

La rueda de la energía

En lo que se refiere al tema de la astrología, el Zodíaco seguramente es la materia más comentada. No cuesta casi ningún esfuerzo encontrar información en libros u *online* sobre qué áreas de la vida regenta cada signo, y existen muchas listas con palabras clave. Para la habilidad psíquica y la magiak, yo recomiendo la meditación sobre un signo contemplando su elemento, su planeta regente y su modalidad, y cómo esos tres combinados expresan cierta sazón de energía con la que trabajar. Puedes implementar la energía zodiacal independientemente de en qué signo esté algún planeta en ese momento, basta con aprovechar su poder, glifo y energía. Sin embargo, observando qué planetas están en el momento en cada signo, podrás ver los canales de influencia de la energía potencial disponibles para aprovecharlos a fin de amplificar y acelerar tu hechizo en paralelo.

Ejercicio 60

Talismán del calcetín de *ranunculus* para la segunda visión del «*Dr. Buck*» *Jake Richards*

Instante mágicko: Es mejor realizarlo cuando la Luna está en Aries.

Materia:

- El talón de un calcetín izquierdo desgastado, cortado dándole la forma de un círculo
- Flores de *ranunculus*,[9] una por cada año que tenga la persona
- Sal nueva
- Tabaco comprado con monedas de plata
- Aguja e hilo rojo

Finalidad: En los Apalaches y en la aún más grande América del Sur, se susurra una creencia que se ha perpetuado, que la gente que nace de cierta manera, tanto si es con un velo sobre sus ojos, si ha «nacido

---

9. Plantas herbáceas perennes con flores amarillas o blancas emparentadas con el botón de oro. *(N. de la T.)*

azul», a medianoche o incluso en días especiales como Halloween y Navidad, tiene cierta habilidad. Se cuenta que esta gente en concreto, posee un don que Dios y los espíritus les ha otorgado para ver y hablar con cosas más allá del velo. Muchas veces, estos tipos de acontecimientos innatos solían poner en peligro la vida y se alertaba a los padres. Como ellos han pasado por las «garras de la muerte» y por las «garras de la vida» para nacer, ellos andan entre los velos que cuelgan cual cortinas entre los mundos, como si fueran andando por el centro de un tendedero lleno de sábanas y de vestidos que se abren aquí y allá ofreciendo vistazos de uno y de otro lado. Sin embargo, al ser esto un don innato y no algo en lo que alguien pueda instruirse, se dice que aparece espontáneamente, o bien de forma temprana en la infancia, o más tarde en la vida. Debido a su tendencia a aparecer sin más, tiene el poder de volver loca a la gente. Literalmente loca.

No estoy diciendo que las enfermedades mentales correctamente diagnosticadas simplemente puedan ser aspectos externos de la visión; sin embargo, debido al avance de la tecnología médica, no se presta tanta atención a estos problemas del nacimiento, ni el médico informa a los padres. Así que hay mucha gente por el mundo que nació velado,[10] nació azul, nace de nalgas, o nace mirando hacia atrás de cabeza que no tiene ni idea de su potencial para tener la visión. Los signos iniciales de la visión incluyen visiones aleatorias de acontecimientos relacionados con gente o lugares que puedan resultarte o no familiares; soñar con acontecimientos antes de que ocurran; o ver a gente y a animales que han fallecido pero tú no te percatas de eso hasta que éstos desaparecen en un muro o simplemente se desvanecen. Si bien el indicador común al principio, es ver sombras revolotear alrededor en tu visión periférica, algo muy parecido a tener atisbos rápidos entre las sábanas. Tener la visión es como tener un par extra de ojos que necesitan unas gafas. Nadie te puede enseñar a ver, pero este hechizo actuará como una suerte de gafas para ello, a fin de que puedas ver a tu propio ritmo.

---

10. Nacer con la bolsa amniótica intacta, con el bebé rodeado de líquido amniótico. *(N. de la T.)*

Instrucciones: Corta el talón de un calcetín izquierdo desgastado que no hayas lavado. Coloca en el centro las flores de *ranunculus*, la sal nueva comprada específicamente para esto, y el tabaco que se haya comprado solo con monedas de plata como, por ejemplo, cuartos de dólar o monedas de diez centavos de dólar. Dobla la tela una vez no hacia ti, sino al revés, dándole al paquetito la forma oblonga de un ojo. Cierra las aperturas dando unas puntadas con el hilo rojo al tiempo que rezas para que la visión se facilite y luego cose una cruz roja en la parte de delante, en el centro. Haz un lazo con el hilo en una esquina del paquete del ojo y átalo de forma que se pueda pasar un hilo para hacer de él un collar. Llévalo en contacto con la piel y nunca dejes que otra persona lo toque; nunca dejes que toque el suelo tampoco. Espolvoréalo con talco para bebés y úngelo con whisky una vez a la semana y cada vez que la Luna está en Aries.

Ligándolo todo

A veces, la magiak no puede esperar. Aunque planear hechizos con antelación y realizar magiak habitualmente te ayuda a evitar la necesidad de lanzar la magiak como una emergencia, a veces la vida simplemente ocurre y es inevitable hacerlo. Aquí no se ofrecen los metodos para dar con los instantes mágickos para que te obsesiones con ellos o para hacerte pensar que no puedes lanzar magiak si no es el instante correcto. Las operaciones mágickas raramente recurren a todas las formas de instante mágicko.

En lugar de eso, plantéate los instantes mágickos como corrientes a los que optas para aprovecharlos para que te ayuden con tu hechizo. Esto te permite conectar al menos con un impulso de energía para tu hechicería. Digamos que no hay nada alineado con la intención de tu hechizo, el cual busca traerte un dinero que te hace mucha falta. Es el día equivocado de la semana, se te ha pasado la hora planetaria, la Luna está en la fase equivocada y nada en el Zodíaco está alineado. Sin embargo, es primavera y es por la mañana. Perfecto. Ahí tienes tu correspondencia de instantes.

Aunque la preparación y la planificación para realizar tus hechizos fortalezca tu hechizo, no hace falta que tu instante mágico sea perfecto. Es mejor lanzar un hechizo durante el «momento equivocado» que no lanzar un hechizo en absoluto por esa misma razón. El tema es que puedes aprovechar cualquier instante mágicko, la cuestión es sólo cómo de preciso o amplio es el instante que quieres aprovechar. Puedes sacar partido a los instantes mágickos simplemente declarándolos en tus hechizos. Aquí tienes un ejemplo del uso de todos los tipos diferentes de instantes mágickos, y yo suelo hacer declaraciones como éstas justo antes de realizar el hechizo una vez que tengo mi espacio sagrado dispuesto:

«En este día de Júpiter, en la hora sagrada de Júpiter, durante
la Luna creciente de Tauro, en la estación de la primavera,
mientras el Sol está elevándose en el cielo, realizo este trabajo».

Ahora bien, obviamente, cada hechizo no invocará cada faceta de los instantes mágickos, sólo esos que se alinean con mi meta. Así que hasta teniendo únicamente el instante en alineación con la posición del Sol, yo diría:

«Mientras el Sol está en su cénit de poder durante el mediodía...».

La sabiduría de Laurie Cabot y de Sybil Leek

Laurie Cabot solía mantener correspondencia con la famosa bruja británica Sybil Leek tras conocerla. A través de estas cartas, Sybil también la estuvo instruyendo y la aconsejaba sobre cómo ser una bruja públicamente, algo que ni de lejos era tan corriente como lo es hoy en día. Uno de los consejos que le dio a Laurie fue que escribiera en el reverso de los hechizos de peticiones las palabras: «Este hechizo no se revertirá o pondrá sobre mí maldición alguna, de ninguna forma».[11]

---

11. L. Cabot, P. Cabot, C. Penczak, *Laurie Cabot's Book of Shadows*.

Mucho antes de conocer a Laurie, cuando estaba aprendiendo magiak de los libros de Silver RavenWolf, ella emparejaba esto a manera de declaración al final de los hechizos: «Que este hechizo no se revierta o ponga sobre mí maldición alguna. Que todas las correspondencias astrológicas sean correctas para este trabajo».[12] La última línea sobre las correspondencias astrológicas, Silver las atribuye a Laurie Cabot después de reconocer que la primera línea es de Sybil Leek. En la tradición de la brujería Cabot, los términos «correcto» e «incorrecto» tienen un significado especial.[13]

Esencialmente, cualquier cosa correcta alude a fuerzas y energías que son beneficiosas, mientras que cualquier cosa incorrecta alude a fuerzas y energías que son perjudiciales o no beneficiosas. Esto se indica así para evitar el uso de las palabras energía «positiva» y «negativa» con algún tipo de moralina proyectada sobre esas palabras, ya que simplemente se ven energéticamente como aspectos opuestos y complementarios de la polaridad energética, no necesariamente «buena» o «mala». Lo que esta afirmación sugiere con que las correspondencias astrológicas sean correctas es que evite lo perjudicial y se invoquen las fuerzas astrológicas beneficiosas. Esencialmente, es una afirmación que neutraliza cualquier cosa que podría entrar en conflicto y entorpecer la magiak que se lance astrológicamente hablando. He empleado la afirmación de Silver durante la mayoría de mi vida con gran éxito al final de los hechizos, pero con el tiempo lo he modificado para que rime:

«Que este hechizo no se revierta
ni ponga sobre mí maldición alguna.
Que todas las correspondencias astrológicas sean correctas
para este hechizo que ahora planeas».

12. RavenWolf, *To Ride a Silver Broomstick*.
13. L. Cabot, P. Cabot, C. Penczak, *Laurie Cabot's Book of Shadows*.

CONCLUSIÓN

No he empezado este libro compartiendo una de mis historias más íntimas buscando evocar compasión o tristeza. Yo no veo esa historia como algo triste. Todo lo contrario, la veo como uno de los momentos más victoriosos de mi vida. La brujería me dio esperanzas. Me permitió cambiar mi vida drásticamente en uno de los momentos más negros de mi existencia, cuando no tenía absolutamente ninguna influencia o poder personal, y aún sigue haciéndolo hoy día. Ésa no fue ni la primera experiencia trágica ni la última. Pero con la magiak he desarrollado las herramientas para no sólo dar sentido a la vida, sino también para cambiar mis circunstancias. Quiero que a ti también te beneficie.

Independientemente de quién seas, puedes emplear la magiak para cambiar tu vida. Todos tenemos nuestras propias historias, nuestras pruebas y nuestras tribulaciones. Tampoco necesitas haber pasado por un trauma o maltrato para acceder a la magiak. La magiak la llevamos dentro y la tenemos a nuestro alrededor en todo momento; lo único que hace falta es la habilidad de reconocerla y conectar con ella. Todo ser humano es capaz de desplegar habilidades mágickas y psíquicas. Yo no soy un caso especial. Poco importa que éste sea el primer libro sobre brujería al que hayas echado mano en la vida o que hayas estado practicándola durante cincuenta años. La brujería puede empoderarte para que cambies tu situación a mejor. Y lo que es más importante, puede convertirte en alguien mejor, y esa transformación te ayuda a cambiar el mundo a gran escala a través de un efecto dominó de influencias. Todos tenemos nuestras propias historias, y la magiak puede ayudarnos a escribir adónde va esa historia a partir de aquí.

Te recomiendo encarecidamente que experimentes con las ideas y técnicas contenidas en este libro y como siempre, volver a trabajar en ellas para que sean más personales para ti y para que reflejen tu propio camino personal. También te recomiendo encarecidamente que intentes realizar hechizos contenidos en este libro en tu templo interior. Tu magiak aumentará en gran medida trabajando regularmente en el mundo interior y el exterior. También te sugiero releer este libro cuando tengas la oportunidad. Las cosas se te podrían antojar ligeramente distintas en una segunda o tercera lectura. Recuerda que éste es tu viaje. Asegúrate de cuidar también de ti misma. He añadido tres recetas finales de algunos de mis amigos a modo de regalo de despedida por nuestro viaje juntos durante la extensión de este libro. Estas tres recetas –un baño, un té y un incienso para soñar– también te ayudarán a relajarte, desenmaráñate y, lo que es más importante, serán una forma de autocuidado.

Ejercicio 61

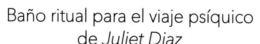

Baño ritual para el viaje psíquico
de *Juliet Diaz*

Instante mágicko: Cualquier Luna nueva, preferiblemente por la tarde/noche.

Materia:

- 4 ramitas de de romero
- 1 cucharada de espirulina
- ½ taza de carbón activo
- Una taza de sales de Epsom
- 1 granada entera troceada
- 1 naranja sanguina troceada
- 1 puñado de pétalos de rosa blanca
- Una vela blanca (opcional)

Finalidad: Deléitate con este baño activador que no sólo limpiará tu energía, sino que también enviará una evocación de sabiduría a través de todo tu ser. Yo realizo este ritual por lo menos una vez cada tres meses, especialmente durante tiempos de incerteza. Este baño para el viaje psíquico pretende conectarte con un poder interior más elevado que desvelará las respuestas que buscas. Con el tiempo, aprenderás a confiar en el viaje y a estar más arraigado a medida que el Espíritu viaja junto a ti en las profundidades de la visión.

Instrucciones: Empieza preparando tu baño; funciona mejor con el agua caliente o muy caliente. Antes de meter cualquier materia dentro, permanece en pie o arrodíllate al lado de la bañera y dale las gracias al espíritu del agua por su presencia. Date un momento para conectar con el sonido del agua corriente y permite que te llene con su energía ondulante. Cuando estés lista, empieza a depositar atentamente cada materia en el baño al tiempo que también le vas dando las gracias a esos espíritus.

Yo prefiero contar con una vela blanca encendida para incluir al espíritu del fuego, el cual me ayuda a sumergirme mejor en la visión, pero eso es opcional.

Métete en la bañera, sumérgete por debajo del nivel del agua e incorpórate de nuevo por encima del nivel del agua; como alternativa, puedes emplear una taza del agua del baño y verterlo sobre tu cabeza. Cierra los ojos, efectúa tres respiraciones profundas y entonces, empieza a visualizar que el agua está desprendiendo una luz brillante de color azul que abraza cada centímetro de tu cuerpo. Efectúa tres respiraciones profundas más, y con cada inspiración, permite que ese resplandor entre en tu cuerpo, llenándote de pies a cabeza.

Empieza a susurrar siete veces las palabras «desvela lo que está oculto, hundiéndose más a fondo en la visión, en la verdad» al tiempo que visualizas una luz dorada justo por encima de tus cejas en el centro de tu frente que brilla como un rayo hacia dentro, llenando tu cerebro.

Cuando sientas vibraciones u hormigueos, habrá llegado la hora de hacer tu pregunta o expresar tus preocupaciones. Pregúntalo en tu mente, y permanece quieto. Relájate en el agua y quédate con los ojos cerrados. Permite que el viaje se desentrañe. Asegúrate de no dejar que la materia se vaya por el desagüe. Puedes deshacerte de ella de cualquier forma que prefieras.

Ejercicio 62

∾

Poción psíquica para la hora del té
de *Madame Pamita*

Instante mágicko: Lo puedes realizar en cualquier momento, pero es especialmente poderoso cuando la Luna está en Piscis o en Cáncer.

Materia:

- Agua

- Hervidor para el té

- Tetera (opcional)

- Taza de té

- Infusor o filtro para el té

- Cualquier combinación de lo siguiente para hacer el té:

  - Raíz de diente de león tostado *(Taraxacum officinale* o *Taraxacum erythrospermum)*

  - Semilla de anís *(Pimpinella anisum)*

  - Raíz de malvavisco *(Althaea officinalis)*

  - Anís estrellado chino *(Illicium verum)*

- Miel (opcional)

Finalidad: Incluso la bruja psíquica más experimentada puede sentir que su cañería intuitiva se atasca de vez en cuando. Cuando eso ocurre, un poco de meditación, un paseo por la naturaleza o incluso una siesta puede darle al botón de reinicio, pero también podemos llamar a nuestros aliados herbales para que nos ayuden a recibir mensajes claros y fortalezcan nuestra intuición.

A mí me encanta infusionar este té psíquico por un buen puñado de razones. Primero, el acto de infusionar el té en sí es un ritual que puede traerte confort, calma y enfoque; todas las cosas que te ayudar a abrir tu canal psíquico. Los tés también son bastante mágickos en ese sentido cuando ingerimos un té bendecido, ya que en realidad estamos recibiendo esa bendición en la estructura celular de nuestros cuerpos. Y tercero, ¡los tés son pociones! ¿Qué podría ser más de brujas que eso? (¡Si quieres decir «Burbujea, burbujea doblando tu trabajo»[1] sobre tu taza, ¡no te pienso detener!).

Cada hierba de este té trae consigo su propia impronta mágica. La raíz de diente de león es especialmente buena para facilitar la clarividencia y los sueños psíquicos. El anís te ayuda con la clairaudiencia y hace que los mensajes divinos te lleguen claros como el agua. La raíz de malvavisco amplifica la clairsencia,[2] dando una mayor confianza a tus sensaciones instintivas, y también es excepcionalmente útil para la mediumnidad o el trabajo con espíritus. El anís estrellado chino activa el tercer ojo y trae claridad, enfoque y conciencia de las verdades espirituales a tu trabajo psíquico. (Asegúrate de que tienes anís estrellado chino [Illicium verum], ya que el anís estrellado japonés [Illicium anisatum] es tóxico).

Compra estas hierbas en sitios de confianza, por ejemplo, en tiendas de alimentación o tiendas de dietética; eso te garantizará que obtendrás buena calidad y un producto apto para el consumo. Dicho de otra forma, no recomiendo recolectar dientes de león del arcén de la autopista, donde los podrían haber rociado con productos químicos tóxicos. Y pese a considerarse que todas estas hierbas son seguras y se las puede ingerir sin problema, si tienes algún problema médico, sería re-

---

1. Cita que remite a la escena primera de acto cuarto de *Macbeth*, de William Shakespeare. *(N. de la T.)*

2. Habilidad psíquica consistente en adquirir conocimiento a través de lo que siente. *(N. de la T.)*

comendable investigar un poco para ver si existe alguna contraindicación que te perjudique antes de tomártelas.

Si estás empezando a desarrollar tus dones psíquicos, puedes probar una combinación de todas estas hierbas juntas para darle un subidón a tus habilidades. Si has estado realizando un trabajo psíquico durante algún tiempo, puedes tomarte únicamente las hierbas que aborden el problema que estés teniendo. También puedes intentar experimentar bebiéndote las hierbas una a una y ver el efecto que tiene cada una de ellas sobre tus facultades psíquicas.

Finalmente, una de las cosas que más me gusta hacer con este té es servirlo durante las reuniones de adivinación. Intenta hacerte con una tetera para tu próxima fiesta de lectura de tarot o para tu sesión de Ouija y ya verás tú si te trae más avances psíquicos y momentos intuitivos tipo «eureka».

Instrucciones: Deposita el agua de manantial fresca en una tetera (el agua mineral embotellada va bien). Deposita tus hierbas en la tetera o en el infusor. Vierte el agua hervida en la tetera o en una taza, sobre las hierbas sueltas o el infusor. Mientras la viertes, pide a las hierbas que hagan su trabajo y hazlo con palabras que tengan una convicción afectuosa. Puedes recurrir a tus propias palabras o decir este sencillo encantamiento:

«Diente de león, permíteme ver de veras.
Anís, permíteme oír de veras.
Malvavisco, permíteme sentir de veras.
Anís estrellado, permíteme saber de veras».

Cierra los ojos y mantén tus manos sobre el vapor que salga de la taza o de la tetera y enfoca la intención de tu hechizo. Una vez que tu té se haya infusionado durante varios minutos, la poción estará lista. Vierte y cuela el té de la tetera en la taza o saca el infusor de tu taza. A medida que dejas que la infusión se enfríe un poco antes de bebértela, puedes hablar con las hierbas, manteniendo una pequeña conversación mental (o verbal) sobre lo que esa infusión hará por ti. Por ejemplo:

«Malvavisco, sabes que he tenido problemas a la hora de confiar en mis instintos. Me gustaría que fortalecieras mi intuición y que me ayudaras a seguir mis sentimientos cuando sé que son los correctos».

Permite que este monólogo siga durante unos minutos, contándole a las hierbas todas las formas en las que quieres que te ayuden. Cuando hayas acabado con esa conversación, el té ya se habrá enfriado hasta el punto que ya se lo podrás beber. Ya se habrá imbuido de todas las palabras de ti intención, de todos tus pensamientos y de toda tu voluntad. Ésta es una poción verdaderamente mágica. Si prefieres una bebida más dulce, añade un poco de miel a la taza. Luego cierra los ojos y, sorbo a sorbo, bébetelo todo. Siente el poder de la magia impregnándose en tu cuerpo, mente y espíritu. Dales las gracias a los espíritus de las hierbas por su ayuda y entonces empieza con tu práctica adivinatoria, porte a dormir para tu trabajo onírico, medita o realiza cualquier práctica psíquica en la que estés trabajando.

Ejercicio 63

Incienso onírico de los once ingredientes de *Judika Illes*

Instante mágicko: Cualquiera.

Materia:

- Anís *(Pimpinella anisum)*
- Hojas de laurel *(Laurus nobilis)*
- Cardamomo *(Elettaria cardamomum)*
- Canela *(Cinnamomum zeylanicum)*
- Copal *(Protium copal)*
- Menta piperita *(Mentha piperita)* (se la puede sustituir por otras mentas como la hierbabuena)

- Ajenjo *(Artemisia vulgaris)*

- Mirra *(Commiphora mirrha)*

- Pétalos de rosa, secados *(Rosa spp.)*

- Sándalo *(Santalum album)*

- Glicina *(Wisteria spp.)*

Finalidad: Los sueños pueden estimular las experiencias visionarias, entregar información profética y reveladora y aumentar y acentuar las habilidades psíquicas. Esencialmente, puedes recibir una actualización psíquica mientras sueñas. Esto puede parecerte abrumador y, naturalmente, al igual que con todo lo demás –bailar, cantar, tocar el piano, matemáticas– algunos poseen más aptitud para el arte de soñar que otros. Sin embargo, el sueño mágico es un arte que, prácticamente, todo el mundo puede aprender con práctica e insistencia. Dicho de otra forma, si no funciona la primera vez, sigue intentándolo; al final lo hará. Varias ayudas lo facilitarán, desde los amuletos y los talismanes hasta las almohadas de sueño y, no menos importante, el incienso.

Esta receta de incienso no procede de ninguna tradición específica. Es mi propia mezcla personal de potenciadores oníricos de eficacia probada. Esta combinación de ingredientes botánicos acentúa simultáneamente la visión psíquica y provee una protección espiritual, para que puedas soñar intrépidamente.

No quemes incienso mientras duermes. Ten siempre presente las precauciones con el fuego. En lugar de eso, prepara tu dormitorio, como si lo prepararas para un ritual. Coloca la ropa de cama de manera que estés cómoda. Quema el incienso justo *antes* de irte a dormir cerca de donde vas a dormir para que su aroma perdure. Algunos ingredientes los puedes conseguir fácilmente en un jardín o supermercado, mientras que otros como el copal o el sándalo éticamente obtenido son más complicados de encontrar. No he incluido las cantidades, ya que es crucial que esta mezcla se ajuste a tus gustos personales olfativos. Si detestas el aroma de la canela, por ejemplo, puedes espolvorear sólo un poco.

Instrucciones: Combina los ingredientes listados arriba. Hay once, ya que la forma del número once recuerda a un par de columnas o torres; a mí me recuerdan al hecho de pasar a través de las puertas del país de los sueños, algo que puedes visualizar mientras te preparas para soñar. Machácalas todas juntas con un mortero si quieres, pero no es necesario. Quema tu mezcla de incienso en un quemador de incienso.

Almacena el material botánico extra en una caja o en una bolsa, de modo que si te despiertas en medio de un sueño o tienes problemas para recordarlo, puedes abrir el recipiente rápidamente e inhalar el aroma a fondo. Esto debería ayudar a revivir o bien sueños, o recuerdos. A este incienso también lo puede complementar con otros potenciadores mágicos del sueño. Por ejemplo, colocando gardenias vivas cerca de donde duermes, puesto que su aroma estimula los sueños visionarios, o llama a tu espíritu guardián personal para que te guíe y te dirija.

ACERCA DEL AUTOR

Mat Auryn es el autor de *Brujería psíquica: Una guía metafísica para la meditación, la magiak y la manifestación,* el superventas internacional y ganador de múltiples premios, traducido a más de diez idiomas. Él es brujo, docente de ocultismo, un orador sumamente solicitado y un psíquico profesional retirado que reside en el área de la bahía de California. Ya de muy joven se sentía atraído por el ocultismo y lo metafísico, leyendo entonces libros de brujería a los ocho años. Es un iniciado de la Black Rose Witchcraft, de The Cabot Tradition of Witchcraft y del Temple of Witchcraft, así como de muchas otras órdenes esotéricas. Sirve como alto sacerdote en la tradición de la brujería de los fuegos sagrados. Mat ha tenido el honor y privilegio de estudiar bajo varios profesores y veteranos de la brujería.

Es instructor en la Modern Witch University y ha participado en varias revistas, programas de radio, pódcast, libros, antologías, blogs y otras publicaciones periódicas, incluida su columna en la revista *Witches & Pagans Magazine* denominada «Extra-Sensory Witchcraft». Mat fue el primero en recibir el premio «Most Supportive Witch Award» presentado por la revista *Witch Way* por ayudar a otras personas dentro de la comunidad de la brujería y por remover cielo y tierra para hacer que otras brujas sientan que no están solas.

Mat ha tenido el honor de ayudar a miles de personas de todo el mundo a ganar claridad sirviéndose de su talento con las habilidades psíquicas y de la lectura del tarot a lo largo de la última década. Mat enseña varios temas metafísicos y ocultistas tales como el desarrollo psíquico, el empoderamiento mágicko, trabajar con espíritus, la adivinación, la sanación con la energía, el sueño lúcido, la adivinación, y la proyección astral. Para conocerle mejor a él y a su trabajo, visita www.MatAuryn.com, www.ModernWitchUniversity.com, o @MatAuryn en las redes sociales.

ACERCA DE LOS COLABORADORES

JUDIKA ILLES

Estudiante de por vida, amante y practicante de las artes mágicas, Judika Illes es la autora de numerosos libros dedicados a hechizos, espíritus y brujería, incluidos los superventas: *Encyclopedia of 5000 Spells* y *Encyclopedia of Spirits, Daily Magic: Spells and Rituals for Making the Whole Year Magical, Pure Magic: A Complete Course in Spellcasting*, así como la *Encyclopedia of Witchcraft, Encyclopedia of Mystics, Saints and Sages, Magic When You Need It* y *The Weiser Field Guide to Witches*. Judika es la editora y curadora de dos libros de ficción mística: *The Weiser Book of the Fantastic and Forgotten* y *The Weiser Book of Occult Detectives*. Aromaterapista titulada, hace más de tres décadas que se dedica a la lectura del tarot de forma profesional. Nacida en Nueva York, Judika enseña en Estados Unidos e internacionalmente, en vivo y virtualmente. Síguela en Instagram @judikailles.

BENEBELL WEN

Benebell Wen es la autora de *Holistic Tarot* y de *The Tao of Craft: Casting Fu Talismans in the Eastern Esoteric Traditions*.

ASTREA TAYLOR

Astrea Taylor es la autora de *Intuitive Witchcraft: How to Use Intuition to Elevate Your Craft, Air Magic: Elements of Witchcraft Book II* y *Modern Witchcraft with the Greek Gods: History, Insights, & Magickal Practice*. Es una bruja pagana ecléctica cuyas metas en la vida incluyen empoderar a otros practicantes de la magia y motivarlos a usar la intuición en su arte. Mentoriza a gente mágica para ayudarla a encontrar sus caminos más auténticos. En sus libros y sus clases, Astrea comparte su amor por la ciencia, la magia, la historia, la salud mental, la concienciación de la energía y el amor propio. Ha contribuido con pasajes en diversos libros y publicaciones periódicas, incluidas: *Witchology*, *Green Egg*, *Llewellyn's Spell-ADay*, *We'Moon*, *The Magical Almanac*, *The Witch's Book of Spellcraft*, *The Witches' Companion* y *The Witch's Altar*. Entérate de más en: AstreaTaylor.com

LILITH DORSEY

Lilith Dorsey, MA, proviene de diversas tradiciones mágickas, incluidas la espiritualidad afrocaribeña, celta e indígena americana. Su educación tradicional está centrada en la botánica, la antropología y el cine en la University of Rhode Island, la New York University y en la University of London; y su instrucción mágicka incluye numerosas iniciaciones en la santería/lucumi, el vudú haitiano y el vudú de Nueva Orleans. Lilith Dorsey también es una sacerdotisa vudú y ha estado realizando magiak con éxito desde 1991 para clientes, es la cineasta del documental *Bodies of Water: Voodoo Identity and Tranceformation*, y es la coreógrafa/intérprete del Voodoo Show de la leyenda del jazz Dr. John «Night Tripper». Han estado ofreciendo una información precisa y respetuosa sobre las religiones africanas tradicionales durante largo tiempo y están muy orgullosos de que sea una autora negra con las publicaciones *Voodoo and African Traditional Religion*, *55 Ways to Connect to Goddess*, *The African-American Ritual Cookbook*, *Love Magic* y los superventas *Orishas, Goddesses and Voodoo Queens* y *Water Magic*.

JULIET DIAZ

Juliet Diaz es una bruja, vidente y activista espiritual. Es una aborigen de la comunidad taíno cubana procedente de una larga línea de curanderos y brujas. Cree que la magia vive en nuestro interior. Su gran pasión es inspirar a la gente a avanzar hacia su verdad, despertar su memoria y liberarse a sí misma del opresor que lleva dentro. Juliet es una autora que posee múltiples superventas; sus trabajos incluyen: *Wit-*

chery: Embrace the Witch Within (vendido a más de nueve países), *Plant Witchery*, *The Altar Within* y barajas. Juliet también es la cofundadora de *Spirit Bound Press* y de *Literary Craft Society*. Ha aparecido en publicaciones importantes como *Oprah Magazine*, *The Atlantic*, *Wired*, *People Español*, *Mind Body Green* y *Refinery*, por mencionar algunas.

ADAM SARTWELL

Adam Sartwell (New Hampshire) trabaja como hipnotista consultor titulado con la National Guild of Hypnotists y el ICBCH[1] y como lector de tarot profesional. Es cofundador del Temple of Witchcraft, una ONG religiosa. Autor premiado de *Twenty-One Days of Reiki* y *The Blessing Cord*. Han publicado escritos suyos en antologías como: *Green Lovers*, *Ancestors of the Craft* y *Foundations of the Temple*. Para más información en relación con su trabajo como hipnotizador y con sus cursos *online*, ve a www.hypnointuitive.com. Para saber más sobre su trabajo como autor, lector psíquico, y profesor, ve a su página web, www.adamsartwell.com

THERESA REED

Theresa Reed, también conocida como *The Tarot Lady* (la Dama del Tarot), es una lectora profesional de tarot y astróloga. Es autora de diversos libros entre los que se encuentran: *Tarot for Kids*, *Tarot: No Questions Asked -Mastering the Art of Intuitive Reading* y *Twist Your Fate: Manifest Success with Astrology and Tarot*. Theresa también es la presentadora de dos pódcast: *Tarot Bytes* y *Astrology Bytes*. Cuando no está leyendo las cartas o escribiendo libros, la puedes encontrar por la cocina, cocinando una tormenta con un gato al lado. Para saber más sobre ella: www.thetarotlady.com

---

1. The International Certification Board for Clinical Hypnotherapists. *(N. de la T.)*

MADAME PAMITA

Madame Pamita es una bruja, profesora, autora, confeccionadora de velas, lanzadora de hechizos y lectora del tarot de la diáspora ucraniana. Ella tiene un canal popular en YouTube para enseñar brujería, presenta los pódcast *Magic and the Law of Attraction* y *Baba Yaga's Magic*, y es la autora de *Baba Yaga's Book of Witchcraft*, *The Book of Candle Magic* y *Madame Pamita's Magical Tarot*. También es la propietaria *Parlour of Wonders*, la botica espiritual *online*, y vive en Santa Mónica, California. Puedes encontrarla en www.parlourofwonders.com

STORM FAERYWOLF

Storm Faerywolf es un autor publicado, profesor experimentado, poeta visionario y brujo profesional. Se sintió atraído por el ocultismo a una edad muy temprana, se instruyó e inició en diversas corrientes de brujería, siendo la más notable la tradición feérica, donde ostenta la Varita Mágica Negra del Maestro. Es el canciller de la Modern Witch University, una escuela *online* que ofrece instrucción espiritual y mágica, y es miembro fundador de Black Rose, un curso sobre la brujería práctica folklórica. También es el fundador de BlueRose, un linaje de la tradición feérica, así como la BlueLotus, su escuela de reiki. Entre sus libros encontramos: *Betwixt & Between*, *Forbidden Mysteries of Faery Witchcraft*, *The Witch's Name* y *The Satyr's Kiss*. Tiene su hogar montado en el área de la bahía de San Francisco junto a sus compañeros amorosos y a su colección de animales y plantas. Para saber más sobre su trabajo, o para reservar una sesión privada, visita www.faerywolf.com

LAURA TEMPEST ZAKROFF

Laura Tempest Zakroff es una artista profesional, autora, intérprete y una bruja tradicional moderna que reside en Nueva Inglaterra. Tiene una licenciatura en Bellas Artes de la Rhode Island School of Design, y sus trabajos artísticos han recibido premios y honores en todo el mundo. Su trabajo encarna los mitos y lo esotérico a través de sus dibujos y pinturas, joyería, talismanes y otros diseños. Laura es la autora de los libros superventas de Llewellyn *Weave the Liminal, Sigilo Witchery* y *Anatomy of a Witch*, así como de *The Liminal Spirits Oracle* (artista/autora), *The Witch's Cauldron*, y *The Witch's Altar* (coautora junto a Jason Mankey). Laura editó *The New Arcadia: A Witch's Handbook to Magical Resistance* (Revelore Press). Es la fuerza creativa que encontramos detrás de numerosos eventos comunitarios y enseña en talleres *online* y por todo el mundo. Visítala en www.LauraTempestZakroff.com

MELANIE BARNUM

Melanie Barnum (Connecticut) es una psíquica, médium, autora internacional, consejera intuitiva, *coach* de vida personal e hipnotista que ha estado practicando profesionalmente durante más de veinte años. Su actitud discreta y realista, aunada con su asombrosa percepción psíquica, convierten sus lecturas en algo único y poderoso hecho para ayudarte en cuestiones relacionadas con relaciones, familia, oportunidades profesionales y educación, así como la comunicación con guías y con seres amados fallecidos. Además, ella ofrece orientación psíquica y apoyo para quienes buscan expandir sus propias habilidades intuitivas o cumplir la misión de su alma. A Melanie le encanta ayudar a los demás a conectar a través de sesiones privadas, talleres y mentorización. Sus múltiples libros se han traducido a diversos idiomas e incluyen su publicación más reciente de la mano de Llewellyn Publications: *Intuición @ Work*. La baraja de cartas de Melanie, *Psychic Symbols Oracle Cards,* también está disponible. Ha aparecido en varias revistas, pódcast, programas de radio y libros y puedes ponerte en contacto con ella en www.Melanie Barnum.com

CHRISTOPHER PENCZAK

Christopher Penczak es un brujo moderno que trabaja en la tradición del Temple of Witchcraft y en su comunidad, que ayudó a cofundar. Su práctica está enfocada en la intersección del amor, la voluntad y la sabiduría como un *ethos* para la bruja actual y en las relaciones con el reino vegetal, los patrones de la astrología y el uso del trance en el oficio. Es el autor de varios libros, incluida la serie *The Temple of Witchcraft* y *The*

Mighty Dead. Su visión contempla una cultura de la brujería en evolución que hace de la magiak algo accesible para todo el mundo, al tiempo que preserva el corazón de su misterio. Para más información, visita www.christopherpenczak.com y www.templeofwitchcraft.org

DURGADAS ALLON DURIEL

Durgadas Allon Duriel (San Francisco, California) es un trabajador social clínico titulado y un profesional certificado de la medicina holística que ejerce por lo privado. También es astrólogo, yogi y trabaja con la magia; ha practicado la magia desde su infancia y con el tiempo descubrió el paganismo moderno y la Wicca en el instituto, y más tarde se inició en una orden hermética el año 2005. Se instruyó allí de forma intensiva durante dos años y medio, centrándose en la astrología, la cábala, el yoga, el tarot y en lo ritual, que sigue estudiando y practicando. Licenciado en Bienestar Social por la Universidad de California, Los Ángeles (UCLA).

KATE FREULER

Kate Freuler vive en Ontario, Canadá, y es la autora de *Of Blood and Bones: Working with Shadow Magick and the Dark Moon*. Es la dueña de White Moon Witchcraft, una tienda *online* de brujería. Cuando no está elaborando hechizos y amuletos para clientes o para sí misma, le encanta escribir, pintar, leer, dibujar y crear. Visítala en: www.katefreuler.com

DEVIN HUNTER

Devin Hunter (San Francisco, CA) es el autor superventas de la serie *Witch Power* así como del formulario ilustrado aclamado por la crítica *Modern Witch: Spells, Recipes, and Workings* (Llewellyn, 2020). Iniciado en numerosas órdenes ocultistas, Devin es el fundador de la tradición de la brujería de los fuegos sagrados así como cofundador de la Black Rose Tradition of Witchcraft. Además de su pódcast *Modern Witch*, favorecido por el *AV Club* y el *Glamour Magazine*, Devin ha estado en programas de televisión como *To Tell the Truth* de la cadena ABC y el lanzamiento de su quinto libro, *Cristal Magic for the Modern Witch*, está previsto para el verano del 2022 de la mano de Llewellyn Worldwide.

JAKE RICHARDS («DR. BUCK»)

Jake Richards, un Melungeon,[2] lleva su herencia Apalache-Melungeon grabada en la sangre y en los huesos. Su familia ha vivido en el sudoeste de Virginia, en el este de Tennessee y en el oeste de las Carolinas durante cuatrocientos años. Pasó la mayor parte de su infancia en casa de su abuela en Big Ridge en Carolina del Norte, vadeando el río Watauga situado junto a su casa ancestral en la cresta de la montaña y deambulando por las montañas. Jake ha practicado la magia popular de los Apalaches durante una década. Aparte de ser autor, Jake es miembro de la Melungeon Heritage Association, ocupa un puesto en el consejo de WAM: We Are Melungeons3 y es el creador de HOM: House of Malungia, una sociedad cultural Melungeon. Síguele en Instagram en @jake_richards13.

SKYE ALEXANDER

Skye Alexander es autora de más de cuarenta libros de ficción y no ficción entre los cuales están: *The Modern Guide to Witchcraft*, *The Modern Witchcraft Book of Tarot*, *The Modern Witchcraft Spell Book* y *Magickal Astrology*. También escribe la serie de misterio *Lizzie Crane*. Sus historias se han publicado internacionalmente en antologías, y se ha traducido su trabajo a más de doce idiomas. Apareció en Discovery Channel realizando un ritual en Stonehenge para el especial de televisión *Secret Stonehenge*. Tras haber vivido en Massachusetts durante más de treinta años, ahora tiene su hogar en Texas. Visita su página web en: www.skyealexander.com

---

2. Término aplicado tradicionalmente a uno de varios grupos de «trirraciales aislados», que suele encontrarse en el sudeste de Estados Unidos, en el área de los Apalaches centrales. *(N. de la T.)*

3. Somos Melungeons. *(N. de la T.)*

BIBLIOGRAFÍA

Anónimo: *The Kybalion: Centenary Edition*. Penguin Publishing Group, 2018. (Trad. cast.: *El Kybalión*. Ediciones Rosacruces, 2021).

Auryn, M.: *Psychic Witch: A Metaphysical Guide to Meditation, Magick, and Manifestation*. Llewellyn Worldwide, Ltd., Woodbury, Minnesota, 2020. (Trad. cast.: *Brujería psíquica: Una guía metafísica para la meditación, la magiak y la manifestación*. Ediciones Obelisco, Barcelona, 2022).

Barton, T.: *Ancient Astrology*. Taylor & Francis, 2002.

Betz, H. D. (traductor): *The Greek Magical Papyri in Translation, Including the Demotic Spells, Volume 1*. University of Chicago Press, Chicago, Illinois, 1996.

Blackthorn, A.: *Blackthorn's Botanical Magic: The Green Witch's Guide to Essential Oils for Hechizocraft, Ritual and Healing*. Weiser Books, Newburyport, Massachusetts, 2018.

Bogan, C.: *The Secret Keys of Conjure: Unlocking the Mysteries of American Folk Magic*. Llewellyn Worldwide, Ltd., Woodbury, Minnesota, 2018.

Bowman, S. L. y Hugaas, K. H.: *Magic is Real: How Role-playing Can Transform Our Identities, Our Communities, and Our Lives*. In Knutepunkt Book Project, Oslo, 2021.

Buckland, R.: *Buckland's Book of Spirit Communications*. Llewellyn Worldwide, Ltd., Woodbury, Minnesota, 2004.

Cabot, L.; Cabot, P. y Penczak, C.: *Laurie Cabot's Book of Shadows*. Copper Cauldron, Salem, Nuevo Hampshire, 2014.

CABOT, L. Y COWAN, T.: *Power of the Witch: The Earth, the Moon, and the Magical Path to Enlightenment.* Random House Publishing Group, 2013.

CABOT, L. Y PENCZAK, C.: *Laurie Cabot's Book of Spells and Enchantments.* Copper Cauldron Publishing, Salem, Nueva Hampshire, 2014.

CASE, P. F.: *An Introduction to the Study of the Tarot.* Azoth Publishing Company, 1920.

CASTANEDA, C.: *Tales of Power.* Atria Books, 2013. (Trad. cast.: *Relatos de poder.* Relatos de poder, 1976.)

CROWLEY, A.: *The Equinox: Keep Silence Edition, Vol. 1, N.° 2.* Scott Wilde, 2018.

—: *Liber II: The Message of the Master Therion.* Pangenetor Lodge Publications/The O.T.O., 1994.

—: *Magick Without Tears.* New Falcon Publications, 1991. (Trad. cast.: *Magiak sin lágrimas.* Aurora Dorada, 2019.)

CROWLEY, A. Y CROWLEY, R. E.: *The Book of the Law, Liber al vel legis, with a facsimile of the manuscript as received by Aleister and Rose Edith Crowley on April 8,9,10, 1904* e.v. Weiser Books, Newburyport, Massachusetts, 2004.

CROWLEY, A.; WADDELL, L. Y DESTI, M.: *Magick: Liber Aba: Book 4.* Red Wheel/Weiser, Newburyport, Massachusetts, 1997.

CROWTHER, P.: *Lid Off the Cauldron: A Handbook for Witches.* Muller, Londres, 1981.

CUNNINGHAM, S.: *Wicca: A Guide for the Solitary Practitioner.* Llewellyn Worldwide, Ltd., Woodbury, Minnesota, 2010. (Trad. cast.: *Wicca: una guía para la práctica individual.* Arcano Books, 2008.)

DAIMLER, M.: *Pagan Portals–Fairy Witchcraft: A Neopagan's Guide to the Celtic Fairy Faith.* John Hunt Publishing, Reino Unido, 2014.

DIONNE, D.: *Magickal Mediumship: Partnering with the Ancestors for Healing and Spiritual Development.* Llewellyn Worldwide, Ltd., Woodbury, Minnesota, 2020.

DISPENZA, J.: *Becoming Supernatural: How Common People Are Doing the Uncommon.* Hay House, Inc., Carlsbad, 2019. (Trad. cast.: *Sobrenatural: gente corriente haciendo cosas extraordinarias.* Ediciones Urano, 2018.)

DOMINGUEZ JR., I.: *Casting Sacred Space: The Core of All Magickal Work.* Red Wheel/Weiser, Newburyport, Massachusetts, 2012.

—: *Spirit Speak: Knowing and Understanding Spirit Guides, Ancestors, Ghosts, Angels, and the Divine.* Red Wheel/Weiser, Newburyport, Massachusetts, 2008.

—: *Practical Astrology for Witches and Pagans: Using the Planets and the Stars for Effective Spellwork, Rituals, and Magickal Work.* Red Wheel/Weiser, Newburyport, Massachusetts, 2016.

—: *Keys to Perception: A Practical Guide to Psychic Development.* Red Wheel/Weiser, Newburyport, Massachusetts, 2017.

—: *The Four Elements of the Wise: Working with the Magickal Powers of Earth, Air, Water, Fire.* Red Wheel/Weiser, Newburyport, Massachusetts, 2021.

DuQUETTE, L. M.: *Low Magick: It's All in Your Head... You Just Have No Idea How Big Your Head Is.* Llewellyn Worldwide, Ltd., Woodbury, Minnesota, 2011.

DuQUETTE, L. M. *et al.: Llewellyn's Complete Book of Ceremonial Magick (Llewellyn's Complete Book Series).* Llewellyn Worldwide, Ltd., Woodbury, Minnesota, 2020.

EASON, C.: *Scrying the Secrets of the Future: How to Use Crystal Ball, Fire, Wax, Mirrors, Shadows, and Spirit Guides to Reveal Your Destiny.* Red Wheel/Weiser, Newburyport, Massachusetts, 2006.

ELLIOTT, J. H.: *Beware the Evil Eye (Volume 2): The Evil Eye in the Bible and the Ancient World: Greece and Rome.* Lutterworth Press, Cambridge, 2016.

FAERYWOLF, S.: *Betwixt and Between: Exploring the Faery Tradition of Witchcraft.* Llewellyn Worldwide, Ltd., Woodbury, Minnesota, 2017.

FAY, E. A.: *Romantic Egypt: Abyssal Ground of British Romanticism*. Lexington Books, 2021.

FORTUNE, D.: *Applied Magic*. Red Wheel/Weiser, Newburyport, Massachusetts, 2000. (Trad. cast.: *Magia aplicada: aplicaciones prácticas de las técnicas mágicas y esotéricas*. Edaf, Madrid, 2000.)

FOXWOOD, O.: *Mountain Conjure and Southern Rootwork*. Red Wheel/Weiser, Newburyport, Massachusetts, 2021.

FREULER, K.: *Of Blood and Bones: Working with Shadow Magick and the Dark Moon*. Llewellyn Worldwide, Ltd., Woodbury, Minnesota, 2020.

GARDNER, G. B.: *The Meaning of Witchcraft*. Red Wheel/Weiser, Newburyport, Massachusetts, 2004.

GRAYLE, J.: *The Hekatœn*. Ixaxaar Occult Literature, 2020.

GRIMASSI, R.: *Encyclopedia of Wicca and Witchcraft*. Llewellyn Publications, Woodbury, Minnesota, 2000.

—: *Spirit of the Witch: Religion and Spirituality in Contemporary Witchcraft*. Llewellyn Publications, Woodbury, Minnesota, 2003.

HAUCK, D. W.: *The Complete Idiot's Guide to Alchemy*. Alfa Books, 2008.

HERBERT, F.: *Dune, 40th Anniversary Edition (Dune Chronicles, Book 1)*. Ace Books, 2005. (Trad. cast.: *Dune (Las crónicas de Dune 1)*. DEBOLSILLO, 2021.)

HOLDEN, J. H.: *A History of Horoscopic Astrology*. American Federation of Astrologers, Tempe, Arizona, 2006.

HOROWITZ, M.: *Initiates, Three. The Kybalion Study Guide: The Universe Is Mental*. Ascent Audio, 2020.

HOWARD, M.: *Educating the Will*. Waldorf Publications, Hudson, Nueva York, 2015.

HUNTER, D.: *Modern Witch: Spells, Recipes and Workings*. Llewellyn Worldwide, Ltd., Woodbury, Minnesota, 2020.

—: *The Witch's Book of Power*. Llewellyn Worldwide, Ltd., Woodbury, Minnesota, 2016.

—: *The Witch's Book of Spirits*. Llewellyn Worldwide, Ltd., Woodbury, Minnesota, 2017.

—: *The Witch's Book of Mysteries*. Llewellyn Worldwide, Ltd., Woodbury, Minnesota, 2019.

HUSON, P.: *Mastering Witchcraft: A Practical Guide for Witches, Warlocks, and Covens*. iUniverse, 2006.

JENKINS, G.: *The Theban Oracle: Discover the Magic of the Ancient Alphabet That Changes Lives*. Red Wheel/Weiser, Newburyport, Massachusetts, 2014.

KYNES, S.: *Crystal Magic: Mineral Wisdom for Pagans and Wiccans*. Llewellyn Worldwide, Ltd., Woodbury, Minnesota, 2017.

LÉVI, É.: *Transcendental Magic*. Red Wheel/Weiser, Newburyport, Massachusetts, 1968.

MAGDALENE, M.: *Outside the Charmed Circle: Exploring Gender and Sexuality in Magical Practice*. Llewellyn Worldwide, Ltd., Woodbury, Minnesota, 2020.

MANKEY, J.: *Transformative Witchcraft: The Greater Mysteries*. Llewellyn Worldwide, Ltd., Woodbury, Minnesota, 2019.

—: *Witch's Wheel of the Year: Rituals for Circles, Solitaries and Covens*. Llewellyn Worldwide, Ltd., Woodbury, Minnesota, 2019.

MATTHEWS, C.; MATTHEWS, J.; KNIGHT, G. y CHANDLER, V.: *Arthurian Magic: A Practical Guide to the Wisdom of Camelot*. Llewellyn Worldwide, Ltd., Woodbury, Minnesota, 2017.

MILLER, J.: *The Elements of Spellcrafting: 21 Keys to Successful Sorcery*. Red Wheel/Weiser, Newburyport, Massachusetts, 2018.

—: *The Sorcerer's Secrets: Strategies in Practical Magick*. Red Wheel/Weiser, Newburyport, Massachusetts, 2009.

MOONEY, T.: *The Witch's Path: Advancing Your Craft at Every Level*. Llewellyn Worldwide, Ltd., Woodbury, Minnesota, 2021.

MORRISON, D.: *Everyday Moon Magic: Spells and Rituals for Abundant Living*. Llewellyn Worldwide, Woodbury, Minnesota, 2003.

—: *Everyday Sun Magic: Spells and Rituals for Radiant Living.* Llewellyn Worldwide, Woodbury, Minnesota, 2005.

—: *Utterly Wicked: Hexes, Curses, and Other Unsavory Notions.* Red Wheel/Weiser, Newburyport, Massachusetts, 2020.

Murphy-Hiscock, A.: *Spellcrafting: Strengthen the Power of Your Craft by Creating and Casting Your Own Unique Spells.* Adams Media, 2020.

Orapello, C. y Maguire, T.-L.: *Besom, Stang and Sword: A Guide to Traditional Witchcraft, the Six–Fold Path and the Hidden Landscape.* Red Wheel/Weiser, Newburyport, Massachusetts, 2018.

Orfeo. Taylor, T. (traductor): *The Hymns of Orpheus: With the Life and Poetic Theology of Orpheus. Pantianos Classics, 2020.*

Pamita, M.: *The Book of Candle Magic: Candle Spell Secrets to Change Your Life.* Llewellyn Worldwide, Ltd., Woodbury, Minnesota, 2020.

Pearson, N.: *Flower Essences from the Witch's Garden: Plant Spirits in Magickal Herbalism.* Inner Traditions/Bear, Rochester, Vermont, 2022.

—: *Stones of the Goddess: Crystals for the Divine Feminine.* Inner Traditions/Bear, Rochester, Vermont, 2019.

Penczak, C.: *Foundations of the Temple: A Witchcraft Tradition of Love, Will and Wisdom.* Copper Cauldron Publishing, Salem, Nueva Hampshire, 2014.

—: *Magick of Reiki: Focused Energy for Healing, Ritual, and Spiritual Development.* Llewellyn Publications, Woodbury, Minnesota, 2004.

—: *The Outer Temple of Witchcraft: Circles, Spells and Rituals.* Llewellyn Worldwide, Woodbury, Minnesota, 2004.

—: *The Temple of High Witchcraft: Ceremonies, Spheres, and the Witches' Qabalah.* Llewellyn Publications, Woodbury, Minnesota, 2007.

—: *The Three Rays of Witchcraft: Power, Love and Wisdom in the Garden of the Gods.* Copper Cauldron Publishing, Salem, Nueva Hampshire, 2010.

—: *The Plant Spirit Familiar*. Copper Cauldron Publishing, Salem, Nueva Hampshire, 2011.

PEPPER, E.: *Witches All: A Treasury from Past Editions of the Witches' Almanac*. Witches' Almanac, 2003.

RAVENWOLF, S.: *HexCraft: Dutch Country Magick*. Llewellyn Publications, Woodbury, Minnesota, 1995.

—: *Teen Witch: Wicca for a New Generation*. Llewellyn Publications, Woodbury, Minnesota, 1998.

—: *To Light a Sacred Flame: Practical Witchcraft for the Millennium*. Llewellyn Publications, Woodbury, Minnesota, 1999.

—: *Solitary Witch: The Ultimate Book of Shadows for the New Generation*. Llewellyn Worldwide, Woodbury, Minnesota, 2003.

—: *To Ride a Silver Broomstick: New Generation Witchcraft*. Llewellyn, Woodbury, Minnesota, 1993. (Trad. cast.: *Montarse en una escoba de plata: la nueva generación de la brujería*. Ediciones Obelisco, Barcelona, 2003.)

—: *To Stir a Magick Cauldron: A Witch's Guide to Casting and Conjuring*. Llewellyn Worldwide, Ltd., Woodbury, Minnesota, 2013.

—: *The Witching Hour: Spells, Powders, Fórmulas, and Witchy Techniques that Work*. Llewellyn Worldwide, Ltd., Woodbury, Minnesota, 2017.

REED, T.: *Astrology for Real Life: A Workbook for Beginners (a No B. S. Guide for the Astro–Curious)*. Red Wheel/Weiser, Newburyport, Massachusetts, 2019. (Trad. cast.: *Astrología para la vida real: manual de trabajo*. SIRIO, 2021.)

REGARDIE, I. Y GREER, J. M.: *The Golden Dawn: The Original Account of the Teachings, Rites, and Ceremonies of the Hermetic Order*. Llewellyn Publications, Woodbury, Minnesota, 2015.

ROBERT, T.: *Rede of the Wiccae*. Witches Almanac Ltd., Providence, Rhode Island, 2006.

SEBASTIANI, A.: *By Rust of Nail & Prick of Thorn: The Theory & Practice of Effective Home Warding*. N.p. Althaea Sebastiani, 2017.

SIMMONS, R.; AHSIAN, N. Y RAVEN, H.: *The Book of Stones: Who They Are and What They Teach*. Inner Traditions/Bear, Rochester, Vermont, 2015.

STEINER, R.: *Knowledge of the Higher Worlds and Its Attainment*. Read-Books Ltd., Redditch, 2013. (Trad. cast.: *Cómo se adquiere el conocimiento de los mundos superiores*. Get a Book Editions S. L., Barcelona, 2022.)

VALIENTE, D.: *Natural Magic*. Crowood Press, 1999. (Trad. cast.: *Magia natural*. Equipo Difusor del Libro, 2012.)

—: *Witchcraft for Tomorrow*. Crowood Press, 2018. (Trad. cast.: *La brujería del futuro*. Equipo Difusor del Libro, 2005.)

WACHTER, A.: *Changeling: A Book Of Qualities*. Red Temple Press, Albuquerque, Nuevo México, 2021.

—: *Six Ways: Approaches and Entries for Practical Magic*. Red Temple Press, Albuquerque, Nuevo México, 2018.

—: *Weaving Fate: Hypersigils, Changing the Past, and Telling True Lies*. Red Temple Press, Albuquerque, Nuevo México, 2020.

WAITE, A. E.: *The Book of Black Magic*. Red Wheel/Weiser, Newburyport, Massachusetts, 1972. (Trad. cast.: *El libro de la magia negra*. Editorial Humanitas, S. L., 1988.)

WESCHCKE, C. L. Y SLATE, J. H.: *The New Science of the Paranormal: From the Research Lab to Real Life*. Llewellyn Worldwide, Ltd., Woodbury, Minnesota, 2016.

WHITELEY, C. M. K.: *"Aphantasia, imagination and dreaming."* Philos Stud 178,2111-2132 (2021). https://doi.org/10.1007/s11098-020-01526-8

ZAKROFF, L. T.: *Anatomy of a Witch: A Map to the Magical Body*. Llewellyn Worldwide, Ltd., Woodbury, Minnesota, 2021.

—: *Weave the Liminal: Living Modern Traditional*. Witchcraft. Llewellyn Worldwide, Ltd., Woodbury, Minnesota, 2019.

ÍNDICE ANALÍTICO

ÍNDICE DE HECHIZOS, FÓRMULAS, MEDITACIONES Y EJERCICIOS

Capítulo 3: Aproximación a los Misterios

Capítulo 4: La limpieza y la protección

Capítulo 5: Las formas espirituales y los espacios espirituales

Conclusión

ÍNDICE DE ILUSTRACIONES

Capítulo 6: Las herramientas internas y externas

Capítulo 7: Sincronizándose con el Sol, la Luna, y con las estaciones

Capítulo 8: Las energías planetarias

ÍNDICE

Notas

Notas